책과 함께 자라는
도서관 가족

책과 함께 자라는
도서관 가족

초판 1쇄 발행 2023년 2월 10일

지은이 정연우

펴낸이 강기원
펴낸곳 도서출판 이비컴

디자인 이유진
편 집 고민선
마케팅 박선왜

주 소 서울시 동대문구 천호대로 81길 23, 201호
전 화 02)2254-0658 팩 스 02)2254-0634
메 일 bookbee@naver.com
출판등록 2002년 4월 2일 제6-0596호
ISBN 978-89-6245-206-8 03370

책과 함께 자라는
도서관 가족

정연우 지음

이비락樂

'책을 읽어주자', '도서관에 다니자'
이 두 가지 말을 하고 싶었습니다.

저는 16년 차 초등교사이자 10살, 8살 두 딸을 키우는 아빠이기도 합니다.

교사가 된 후 교과 성취 수준과 상관없이 독서를 부정적으로 느끼는 아이들이 생각보다 많다는 사실을 발견했습니다. 이런 아이들은 학년이 올라갈수록 교과서의 글을 이해하는데 어려움이 커지고 이 어려움이 다른 과목 학습과 생활 속에도 부정적인 영향을 미친다는 것을 깨달았습니다. 이런 아이들을 돕고 싶은 마음에 독서교육을 시작했습니다.

독서 교육에 대해 연구하고 교실에서 꾸준히 실천해 보았습니다. 성공적으로 한 부분도 있었고 실패한 적도 많았습니다. 동시에 독서교육은 교사 혼자만의 노력으로는 부족하다는 것을 느꼈습니다. 교사는 1년 동안 도움을 줄 수 있지만 가정에서는 어릴 때부터 더 꾸준히 도움을 줄 수 있으니까요.

결혼을 하고 두 딸이 생기면서 내 아이들에게 좋은 독서 습관을 만들어 주겠다고 다짐했습니다. 교실에서 학생들에게 책을 읽어주고 있는 것처럼 가정에서도 두 딸들에게 매일 '책 읽어주기'와 '도서관 다니기'를 실천했습니다. 이를 통해 아이들이 책을 좋아하는 사람이 되기를 바랐고 결과는 긍정적인 방향으로 나아가고 있습니다.

이 책은 15년 동안 학교 현장에서 독서 지도를 하면서 보고 배우고 느낀 점, 그리고 두 딸들을 책으로 키우면서 겪은 이야기들입니다. 이 이야기 속에 좋은 독서 습관을 만들 수 있는 비법이 있습니다.

이 책은 모두 7개의 장으로 이루어져 있습니다.

1장에서는 책을 읽지 않는 현실에 대한 내용을 담고 있습니다. 아이들이 얼마나 책을 읽지 않는지 구체적으로 알려드리면서 책을 멀리함으로 인해 생기는 여러 가지 문제점들을 설명했습니다.

2장에서는 책을 좋아하게 만드는 첫 번째 방법인 '책 읽어주기'에 대한 내용이 나옵니다. 읽어주기를 왜 해야하는지 알아 본 후 읽어주기에 좋은 여러 책들을 소개했습니다. 마지막에는 아이에게 책을 읽어주는 자세한 방법을 소개해 놓았습니다.

3장에서는 책을 좋아하게 만드는 두 번째 방법인 '도서관에 다니기'에 관한 내용이 있습니다. 도서관에 가기 전, 도서관에서, 도서관에서 돌아온 후 할 수 있는 다양한 활동과 방법들을 소개했습니다. 도서관 다니기와 관련한 Q&A도 실었습니다.

4장에서는 책으로 놀 수 있는 많은 방법들을 담았습니다. 몸으로 놀기, 그림 그리며 놀기, 책 만들며 놀기 뿐 아니라, 책 자체에 대한 이해를 높일 수 있는 놀이와 한글을 배울 때 사용하면 좋은 보드게임을 소개했습니다.

5장에서는 '책으로 배우자'는 주제로 독서기록장쓰기, 그림책으로 받아쓰기하기, 그림책으로 국어 실력 키우기, 책을 통한 한국사 실력 높이기의 내용을 담았습니다.

6장에서는 그림책에서 긴 책 읽기로 넘어갈 때 필요한 팁들이 있으며 학년별 독서 현실을 설명하고 저학년, 중학년, 고학년에 맞는 독서목표를 제시하였습니다.

7장에서는 자녀에게 독서교육을 하면서 자주 발생할 수 있는 14가지의 다양한 사례제시를 통해 부모님들의 시행착오를 줄여주고자 하였습니다.

2023년 1월, 초등학교 교사 정연우 드림

본문에 나오는 학생 이름은 모두 가명을 사용했습니다.
본문에서 설명한 학습지 자료와《읽어주기 좋은 그림책》목록은 뒤표지 QR코드를
통해 모두 내려받을 수 있습니다.

3장
도서관에 다니자

4장
책으로 놀자

5장
책으로 배우자

6장
긴 책도 읽어보자

7장
잊지 말자

1장

—

바로 알자

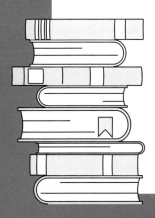

진짜 이만큼이나
안 읽는다고?

'스마트폰의 시대'입니다.

《2020 어린이 미디어 이용 실태》 조사에 따르면 초등학교 고학년의 87.7%가 스마트폰을 사용하고 있다.[1]고 합니다.

요즘 아이들은 태어날 때부터 스마트폰에 많이 노출된 환경에서 자랍니다. 외식하러 가서 주위를 살펴보면 음식이 나오기 전에 아이들이 휴대전화 영상을 보는 경우를 많이 볼 수 있습니다. 휴대전화가 없던 아이들도 초등학교에 입학하면서부터는 휴대전화가 생기는 경우가 많습니다. 휴대전화 없이는 부모님과 연락할 수단이 없기 때문입니다. 과거에는 TV를 보거나 게임을 하려면 집에 가야 했습니다. 하지만 지금은 내 손안에 휴대전화가 있습니다. 휴대전화만 있으면

---

1. 《어린이 미디어 이용 실태 조사》, 초 4~6, 10명 중 9명 스마트폰 쓴다, 2021, 2, 2, 조선에듀

무엇이든지 볼 수 있고 재미있게 시간을 보낼 수 있습니다.

앞선 조사에서 초등학생이 스마트폰으로 가장 많이 이용하는 것은 유튜브 시청(34%), 게임(30.2%), 카카오톡 채팅(11%), 전화(5.3%) 순으로 나타났다고 합니다.

이처럼 많은 아이가 유튜브를 즐겨 시청합니다. 초등학생들의 장래 희망 조사 결과에 유튜브 제작자가 3위로 올라오기도 합니다. 요즘 아이들은 숙제하기 위해 자료 조사를 할 때도 검색 사이트를 이용하기보다는 유튜브에 먼저 손이 갑니다. 유튜브는 아이들에게 그만큼 손쉬운 정보 습득의 수단이자 여가의 수단이기도 합니다.

수업을 마치고 방과 후 수업을 기다리는 아이들을 보면 많은 아이가 핸드폰으로 뭔가를 하고 있습니다. 가까이 가서 보면 대부분 학생이 게임을 하거나 유튜브를 시청하고 있습니다. 학교 도서관에는 가지 않는 아이들이 도서관 앞 와이파이가 터지는 곳 앞에서 모여 앉아 게임을 하고 유튜브를 보고 있습니다. 특별한 학교의 이야기가 아닙니다. 많은 아이의 이야기입니다.

물론 글로 보면 이해가 잘되지 않는 부분을 유튜브가 대신할 수도 있습니다. '염전'에 대한 설명을 글로 이해하는 것보다 '염전의 모습'과 '천일염 만드는 방법'에 대한 내용의 뉴스나 다큐멘터리 동영상 한 편을 보는 것이 염전을 더 잘 이해할 수 있게 도와줄 수 있습니다. 하지만 유튜브 시청이 주된 지식 습득의 수단이 되는 현실에는 분명히 문제가 있어 보입니다.

학생들 또한 유튜브를 통한 지식 습득을 그다지 신뢰하고 있지는 않습니다. 위 조사에서 응답자의 15%만이 유튜브 정보를 대체로 신뢰한다고 응답했고 68.7%는 그렇지 않다고 대답했습니다. 유튜브에는 거짓 정보가 많다는 사실을 아이들도 알고 있습니다.

부모님들은 아이들에게 말합니다.
"게임을 하지 말고 책 좀 읽어라!"
이렇게 말을 해봤자 소용이 없습니다. 왜냐하면, 책보다 재미있는 것들이 많기 때문입니다.

많은 부모님이 나는 책 읽기를 별로 좋아하지 않지만 내 아이는 책을 좋아하며 자라기를 원합니다. 그런 바람을 가지고 자녀에게 책을 사줍니다. 새 책이 집에 오면 학생들은 처음에는 관심을 가지지만 점차 흥미를 잃습니다. 그래서 부모님들은 다음 방법으로 아이를 '책 읽기 관련' 독서 논술 학원에 보내보기도 합니다. 책을 안 읽는 것보다는 낫겠다 싶어서 보냈지만 이러한 부모님의 노력에도 불구하고 아이는 책을 좋아하지 않습니다. 책에 흠뻑 빠지지 않습니다.
책을 좋아하게 만들어 주는 신통한 묘약이라도 있으면 좋겠다고 생각합니다. 그만큼 간절합니다. 부모님들도 독서의 필요성과 가치, 효과에 대해 공감하고 다들 알고 계시니까요.
어떻게 하면 이토록 아이들을 자극하는 요소가 많은 환경 속에서도 책을 좋아하는 아이로 키울 수 있을까요? 한편, 독서 습관의 부재로 인해 어떤 문제가 생기고 있을까요? 해결 방법은 없을까요? 혹시 예방할 수 있다면 어떻게 해야 할까요?

우선 초등학생들의 독서 실태를 알아보겠습니다.

1) 책은 정말 싫어요

'낙타도서관'이라는 말을 들어보신 적이 있나요?

아프리카 케냐의 '불라이프틴'이라는 곳은 사막 모래 때문에 사륜구동 차량도 지나가지 못한다고 합니다. 이곳의 아이들은 책을 가까이할 기회가 없었습니다. 그래서 사서 선생님들이 '낙타'를 이용해서 낙타도서관을 운영하고 있다고 합니다. 낙타 한 마리가 1,500권을 나를 수 있는데 학생들은 낙타도서관이 오면 책을 애지중지하며 2주 동안 책을 본다고 합니다.[2]

책을 읽을 여건이 마땅치 않은 이런 마을에 사는 아이들은 책을 보면 반기고 좋아하는데 우리나라 아이들은 책을 가까이하고 있을까요? 집 가까이에 공공도서관, 작은 도서관, 학교 도서관이 있는데 아이들은 책을 얼마나 읽고 있을까요?

문화체육관광부에서는 2년에 한 번씩 국민독서실태조사를 합니

---

2. 『나의 도서관은 낙타 등에 있어』 34~35쪽, 마그리투 루어스, 하정희 옮김, 생각의 집, 2013

다. 2021년에 실시한 《국민독서실태조사》에 따르면 종이책을 기준으로 1년 동안 교과서, 학습참고서, 수험서를 제외한 일반도서를 한 권 이상 읽은 비율이 성인은 40.7%, 초, 중, 고등학생은 87.4%라고 합니다.[3]

다시 말하면 1년 동안 책을 1권 이상 읽은 성인은 2명 중 1명도 되지 않는다는 말입니다. 그리고 학생들의 87.4%가 1년에 책을 한 권 이상 읽는다고 합니다.

아이들이 학교 도서관은 자주 이용할까요? 위 조사를 보면 지난 1년간 학교 도서관을 이용한 적이 있는 학생은 67.5%로 나타났습니다.(초 70%, 중 67.2%, 고 65.3%) 초등학생의 경우 학교 도서관 이용 빈도가 거의 매일 9.4%, 1주일에 1~2번 35.8%, 한 달에 1~2번 24.9%, 한 학기에 1~2번 25.1%, 1년에 1~2번 10.8%로 나타났습니다.

학교 도서관에 1주일에 1번 이상 가는 초등학생이 45.2%밖에 되지 않습니다. 이 숫자 자체도 적은 숫자이지만 저는 이 또한 과장된 조사 결과라고 생각합니다.

왜냐하면, 여러 학교를 거치면서 제가 근무하는 학교의 도서관 이용 조사를 해본 결과 위의 조사보다 학생들의 도서관 이용 횟수가 적다는 사실을 알게 되었기 때문입니다.

---

3. 《2021 국민독서실태조사》, 74쪽, 문화체육관광부, 2021

중소 규모의 도시에서 근무한 적이 있습니다. 이 학교 부모님들은 자녀 공부에 대한 관심이 다른 학교에 비해 높았습니다. 전체 학생은 1,000명 정도 되는 규모의 학교였습니다.

〈1학년 학생들의 연간 도서 대출 결과〉(권)

반 학년	1반	2반	3반	4반	5반	6반	7반	학년 평균	학급당 1인 연간평균	1인당 월간 평균
1학년	956	1,217	1,129	1,000	1,967	904	716	1,127	40.25	4.025

위 표는 제가 근무했던 학교 1학년 학생들의 1년 동안의 학교 도서 대출 결과입니다. 언뜻 보기에는 책을 많이 읽은 것 같지만 각 반당 학생이 약 28명인 것을 생각해 본다면 1학년 학생들은 1인당 연간 40권의 책을 읽었다고 볼 수 있습니다. 여름방학과 겨울방학에 학교 도서관을 이용하는 학생은 거의 없으니 두 달을 빼고 10개월 동안 이용했다고 보고 월간 대출을 계산해보면 1인당 4.025권이 나옵니다.

1학년 학생들이 평균적으로 『알사탕』같은 그림책을 '1달 동안 4권' 읽었다는 말입니다. 얇은 그림책을 1주일에 1권 정도밖에 읽지 않았다는 말입니다. 다른 학년도 비슷한 결과였습니다. 처음에는 제가 근무하고 있던 학교의 아이들이 유독 책을 안 읽는 줄 알았습니다. 하지만 매년 조사를 하고 학교를 이동해서도 조사를 계속해본 결과 대부분의 학교 상황이 비슷하다는 사실을 알게 되었습니다.

2) 읽는 아이들만 읽어요

도서관에는 오는 아이들만 옵니다.

도서관에 가는 것이 습관이 되지 않는 아이들은 도서관을 아예 가지 않습니다. 아래의 표는 1학년 어느 반의 1년 동안의 대출 권수를 나타낸 표입니다. 1학년은 1인당 연간 평균 40.25권의 책 대출이 있었습니다. 하지만 아래 표에서 알 수 있듯이 1년 동안 40권 이상 책을 빌린 학생은 28명 중에서 7명뿐이었습니다. 아래 표에서는 28명 중에서 5명이 반 평균을 높여주는 역할을 한 것입니다.

〈1학년 어느 반 대출 순위〉

단위: 권, 명, 연간

1위	2위	3위	4위	5위	6위	7위	8위	9위	10위
190	189	73	63	62	40	40	39	32	28
11위	12위	13위	14위	15위	16위	17위	18위	19위	20위
28	27	22	21	16	13	13	9	9	8
21위	22위	23위	24위	25위	26위	27위	28위		
7	6	6	4	4	4	2	1		

제가 다년간 조사를 해 본 결과 일반적으로 한 반에 28명의 학생이 있으면 3명 정도의 학생들은 연간 대출이 100권을 넘습니다. 8명 정도의 학생들은 두 자릿수 대출 권수, 15명의 학생은 1년 동안 대출 권수가 10권이 되지 않고, 1년 동안 도서관에 한 번도 가지 않는 학생들은 한 반에 2명 정도 됩니다.

이런 현상은 특정 학년에서만 발생하지 않습니다. 매년 아이들의 독서결과를 점검해 본 결과 학년과 학교 크기와 관계없이 비슷했습니다. 몇 명의 다독하는 학생이 반 전체의 평균을 올려주고 있음을 알 수 있었습니다.

3) 학년이 높을수록 안 읽어요

《2021 국민독서실태조사》 결과를 보면 학년이 올라갈수록 연간 독서량이 적어지는 것을 알 수 있습니다. 학년이 올라갈수록 더 두꺼운 책을 읽기 때문에 단순히 책의 권수로 비교하는 것은 무리가 있을 수 있지만, 대략적인 경향은 파악할 수 있습니다. 점심시간에 학교 도서관에서 책을 빌리는 학생들은 대부분 저학년 학생들입니다. 고학년의 경우는 각 반에서 책에 관심을 가진 몇 명의 학생들만 도서관에 옵니다. 학년이 올라갈수록 학원 숙제가 많아지고 해야 하는 다른 것들이 많아지기 때문에 책과는 더욱더 멀어지게 됩니다.

〈 2021 국민독서실태 조사 연간 종이책 독서량 〉[4]

	초4	초5	초6	중1	중2	중3	고1	고2	고3
연간 독서량	59권	51권	44권	19권	15권	8권	9권	6권	6권

---

4. 《2021 국민독서실태조사》, 85쪽, 문화체육관광부, 2021

4) 학년 말로 갈수록 안 읽어요

3월 초에 학교 도서관에 한 번 가본 적이 있나요? 3월 초의 도서관은 아이들로 넘칩니다. 새로운 학년이 되어서 도서 대출증을 새로 받았기 때문입니다. 선생님들도 새로운 마음으로 독서교육을 시작합니다. 그래서 3월에는 도서관이 붐빕니다. 대출하기 위해 긴 줄을 서 있는 모습을 자주 볼 수 있습니다. 하지만 이 모습은 내년 3월에야 또 볼 수 있습니다. 왜냐하면, 날이 갈수록 학생들은 도서관에 오지 않기 때문입니다. 12월쯤 되면 책을 정말 좋아하는 일부 학생들만 도서관에 다닙니다.

5) 이런 아이들도 있어요

① 장기 연체자

반마다 장기 연체자들이 있습니다. 책에 관심이 없는 아이가 3월에 선생님 손에 이끌려 도서관에서 책을 처음으로 빌린 후에 책을 반납하지 않아 책을 연체시키는 경우가 많습니다. 제가 담임했던 한 학생의 경우 133일 동안 연체시켰습니다. 4개월이 넘게 도서관에 가지 않았다는 말은 그만큼 책에 관심이 없다는 말이기도 합니다. 이런 학생들은 꼭 한 반에 2~3명은 있어서 해마다 도서관 담당 선생님으로부터 장기 연체자 명단을 받게 됩니다.

② 학교 도서관 회원증 분실

저는 학기 초에 학교 도서관 회원증 만들기를 아이들과 함께합니다. 하지만 날이 갈수록 도서관 회원증을 분실하는 경우가 많습니다. 단순히 잃어버리는 것이 아니라 아예 관심이 없습니다. 잃어버리면 언제든지 다시 만들어 줄 수 있지만, 자신이 도서관 회원증을 잃어버렸는지조차 모르고 생활하는 아이들이 많습니다.

③ 지역 도서관 회원증 없음

저는 해마다 저희 반 학생들에게 3월 말까지 시립도서관이나 도립도서관에 가서 회원증을 만들어 오는 숙제를 냅니다. 아이들이 지역도서관을 많이 이용하지 않는다는 사실을 알고 난 후부터 이런 숙제를 내고 있습니다. 지금부터라도 지역도서관을 자주 이용했으면 하는 바람에서입니다. 그리고 1년 동안 학급운영과 수업을 할 때 도서관의 도움이 많이 필요하기 때문입니다. 해마다 회원증을 만드는 숙제를 내는데 어느 해에는 학생들이 6학년임에도 불구하고 회원증이 없는 아이가 30~40% 정도 되었습니다. 회원증이 아예 없는 학생도 많지만, 회원증은 만들어놓고 이용하지 않는 아이들도 아주 많았습니다.

④ 학교 도서관 방문횟수가 0회인 학생들

아래 표는 제가 근무했던 학교의 도서 대출 결과 중에 1년 동안 도서관 대출을 한 번도 하지 않았거나 1번만 대출한 학생의 결과표입니다.

〈1년 동안 도서관 대출을 한 번도 안 했거나 한 번만 대출한 학생의 결과표〉

단위: 명, 연간

	1반	2반	3반	4반	5반	6반	7반	학년 평균
1학년	2	1	3	3	2	3	3	2.4
2학년	0	0	1	8	3	3	0	2.1
3학년	8	0	5	0	6	5		4
4학년	4	12	17	10	9	10		10.3
5학년	6	4	2	0	6	2		4
6학년	2	2	0	2	3	5	12	4.3

해마다 조사를 해보면 반마다 차이가 있지만, 학급마다 이런 학생들이 3~4명은 꼭 있습니다. 그만큼 책과 도서관과 먼 생활을 하는 아이들이 많다는 사실입니다.

어떤 문제가
생길까요?

1) 실력은 없는데 시험만 잘 쳐요

초등학교에서 국어 단원평가를 쳐보면 시험점수를 높게 받는 아이들이 있습니다. 어떻게 독서를 많이 하지도 않는 아이가 국어 시험점수는 높게 받고 있을까요?

비밀은 '문제집 반복해서 풀기'에 있었습니다. 많은 아이가 국어 문제집을 풀고 있습니다. 학원 교재나 학습지로 또는 집에서 부모님과 함께 연습해보는 용으로 학습지나 문제집을 많이 풀고 있었습니다. 문제집 속에서 비슷한 문제를 많이 접해보았기 때문에 그 학생의 '진짜 문해력'과는 상관없이 국어 시험에서 높은 점수를 얻을 수 있었던 것입니다.

문제는 충분한 독서를 하지 않고 문제집 풀이를 통해 비슷한 문제를 미리 많이 접해본 아이들은 지금 당장 높은 성적을 받지만, 학년이 올라갈수록 국어 성적이 떨어진다는 점입니다. 특히 중3 이후 고등학교에 가서는 성적이 떨어지기 시작합니다. 고등학교 공부는 독서가 바탕이 되지 않은 상태에서 문제집 풀이만으로는 한계가 있기 때문입니다.

초등학교 때 성적이 높지 않더라도 충분한 독서를 한 아이들은 뒤늦게 성적이 높아지는 경우를 제자들을 통해 많이 보았습니다. 부모님의 눈에는 보이지 않지만, 평소 독서 습관, 문제 풀이 습관, 학생의 스트레스 정도 등을 종합해서 판단해보면 교사 눈에는 이것들이 보입니다. 그래서 초등학교 때 치는 단원평가에 일희일비할 필요가 없습니다. 단지 참고용으로만 활용하고 어떻게 하면 충분한 독서를 하게 해줄까? '문해력'을 높일 수 있는 '독서하는 습관'을 어떻게 만들어 줄까? 하는 고민을 해야 합니다.

2) 수능에도 영향을 미쳐요

부끄러운 고백이지만 저는 중학교, 고등학교 때 교과서 이외의 책을 전혀 읽지 않았습니다. 문제집을 사서 여러 번 풀어보는 것이 성적향상의 지름길이라고 생각했기 때문입니다. 실제 성적도 중3 때까지는 꾸준히 올라서 나의 공부 방식이 옳다고 생각했습니다. 하지만 이런 방식으로 공부를 하는 것은 중학교 3학년 때까지만 유효합니다. 고등학교에서는 이런 방식으로 공부해서는 성적이 오르지 않습니다.

고등학교에 다닐 때 있었던 일입니다. 저는 야간 자율학습을 하고 있었습니다. 옆에 앉은 짝은 소설책을 읽고 있었습니다. 그 친구는 평소 자율학습 시간에도 신문이나 잡지를 즐겨 봤습니다. 속으로 저는 '공부 시간에 왜 소설책을 보지? 문제집을 반복해서 풀면 성적이 바로 올라갈 텐데'하고 생각했습니다. 하지만 시간이 갈수록 그 친구는 모든 과목에서 성적이 올랐습니다. 저는 수능 모의고사 풀이를 열심히 해서 저도 성적이 올랐습니다만 실제 수능에서 저는 고등학교에 다니는 동안 치른 모든 시험을 통틀어 가장 낮은 국어 성적을 받았습니다. 실제 수능에서는 저의 공부 방식이 통하지 않았던 것입니다. 제 짝은 수능 시험에서 지금껏 자신이 받은 최고 점수를 받았습니다.

하루는 야간 자율학습 시간에 제가 짝에게 국어 문제를 물어봤습니다. 정답은 3번이라고 알려주었습니다. 왜 그런지 알려달라고 하자 그 친구는 "왜인지는 잘 모르겠는데 그냥 느낌이 그래"라고 말해주었습니다. 그때는 '우연히 맞춘 거겠지…' 하는 생각이었는데 지금 생각해 보면 그 친구는 선생님이 학생들에게 설명하듯이 정답의 이유를 정확히 설명은 못 했지만, 글의 맥락을 정확히 알고 느낌으로 정답을 알고 있었던 것입니다. 그것이 국어에서의 실력입니다.

대학교 입학 후 1년을 보내고 군대에 갔습니다. 군대에서 책을 200권 넘게 읽었습니다. 전역하고 나서 재수를 선택했습니다. 그때 저에게는 7개월밖에 공부할 시간이 없었기 때문에 국어 공부를 할 시간이 없었습니다. 왜냐하면, 대학교 1년, 군에서 2년 2개월을 보냈기 때문에 영어, 수학, 역사와 같은 과목의 내용을 많이 잊었기 때문입니다. 그래서 국어 공부는 거의 하지 못했습니다. 시험 결과 언어영역의 점수는 3년 전과 비교해서 많이 올랐습니다. 국어 공부를 전혀 하지 못했는데도 높은 점수를 받은 것은 군대에서 책을 읽은 것이 많은 도움이 된 것 같습니다. 이처럼 독서는 수능 시험점수와도 직결됩니다.

"저도 왜 이렇게 잘 나오는지 모르겠는데요"[5] 언어영역을 굉장히 잘 보는 애들한테 어떻게 이렇게 높은 점수가 나오는지 물어보면 들을 수 있는 대답이라고 합니다. 문제집은 몇 권이나 푸는지 물어보면 "안 풀어도 잘 나오기에 계속 안 푸는데요"[6]라고 대답한다고 합니다.

수능 언어영역은 문제집을 많이 푼다고 점수가 잘 나오지 않습니다. 문제를 많이 풀어서 유형별로 분석하고 문제 풀이 기술을 익힌다면 모의고사 성적은 올릴 수 있습니다. 하지만 처음 보는 문제 유형이 많은 진짜 수능 시험에서는 문제를 많이 푸는 방식은 통하지 않습니다.

독서가 수능성적에 영향을 주는 실험과 조사는 많습니다.

2004년 한국직업능력개발원에서 중3 학생 2,000명을 대상으로

---

5. 『그대 아직도 부자를 꿈꾸는가』 94~95쪽, 이범, 양철북, 2011
6. 『그대 아직도 부자를 꿈꾸는가』 94~95쪽, 이범, 양철북, 2011

문해력과 수능점수의 상관관계를 조사했습니다. 중학교 때 책을 많이 읽은 학생과 그렇지 않은 학생들의 수능점수를 비교했습니다. 3년간 문학 서적을 꾸준히 읽은 학생들은 같은 기간에 문학 서적을 한 권도 읽지 않은 학생들보다 2008학년도 대입의 수능의 언어, 수리, 외국어 영역 모두에서 더 높은 점수를 받았습니다.[7]

자녀가 초등학생인 경우 지금 성적이 낮다고 문제집만 풀기보다는 책과 신문, 잡지를 읽는 것을 습관화할 수 있도록 다양한 방법을 찾는 것이 더 중요합니다. 현재 성적이 높다고 지금까지 공부하는 방식을 유지하는 것도 문제가 있습니다. 항상 지금의 공부 습관을 점검해서 불필요한 공부, 과잉 공부를 하지 않는지 살펴야 합니다. 문해력의 향상이 이루어지면 성적은 자연스럽게 올라갑니다. 그 중심에는 책과 도서관이 있어야 합니다.

문해력의 향상을 위해서는 독서와 비판적인 신문읽기, 뉴스 보기, 전문잡지(과학, 문학, 인문) 읽기, 토론하기의 활동을 해야 합니다. 가정에서는 장기적인 안목을 가지고 학생들이 책과 도서관을 가까이 할 수 있는 다양한 방법들을 고민하는 것이 필요합니다.

---

7. EBS 《당신의 문해력》 제작팀, EBS 『당신의 문해력』 37쪽, EBS BOOKS, 2021

3) 다른 과목에도 영향을 미쳐요

① 수학보다 국어가 중요

EBS《학교란 무엇인가》제작팀에서 초등학교 4학년들을 대상으로 한 가지 실험을 했습니다. 앞 페이지에는 연산 문제, 뒤 페이지에는 서술형 문제(문장제 문제)가 실린 시험지를 나누어주고 평가했습니다. 그 결과 연산 문제보다 서술형 문제의 오답률이 훨씬 높았습니다. 그리고 이 시험을 친 학생들은 "글을 읽으면 무슨 뜻인지 모르겠어요", "어려웠어요. 뒷장에 문장이 있는 문제가"라는 대답을 했습니다.[8]

학교에서 아이들을 가르치다 보면 위와 같은 사례를 많이 볼 수 있습니다. 아이들은 왜 서술형 문제를 어려워할까요?

첫 번째 원인은 독서 부족입니다. 평소에 책을 읽지 않아서 문제를 읽어도 무슨 문제인지 이해를 못 해서 틀립니다. 문제를 이해하지 못하니 더하는 문제인지 빼는 문제인지도 몰라서 틀립니다.

두 번째 원인은 학습지와 문제집을 많이 풀어서입니다. 평소 학습지나 문제집을 풀 때 생각하지 않고 문제 풀이를 하는 습관 때문입니다. 기계적으로 문제를 풀었기 때문에 덧셈 문제를 무조건 뺄셈으

---

8. EBS《학교란 무엇인가》제작팀, 『학교란 무엇인가』 129~130쪽, 중앙BOOKS, 2011

로 풀이를 하거나 받아올림 할 필요가 없는데도 무조건 받아올림 해서 틀리는 실수를 많이 합니다.

아래 문제는 초등학교 2학년 1학기 수학익힘책에 나오는 문제입니다.

문제1

준기는 동화책을 어제는 58쪽, 오늘은 54쪽 읽었습니다.
준기는 어제와 오늘 동화책을 모두 몇 쪽 읽었을까요?

〈2학년 1학기 수학익힘책 42쪽〉

58+54=□ 와 같은 문제는 잘 풀면서 위와 같은 서술형 문제를 틀리는 아이들이 의외로 많습니다. 일단 서술형 문제를 보고 겁부터 먹는 아이들도 많습니다. 서술형 문제를 풀 때는 문제를 읽고 중요한 부분에 동그라미와 밑줄을 쳐야 합니다. 첫 번째로 위 문제에서는 '어제'와 '오늘'에는 밑줄, 58과 54에는 동그라미를 쳐야 합니다. 그리고 '어제와 오늘' 부분에 밑줄을 치고 '모두' 부분에 동그라미를 쳐야 합니다. 그 후에 동그라미와 밑줄 친 부분을 다시 읽고 +로 풀어야 하는 문제인지 －로 풀어야 하는 문제인지 생각하고 식을 쓰고 문제를 풀어야 합니다. 하지만 90%가 넘는 아이들이 이런 생각의 과정을 거치지 않고 기계처럼 문제를 풉니다.

준기는 동화책을 어제는 58쪽, 오늘은 54쪽 읽었습니다.
준기는 오늘보다 어제 얼마나 더 책을 많이 읽었나요?

〈문제2〉는 〈문제1〉과 비교해서 한 문장이 다릅니다. 〈문제2〉는 뺄셈으로 풀어야 하는 문제입니다. 하지만 문제를 읽고 어떤 문제인지 이해한 후에 풀지 않고 무조건 58과 54를 더해서 푸는 아이들이 있습니다.

이런 아이들은 수학실력 향상을 위해 풀었던 많은 문제들이 오히려 수학실력 향상에 걸림돌이 된 경우입니다. 문제 풀이하는 습관을 고치고 책을 읽는 습관을 잡아줘야지 수학 실력이 올라갑니다.

수학 성적이 낮다고 수학학원부터 알아보는 부모님들을 많이 볼 수 있습니다. 하지만 수학 성적이 낮은 경우에는 수학학원을 알아보기 전에 자녀의 독서 습관과 문제 풀이 습관부터 돌아볼 필요가 있습니다.

② 영어도 국어를 잘해야

국어를 잘하는 아이들이 영어를 잘할 확률이 높습니다. 독서 습관을 잡아주지 않고 어릴 때부터 영어에만 시간을 많이 투입하는 가정을 많이 봅니다. 그런 가정의 아이들은 처음에는 반짝 영어 실력을 보여줍니다. 영어 말하기 대회에 가서도 입상하고 발음도 좋은 것 같고 영어를 잘하는 듯 보입니다. 하지만 모국어를 잘하지 않고 외국어를 잘할 수는 없습니다. 외국어를 모국어 이상으로 잘하는 경우는 거의 없습니다. 15년 동안 초등학교에 근무하면서 많은 아이와 학부모님들을 만났습니다. 독서를 충분히 하고 영어를 공부한 아이들은 갈수록 영어 실력이 높아졌지만, 한글 독서를 하지 않고 오로지 영어에만 집중한 경우는 길게 보았을 때 제 실력을 발휘하지 못하는 경우를 많이 보았습니다. 독서를 충분히 한 아이들은 모르는 영어단어가 나와도 앞뒤 문장을 통해 맥락적인 이해를 해서 영어 책을 힘들이지 않고 읽는 경우를 많이 보았습니다. 하지만 독서가 바탕이 되지 않은 아이들은 모르는 영어단어가 나오는 글을 접했을 때 영어단어의 뜻을 유추해내지 못하고 사전부터 찾습니다.

영어보다 국어가 우선이 되어야 합니다. 국어실력을 키우는 지름길은 '독서'입니다.

③ 사회도 국어를 잘해야

책을 많이 읽은 아이들은 배경지식이 많아서 사회 교과서를 읽을 때도 큰 어려움이 없이 읽습니다. '온돌, 기후, 상류, 촌락의 생활' 등의 어려운 말이 나와도 어디선가 한 번쯤 보고 들은 내용이 교과서에 있으므로 훨씬 쉽게 교과서를 접합니다. 반면 책을 안 읽은 아이들은 교과서에 나오는 모든 것들이 처음 보는 내용이기 때문에 외워야 할 것들이 넘치게 됩니다. 그래서 4학년 이상의 학년이 되면 사회를 싫어하는 아이들이 많아집니다.

특히 현재 5학년 2학기에 배우는 '우리나라 역사' 부분이 시작되면 평소에 역사 관련 책을 많이 접한 아이들과 그렇지 않은 아이들 사이에 아주 큰 차이가 벌어지기 시작합니다. 간단한 사회 교과서의 내용을 이해 못 하는 아이들이 상당히 많습니다.

책을 폭넓게 읽는 아이들은 초등학교 사회 공부를 특별히 따로 할 게 없습니다. 왜냐하면, 평소에 책에서 읽었던 내용이 다 교과서에 나오기 때문입니다. 사회성적이 낮다고 사회 문제집을 사서 풀게 하는 가정을 많이 보았습니다.

문제1. 아래 그림의 이름은 무엇인지 쓰세요.
정답 첨성대

사회 문제집에 나오는 대표적인 문제 유형입니다. 많은 초등학생이 학원이나 가정에서 위와 같은 문제가 적힌 문제집을 푸는 방식으로 공부합니다. 문제집을 통해 비슷한 문제를 많이 풀어봤기 때문에 학교 시험점수는 그럭저럭 잘 나옵니다. 하지만 그 이상의 지식이 없으므로 첨성대가 언제, 어떤 목적으로 만들어졌고 구체적으로 어떤 기능을 하는지 자세하게 설명할 줄 아는 학생은 거의 없습니다.

교과서는 많은 내용을 압축해서 요약해놓았기 때문에 하나의 사건이나 유물에 대해서 자세히 설명해놓지 않았습니다. 그래서 관련 책을 찾아서 읽어야 합니다.

이번 주에 경주의 문화재에 관한 내용을 배웠으면 문제집을 푸는 것이 아니라 도서관에서 첨성대, 불국사, 석굴암과 같은 키워드로 검색해서 책을 읽어야 장기적으로 학생의 진짜 실력이 향상됩니다. 독서는 뒷전인 체 문제집 풀이에만 열중하는 많은 아이를 보면서 답답했습니다. 답은 독서에 있습니다.

4) 책과 가까워질 결정적 시기를 놓쳐요

어릴 때부터 책을 읽어주고 아이와 함께 도서관에 다닌 가정에서 자란 아이는 책을 좋아하게 될 확률이 높습니다. 저는 아이가 책을 좋아하게 만들 수 있는 마지노선이 2학년이라고 생각합니다. 왜냐하면, 1학년과 2학년 때에는 학습 부담이 적기 때문입니다. 학교에서 배우는 교과서도 적습니다. 그래서 다른 학년과 비교를 했을 때 상대적으로 방과 후에 시간이 많이 남습니다. 하지만 3학년이 되면 갑자기 배우는 과목이 늘어납니다. 특히 영어 교과가 시작되기 때문에 많은 아이가 3학년부터는 영어학원에 본격적으로 다니기 시작합니다. 학교에서 배우는 과목이 많으므로 학습 부담이 커집니다. 그리고 영어학원의 숙제까지 더해져 학생들이 해야 할 공부의 양이 확 늘어납니다. 그래서 저학년보다 중학년에는 책을 읽을 시간이 더 줄어듭니다. 5, 6학년이 되면 사춘기가 시작되는 아이들도 있고 중학교 선행학습을 시작하는 아이들이 많아집니다. 그래서 중학년 때 보다 책을 읽을 시간이 더 줄어들게 됩니다.

어릴 때는 책을 잘 보고 좋아하다가 여러 가지 원인으로 학년이 올라가면 올라갈수록 책과 멀어지는 아이들이 많습니다. 하지만 어릴 때 책을 보지 않다가 갑자기 책을 좋아하게 되는 경우는 거의 없습니다.

그림책을 거의 읽지 않았던 3학년 아이가 갑자기 『만복이네 떡집』을 스스로 읽지는 못합니다. 왜냐하면, 그림책을 충분히 읽지 않고서 글이 많은 56쪽의 책을 읽을 힘이 없기 때문입니다. 마찬가지로 100쪽에서 200쪽 사이의 책을 충분히 읽지 않으면 200쪽 이상의 장편소설은 못 읽어냅니다.

물론 고학년 담임을 하면서 독서교육을 하다 보면 "선생님 덕분에 책이 좋아졌어요"라는 내용이 담긴 쪽지를 받거나 '선생님 덕분에 책을 더 가까이할 수 있었다'라는 내용의 일기장을 가끔 볼 수 있었습니다. 하지만 그것을 계기로 눈에 띌 만큼 아이가 책을 좋아하게 되었다든지, 지속해서 도서관에 가고 담임이 바뀌어도 책을 계속 가까이하는 아이를 만나기는 쉽지 않습니다. 그래서 학생들이 어릴 때 독서교육을 시작하는 것이 좋습니다.

희망은 어디에서
찾을까요?

1) 읽어주세요

어린 아이들이 있는 가정에서는 많은 부모님들이 아이들에게 책을 읽어줍니다. 특히 초등학교에 입학하기 전에는 아이에게 책을 읽어주는 가정이 많습니다. 하지만 아이가 한글을 알기 시작하면서 책은 '아이 스스로 읽는 것'이라고 생각하고 그때부터 책을 읽어주지 않는 부모님들이 많습니다.

실제로 학부모 독서 모임을 하면서 만난 1학년 학부모님들께 "아이들에게 책을 읽어주세요"라고 말씀을 드리면 "우리 아들은 이제 한글 다 알아요. 스스로 읽어요"라고 말씀하시는 분이 많았습니다.

한글을 이제 갓 뗀 1학년도 책을 읽어줘야 합니다.

"책 읽어라"가 아니라 "책 읽어줄게"여야 합니다. 아이들은 엄마 품에 안겨 엄마의 목소리로 책을 읽어주는 그 '시간'을 좋아합니다. 물론 그림책이 재미있는 경우 책 자체를 좋아하지만, 엄마와 함께 잠자리에 누워서 재잘재잘 나누는 그 대화하는 시간, 엄마와 신체접촉을 나누는 시간이 아이에게 마음의 안정을 주고 행복한 기억으로 자리합니다.

이렇게 책을 읽어주면서 키운 가정에서 자란 아이는 책을 좋아합니다. 이런 아이들은 책하면 떠오르는 것이 책을 재미있게 읽어주는 엄마, 책을 읽을 때 나를 안아주는 아빠, 깔깔대면서 읽는 장면과 같이 긍정적인 것들입니다. 책을 좋아하는 아이로 키우는 첫 번째 방법은 '책 읽어주기'입니다.

2) 도서관에 다니세요

아이를 키우는 집에 가보면 책이 없는 집은 없습니다. 많든 적은 책이 있습니다. 하지만 도서관에 정기적으로 다니는 가정은 잘 없습니다. 도서관에 다니면 좋다는 것은 많은 부모님께서 동의하십니다. 하지만 도서관에 다니는 것을 시작하는 것이 어렵다고 말씀하십니다.

도서관은 무료로 이용할 수 있고 집보다 많은 책이 있습니다. 도서관에서 책을 빌리면 2주 후에 반납 문자가 옵니다. 그 문자를 보고 책을 반납하고 또 책을 빌립니다. 아이들은 2주마다 새 책을 볼 수 있습니다. 이렇게 도서관에 다니면 꾸준히 책을 접할 수 있습니다.

아이들은 새 책을 좋아합니다.

그리고 도서관에 가서 아이를 무릎에 앉히고 책을 읽어주세요. 아이와 대화하면서 책을 읽어주다 보면 아이가 행복해하는 표정을 짓습니다. 호기심 어린 질문을 합니다. 책을 통해 아이와 나누는 교감은 소중합니다. 내가 행복해하는 만큼 아이도 행복을 느낍니다.

어릴 때부터 엄마 아빠의 손을 잡고 도서관에 다닌 아이는 독서하는 어른으로 자랍니다. '도서관 다니기'가 습관이 되기 위해서는 부모님의 도움이 필요합니다.

부모님이 자식에게 물려줄 수 있는 것 중에서 가장 소중한 것은 '책을 읽는 습관'이 아닐까요? 책을 좋아하는 아이로 키우기 위해서는 '책 읽어주기'와 '도서관에 다니기' 이 두 가지면 충분합니다.

2장

—

읽어주자

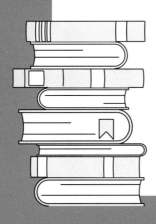

왜 읽어줘야
할까요?

저는 두 딸에게 매일 그림책을 읽어줍니다. 아이들에게 "문제집을 풀어라'고 하면 싫어하지만 "책 읽어줄 게~"라고 하면 좋아합니다. 아이를 안고 책을 읽어줄 때 아이는 어떤 표정을 짓고 있을까요? 긴 장하지 않고 편안한 모습입니다. 시험 문제지를 풀 때처럼 틀릴까 봐 걱정하거나 어려워서 고민하는 표정도 없습니다. 부담이 없이 안정된 마음으로 그림책을 봅니다. 온전히 책에 집중합니다.

그리고 "아빠 이건 뭐야? 이건 무슨 말이야?"라고 호기심이 가득한 질문도 합니다. 엄마 품에 아이를 안고 책을 읽어주세요. 부모님이 아이에게 자주 책을 읽어주면 아이는 책을 좋아하는 아이로 자랍니다. 책 읽어주기는 아이가 책과 가까워지는 가장 빠른 지름길입니다.

'책 읽어주기'는 어떤 점이 좋을까요?

1) 정서적 유대감이 증가해요

① 책을 좋아하는 지현이

2학년인 지현이는 6살 때 한글을 떼고 책을 스스로 많이 읽는 아이입니다. 2학년인데도 3학년 수준의 책들을 많이 읽고 책에 관심이 많은 학생이었습니다. 지현이 엄마와 상담을 했습니다. 지현이가 지금 스스로 책을 잘 읽어도 "자기 전에는 책을 읽어주세요"라고 부탁을 드렸습니다. 며칠이 지난 후 지현이 엄마는 "지현이는 제가 책을 읽어주는 시간을 좋아하는 것 같더라고요. 자기가 다 읽을 줄 아는데도 자기 전에 제가 팔베개하고 읽어주는 그 시간이 정말 좋대요. 자기 스스로 읽는 것보다 엄마가 읽어주는 것이 훨씬 좋대요. 선생님 감사해요"라고 말했습니다.

책을 읽어줘야 하는 이유가 바로 이것입니다. 엄마 아빠가 읽어주는 책을 보면서 아이는 엄마 아빠 냄새를 맡습니다. 엄마 아빠 품에 안겨서 포근함을 느끼면서 책을 봅니다. 엄마 아빠와 스킨십을 하면서 책을 읽은 아이들은 책이 엄마고 책이 아빠가 됩니다. 이런 아이들은 책에 대한 행복한 경험들이 쌓여 책에 대한 긍정적인 생각을 가지면서 자랍니다. 독서 논술학원에 보내서는 결코 얻을 수 없는 것을 '책 읽어주기'를 통해 얻을 수 있습니다.

아직 책 읽어주는 것이 습관이 되지 않은 상태의 부모님들은 퇴근 후 지친 몸으로 아이에게 책을 읽어주는 것은 결코 쉬운 일이 아님니다. 하지만 조금만 힘을 내서 아이에게 책을 읽어주세요. 첫 시작이 어렵지, 책을 통해 아이가 행복해하는 모습, 호기심이 가득한 모습, 편안한 표정들을 보고 나면 책 읽어주기를 계속할 수 있습니다. 아이와 부모가 함께 행복해지기 때문입니다. 잊지 말아야 할 것은 한글을 다 알아도 책을 읽어주는 것이 중요하다는 사실입니다.

② 학습지 대신 책 읽어주는 민준이 엄마

"민준아, 영어 숙제했니? 수학 학습지 풀어야지." 또다시 민준이를 재촉하는 내 모습. 그래도 오늘의 할 일을 다 시키고 나서, 자기 전에 "우리 책 읽자. 한 권씩 가져와서 읽어보자" 민준이가 너무 행복해했어요. 항상 숙제 다 하면 10시가 되고 자기 바빴는데 어제 선생님과의 상담 후 교실을 나서며 '자기 전에 꼭 2권 이상의 책을 읽게 하자'고 결심했고 민준이가 행복해하는 모습에 저도 행복한 시간이었답니다.

3월 상담주간이었습니다. 민준이 엄마와 상담하면서 지금 하는 국어학습지를 끊고 자기 전에 민준이에게 책을 읽어주시라고 말씀드렸습니다. 위 내용은 상담 다음 날 2학년 민준이 엄마로부터 아침에 받은 문자 내용입니다.

상담을 통해 아이와 엄마가 변화하는 모습을 보는 것은 교사의 가장 큰 행복과 보람 중 하나입니다. 민준이 엄마는 민준이에게 자기 전 책 읽어주기를 하면서 아이와 관계가 더 좋아졌다고 말씀해주셨습니다.

소아정신과 의사 서천석 선생님은 부모에게 그림책을 읽어주길 권하는 이유 중 하나로 그림책을 읽어주는 그 순간이 부모가 아이에게 집중하는 극히 드문 시간이기 때문이다[9]라고 말했습니다.

이처럼 그림책을 읽어주는 것은 자녀와 대화하는 시간을 통해 자녀를 더 이해할 수 있는 시간입니다. 자녀를 잘 이해하는 것은 부모와 아이 서로에게 마음을 나누는 힐링 시간이 될 수 있습니다.

2) 아이의 마음을 잘 알게 돼요

'그림책이 소중한 이유는 그 속에 아이들의 마음이 담겨 있기 때문이다' 서천석 선생님이 하신 말[10]입니다.

조원희 작가님의 『미움』 그림책에는 한 친구로부터 "너 같은 거 꼴도 보기 싫어"라는 말을 들은 주인공이 등장합니다. 이 주인공은 그때부터 친구를 미워하기 시작합니다. 밥을 먹으면서도 숙제하면서도 신나게 놀면서도 미워하는 감정을 계속 가지고 지냅니다. 이 책은 미워하는 마음을 통해 내 감정을 돌이켜볼 수 있는 그림책입니다.

만약 이 책을 엄마가 아이에게 읽어줬다면 아이와 함께 아래와 같은 질문을 할 수 있습니다.

---

9.   『그림책으로 읽는 아이들 마음』, 12쪽, 서천석, 창비, 2015
10.   『그림책으로 읽는 아이들 마음』, 13쪽, 서천석, 창비, 2015

"미워하는 감정이란 뭘까?"

"너는 언제 누구를 미워하는 마음이 들었던 적이 있었어?"

"그때 그 친구는 어떤 기분이었을까?"

"그래서 계속해서 미워하는 감정이 들었어?"

"언제쯤 그 마음이 없어졌어?"

"없어지지 않는다면 너는 무엇을 하면 기분이 좋아져?"

아이들은 아직 어리기 때문에 책을 읽은 후 책의 내용을 바탕으로 스스로 질문하기를 어려워합니다. 그래서 부모님이 책을 읽어주면서 대화하는 것이 중요합니다. 자연 관찰 책을 제외한 대부분 그림책에는 주인공의 '마음'을 알 수 있는 다양한 사건이 벌어집니다. 그림책을 읽어주면서 나누는 대화를 통해 그림책 속 등장인물들의 마음과 내 아이의 마음을 알 수 있습니다.

아이 스스로 책을 읽었다면 단순히 책을 읽고 반납을 했을 겁니다. 하지만 부모님이 읽어주면 위와 같이 '마음'에 대해 깊이 있게 생각을 해 볼 기회가 됩니다.

그리고 책을 읽어줄 때는 스스로 책을 읽을 때보다 청각을 담당하는 측두엽과 아이의 감정을 담당하는 부위, 즉 마음의 뇌라고 부르는 변연계 부분이 활성화된다[11]고 합니다.

---

11.   KBS 과학카페, 《책 읽어주기의 힘》

3) 책을 사랑하게 돼요

담임 : 호준이 어머니! 어머니께서는 책을 좋아하시나요?

호준이 엄마 : 제가 어릴 때는 많이 읽었는데 어른이 되고 나서는 별로 안 읽어요.

담임 : 호준이 아빠가 책을 좋아하신다고 하셨는데 혹시 호준이 아버지는 호준이에게 책을 읽어주시나요?

호준이 엄마 : 아니요.

2학년 호준이 엄마와 상담했을 때의 대화입니다. 호준이는 책을 좋아하지 않는 아이였습니다. 호준이 엄마는 아이가 한글은 일찍 뗐는데, 책을 안 읽어서 고민이라고 말씀하셨습니다. 아빠는 책을 좋아하는데 아이는 왜 책을 좋아하지 않는지 모르겠다고 말씀하셨습니다. 집에서 아빠가 책을 읽고 있는 모습도 많이 보여준다고 하는데 호준이는 왜 책을 좋아하지 않을까요?

그렇습니다. 호준이 집에서는 아빠가 책을 읽는 모습을 자녀에게 보여주었지만, 호준이에게 책을 읽어주지는 않았습니다. 호준이는 엄마, 아빠 품에 안겨서 책을 읽은 행복한 기억이 없으므로 책을 좋아하지 않게 된 것이었습니다. 이처럼 책 읽어주기는 중요합니다.

어릴 때부터 책을 읽어 준 가정에서 자란 아이들은 책을 좋아합니다. 15년의 교직 경력 중에서 7년 동안 6학년을 담임하면서 책을 멀리하는 아이들을 많이 볼 수 있었습니다. 가끔 책을 좋아하는 아이들도 볼 수 있는데 그 아이들의 공통점은 어릴 때부터 부모님이 책을 읽어줬다는 점입니다. 독서 논술학원에 보내서 아이가 책을 좋아하게 되기는 어렵습니다. 어릴 때부터 아이와 함께 시간을 보내면서 책을 읽어줄 때 아이들은 책을 좋아하게 됩니다.

4) 마음이 안정돼요

KBS 과학카페 프로그램에서 《책 읽어주기의 힘》을 방송한 적이 있습니다. 한글을 깨친 아이 6명을 3명씩 책을 스스로 읽는 팀과 책을 읽어주는 팀으로 나눠서 10분 동안 뇌파 측정을 했습니다. 그 결과 엄마가 읽어주는 팀 아이들의 뇌에서 알파파가 40% 정도 더 측정되었다고 합니다. 이 실험에 참여했던 업체의 관계자는 알파파는 마음의 안정이나 편안한 상태, 명상 시에 늘어난다.[12]라고 말했습니다. 이처럼 아이가 스스로 책을 읽는 것보다 아이에게 책을 읽어주는 것이 아이의 정서발달에 더 좋습니다.

---

12.   KBS 과학카페, 《책 읽어주기의 힘》

읽어줄 때 어떤
준비가 필요할까요?

1) 책 준비하기

이제 책 읽어주기를 준비해 봅시다. 읽어주기 책은 누가 준비해야 할까요? 처음에는 부모님이 준비해 주는 것이 좋습니다. 정말 재미있는 책을 부모님이 준비합니다. 미리 부모님이 읽어보면 더 좋습니다. 현실적으로 미리 못 읽어보는 경우가 많지만 처음 그림책을 읽어줄 때는 재미있는 책을 골라서 미리 읽고 재미있는 포인트를 알아두면 아이의 반응을 더 끌어낼 수 있습니다. 2~3권을 준비해두면 좋습니다.

아이와 함께 책장에서 골라도 좋습니다. 아이와 대화하면서 책을 하나하나 고르는 활동을 통해 책에 관한 관심을 높일 수 있습니다.

스스로 책을 고르는 것을 좋아하지 않는 아이의 경우는 부모님이 재미있는 책을 골라줍니다. 스스로 책을 고르는 것을 좋아하는 아이의 경우는 아이가 고른 1권, 부모님이 고른 1권을 읽어줍니다. 첫 시작은 이렇게 하고 점점 아이가 고르는 횟수를 늘려갑니다.

① 무조건 재미있는 책으로!

아이가 깔깔 넘어가는 책, 읽어준 후에 아이가 또 읽어달라고 조르는 책을 어떻게 고를까요? 우리 집에는 책이 많습니다. 하지만 모든 책이 재미있지는 않습니다. 10권 정도 보면 그중에 정말 재미있는 책이 1권 정도 있습니다. 저는 매년 학급의 아이들에게 그림책을 읽어주는데, 특히 3월에 읽어주는 책은 정말 재미있는 책을 고르고 또 골라서 읽어줍니다. 그렇게 재미있는 책을 읽어주면 아이들은 "선생님! 선생님이 읽어주는 책은 다 재미있어요"라고 말합니다. 이런 말을 하는 학생이 있으면 그해에 독서교육은 반은 성공한 것으로 볼 수 있습니다. 이처럼 처음 그림책을 아이에게 읽어줄 때는 재미있는 그림책을 고르는 수고가 필요합니다.

"엄마가 읽어주는 책은 재미있어!"

라는 말을 아이에게서 듣는다면 독서교육은 성공입니다. 아이들에게 처음 읽어주기 좋은 책은 무조건 재미있는 책이 좋습니다. 인기도서라고 무조건 내 아이가 그 책을 좋아하지는 않습니다.

평소 아이의 취향을 잘 봐두세요. 공룡을 좋아하는 아이들도 있고 고양이를 좋아하는 아이도 있습니다. 공룡을 좋아하는 아이는 공룡이 주인공으로 나오는 책으로, 고양이를 좋아하는 책은 고양이가 나오는 책으로 시작합니다. 그리고 아이의 관심사와 독서 수준을 파악한 뒤에 그림책의 글 밥을 고려해서 책을 골라주세요.

위와 같이 내 아이의 취향을 잘 살폈다가 아이가 선호하는 책을 준비해주세요. 아이에게 물어보셔도 좋습니다.

② 앤서니 브라운의 책으로!

책을 읽어줄 때 어떤 책부터 시작하면 좋을까요? 아이의 나이와 성향에 따라 다르겠지만 첫 시작은 영국의 동화작가 앤서니 브라운 책을 추천합니다. 앤서니 브라운의 책들은 유명한만큼 재미있습니다. 무엇보다 앤서니 브라운의 그림책 속에는 숨은그림찾기 할 부분이 많이 등장합니다. 그림 속에 숨어 있는 바나나, 돼지 등의 그림을 찾는 재미가 있습니다. 아이와 숨은 그림들을 찾으면서 이야기할 수 있는 요소가 많습니다.

	그림책	포인트
1	돼지 책	앤서니 브라운의 가장 대표적인 그림책입니다. 숨은 이야기도 많고 작가가 숨겨놓은 돼지도 많습니다. 돼지 그림으로 바뀐 벽지, 요리도구, 문손잡이를 찾는 재미가 있습니다.
2	꿈꾸는 윌리	바나나 물고기, 하늘로 올라가는 로켓 바나나 등 바나나로 표현된 재미있는 부분을 찾기 좋은 책입니다.
3	고릴라	표지, 아빠가 읽고 있는 신문 속, 모나리자 그림 속으로 들어간 고릴라 등 많은 고릴라가 책 속에 숨어 있습니다.

4	미술관에 간 윌리	우리가 알고 있는 명화를 패러디하여 그림을 그렸고 바나나, 빵들을 찾는 재미가 있습니다.
5	달라질 거야	주전자가 고양이가 되고 소파가 고릴라로 변신하는 등 이상한 사건들이 자주 생기고 중간중간 숨겨놓은 이야기를 찾는 재미가 있습니다.
6	우리 엄마	처음부터 끝까지 꽃무늬가 나옵니다. 꽃이 아닌 물고기 화분, 단추 화분, 과일 화분을 찾는 재미가 있습니다. 아이 눈에 비친 엄마는 어떤 엄마인지 이야기해 보기도 좋습니다. 엄마가 없을 때 아빠가 아이에게 읽어주면서 엄마의 좋은 점에 관해 이야기하기에 좋습니다.
7	우리 아빠	《우리 아빠가 최고야》라는 제목의 어린이 뮤지컬로도 제작된 책입니다. 황토색 체크 무늬의 옷이 계속 나오며 야구공 나무 축구공 나무, 말발굽 모양의 의자 등이 숨어 있습니다. 이 책은 아빠가 없을 때 엄마가 읽어주며 아빠의 좋은 점에 관해 이야기하면 좋습니다

2) 읽을 책은 아이가 선택하기

읽어줄 책을 부모님이 2권 골랐으면 책 선택은 아이가 할 수 있도록 해주세요. 아이에게 "오늘은 두 권을 읽어줄 거야"라고 말하는 것보다 "이 두 권 중에 뭐 먼저 읽어줄까?"라고 물어보는 것이 좋습니다. 이런 방법을 쓰면 부모님이 고른 책일지라도 '아이가 선택한 책'이기 때문에 아이는 책에 관심을 더 가집니다. 아이에게 책을 읽어주기 위해 부모님이 먼저 안달이 나면 안 됩니다. 이런 방법을 조금만 쓰면 아이가 책에 푹 빠지게 만들 수 있습니다.

3) 책으로 밀고 당기기

읽어줄 책을 골랐다고 해서 독서교육이 완성되는 것은 아닙니다. 책에 대한 아이들의 관심을 얻으려면 부모님의 기술이 필요합니다. 바로 '밀고 당기기'입니다. 아이에게 책 읽기는 해야 하는 '숙제'가 아니라 아이에게 주는 '선물'과 같아야 합니다.

① 자기 전 밀고 당기기

많은 어린 아이들이 양치질을 싫어합니다. 그때 이 밀고 당기기를 사용합니다.

엄마 : "양치질 잘하면 오늘은 특별히 2권 읽어줄게"

라고 말을 합니다. 엄마가 '자기 전에 2권을 다 읽혀야 하는데…'라는 생각을 가지는 그것보다 아이가 엄마에게 "엄마! 오늘 내가 양치질 잘하면 오늘은 2권 읽어줘야 해"라는 말이 나올 수 있도록 유도하면 성공입니다.

또, 자기 전에 읽어줄 책을 3권 준비했더라도 2권만 읽어줍니다. 3권이 준비되어 있다는 사실을 알고 있는 아이는 엄마가 아이에게 2권을 읽어주고 나면 엄마에게 "나머지 1권도 읽어주세요"라고 말을 합니다. 그래도 엄마는 기다려야 합니다. "오늘은 늦었으니 내일 일어나자마자 읽어줄게"라고 말을 합니다. 아이가 책을 읽어달라고 졸라도 마음속으로 '성공이야!'라고 외치며 참아야 합니다. 내일이 되면 아이는 일어나자마자 엄마에게 책을 들고 와서 말합니다. "엄마, 어제 못 읽어준 책 읽어주세요"

이렇게 아이가 안달이 나게 만들어야 합니다. 아직 아이들은 어리기 때문에 이런 밀고 당기기의 기술을 쓰면 대부분 아이는 책을 좋아하게 만들 수 있습니다.

② 읽어주는 양으로 밀고 당기기

도서관에서 홍민정 작가님의 책 『고양이 해결사 깜냥 2』을 빌려온 날이었습니다. 첫째에게 다섯 개의 챕터 중에서 첫 번째 챕터를 읽어줬습니다.

첫째 : 아빠! 뒷부분도 읽어주세요.

아빠 : (사실 아빠는 더 읽어주고 싶었지만 마음을 감추고)

　　　　 25쪽이나 읽었는데? 1학년이 25쪽이나 읽었으면 많이 읽었어. 이제 그만 읽자.

첫째 : 아빠! 뒤 내용이 궁금해요. 그럼 2챕터까지만 읽어주세요. 네?

아빠 : (아빠의 밀고 당기기 기술 1차 성공!)

　　　　 그래? 그럼 윤이가 진짜 궁금해하니까 하나만 더 읽어줄게.

아빠 : (2챕터를 읽어준 후)

1학년이 한 번에 다 읽기에는 이 책은 너무 양이 많아. 오늘 43 쪽까지 읽었다.

많이 읽었네. 아빠가 나머지는 내일 읽어줄게~

첫째 : 싫어요. 더 읽을 수 있어요.

첫째는 이날 나머지 3개의 챕터를 스스로 다 읽었습니다. 100쪽 이나 되는 책을 처음부터 아빠가 끝까지 다 읽어주는 것보다 이렇 게 밀고 당기기의 기술을 사용해 보세요. 아이는 책에 흠뻑 빠지게 됩니다.

이런 책들도
아이들이 좋아해요

첫째가 5살 때 어린이집에서 독서기록장을 나누어 줬습니다. 책 제목만 적는 기록장이었는데 아직 5살이라 글을 모르는 첫째를 대신해서 제가 적었습니다. 그림책을 읽어주고 제목을 적다 보니 정말 재미있고 특이한 형태의 책들이 많았습니다. 그래서 책 제목 옆에 작은 표시를 해 두었습니다. 그렇게 4년~5년이 흘렀습니다.

2학년 담임을 할 때 한 부모님과 책 읽어주기의 중요성에 대해 말씀드리면서 상담했습니다. 상담이 끝난 후 부모님이 아이에게 읽어주면 좋은 그림책 목록을 찾으셨습니다. 그래서 첫째의 독서기록장을 참고해서 아래의 목록을 만들 수 있었습니다.

처음에는 어떤 책들로 읽어주기를 시작하면 좋을까요? 좋은 책에는 여러 가지 조건이 있겠지만 읽어주기에 가장 적합한 조건은 아이와 이야기할 거리가 많은 것입니다. 또, 그림이 예쁘고, 이야기의 구성이 좋고, 찾아볼 내용이 많은 책이 좋습니다. 엄마가 그림책을 읽어주는 것을 보고 듣고 '그림책이 재미있네'라는 생각을 가질 수 있도록 좋은 그림책을 읽어줘야 합니다. 아이들은 아직은 어리기 때문에 재미있고 좋은 책을 고르는 능력이 부족합니다. 그럴 때는 아래와 같은 목록의 도움을 받으면 좋습니다.

1) 주제가 흥미로운 책

① 패러디 책, 뒷이야기 책

패러디 책은 우리가 잘 알고 있는 이야기를 다른 각도에서 풀어낸 그림책입니다. 패러디 책을 처음부터 읽어주는 것은 추천하지 않습니다. 패러디 책을 처음부터 읽어주면 원래 책의 내용이 이런 줄 알게 되기 때문입니다. 그림책에 관한 관심이 어느 정도 생기고 독서 습관이 잡힌 후에 원래 책을 읽어 준 후에 읽어주는 것을 추천합니다.

토끼와 거북이 ☞ 슈퍼거북, 슈퍼토끼(유설화),
토끼와 자라 ☞ 자라가 들려주는 토끼의 간 이야기
해와 바람 ☞ 해와 바람, 그 후! (정희경), 해와 바람(천미진)
아기 돼지 삼 형제 ☞ 늑대가 들려주는 아기 돼지 삼 형제 이야기, 아기 돼지 세
　　　　　　　　　자매, 아기 돼지 세 마리(데이비드 위즈너), 진짜 크고 못된
　　　　　　　　　돼지
팥죽할멈과 호랑이 ☞ 팥죽 호랑이와 일곱 녀석

② 아이 눈에 비친 부모님의 모습을 알 수 있게 해주는 책

우리 아이는 엄마 아빠를 어떤 엄마, 아빠로 보고 있을까요? 아이 눈에 비친 부모님의 모습을 알 수 있게 해주는 책도 읽어주기에 좋습니다. 책을 읽고 난 후 나는 어떤 엄마, 어떤 아빠인지 그 이유를 아이에게 이야기해달라고 하세요. 아이 눈에 비친 나의 모습을 발견하고 그 계기로 한 발 더 나은 부모가 될 수 있습니다.

하지만, 아이의 말 하나에 너무 일희일비하지는 마세요. 오늘 저녁에 아이가 좋아하는 돈가스를 해줘서 아이가 기분이 좋다면 '요리사 엄마', 또는 '천사 엄마'라는 답을 할 것이고, 만약 숙제를 안 했다고 조금이라도 잔소리를 한 날은 '숙제 엄마', '잔소리 엄마'와 같은 부정적인 답변을 들을 확률이 높습니다. 참고용으로만 활용하세요.

엄마 자판기, 아빠 자판기, 주전자 엄마와 이불 아빠, 엄마가 너에 대해 책을 쓴다면, 고함쟁이 엄마, 엄마가 말이 됐어요, 구석기 아빠, 너 왜 울어?, 완벽한 아이 팔아요, 내가 듣고 싶은 말, 그랬구나, 엄마 잠깐만!, 내가 나를 골랐어, 엄마의 선물(김윤정), 엄마의 스마트폰이 되고 싶어, 엄마는 왜 화만 낼까?, 엄마의 하나 둘 셋, 엄마가 화났다, 엄마가 유령이 되었어!, 불만이 있어요, 이유가 있어요, 혼나기 싫어요, 부모님 제대로 키우는 법, 설탕 엄마 소금 아빠, 으르렁 아빠, 엄마의 이상한 출근길, 아빠의 이상한 퇴근길, 엄마를 화나게 하는 10가지 방법, 아빠를 화나게 하는 10가지 방법, 누구 손 잡을까?, 구석기 아빠

③ '내가 최고야'에 대한 책

동물, 채소, 과일 등이 주인공으로 등장해서 '내가 최고야'를 뽐내는 책들도 읽어주기에 좋습니다. 내가 잘 알고 있는 동물과 식물들이

의인화된 그림책들 대부분은 아이들에게 인기가 많습니다. '내가 최고야'를 뽐내는 이런 책들은 우스꽝스러운 일들이 생기고 반전이 있기도 하므로 아이들이 집중을 잘합니다.

> 내 엉덩이가 최고, 나도 길다, 동물원 키 재는 날, 동물원 몸무게 재는 날, 가장 멋진 꼬리 선발대회, 누가 일등일까요?(시아오메이시), 진짜 올림픽보다 더 재미있는 곤충들의 올림픽, 내 키가 더 커!, 엉덩이 심판, 엉덩이 올림픽, 엉덩이 날씨, 떡이 최고야, 김치가 최고야, 밥이 최고야, 운동이 최고야, 과일이 최고야, 채소가 최고야, 후끈 후끈 고추장 운동회

④ 말놀이하기에 좋은 책

의성어, 의태어가 많이 들어가 있는 그림책이나 특정 단어가 반복해서 나오는 책들은 어린아이들에게 특히 인기가 많습니다. 이 책을 바탕으로 말놀이하기에 적절합니다. 이런 책들을 읽어주면 아이들은 시키지도 않았는데 그림책 속에 나오는 단어들을 따라 말하기도 하고 자신이 직접 단어를 만드는 놀이를 합니다. 학교에서 말놀이 관련 그림책을 읽어주면 쉬는 시간에 아이들끼리 말 만드는 놀이를 하면서 깔깔대는 모습을 볼 수 있습니다. 집에서도 아이와 함께 말놀이 해보세요.

> 고구마구마, 고구마유, 간장 공장 공장장, 최승호 시인의 말놀이 동시집(전5권), 호랑이 꼬랭이 말놀이, 빨주노초파남보 색깔 말놀이, 말놀이 나라 쫑쫑, 말놀이 (윤&진)

⑤ 글자 없는 책

글자 없는 책은 글이 없으므로 오히려 '우리 아이의 말'을 들을 수 있게 도와주는 책입니다. 글이 없는 그림책은 그림책을 읽어줄 때 글만 읽었던 부모님들이 그림책을 읽어주는 방법을 배울 수 있는 책이기도 합니다. 글이 없기 때문에 그림을 보면서 왜 이렇게 되었을까? 이것이 무엇을 나타낸 것일까? 하는 등의 질문을 통해 아이와 대화를 할 수 있고 아이의 생각을 알 수 있습니다. 책을 읽어주는 것은 아이와 교감하는 활동임을 안다면 글 없는 책은 아이와 더 가까워질 수 있는 책입니다. 책을 읽어준 후 책에 직접 글을 쓰는 활동을 해도 좋습니다.

데이비드 위즈너의 책 중에는 글 없는 책이 많습니다.
☞ 이상한 화요일, 시간 상자, 구름 공항, 1999년 6월 29일, 자유낙하

로트라우트 수잔네 베르너의 4m 그림책도 글이 없습니다.
☞ 수잔네의 봄, 수잔네의 여름, 수잔네의 가을, 수잔네의 겨울, 수잔네의 밤, 왜?(니콜라이 포포프), 다음은 누구일까?, 문(이지현), 코끼리는 어디로 갔을까?, 비밀의 문(3학년 1학기 국어책에 실림), 머나먼 여행, 끝없는 여행, 케이크 도둑, 케이크 소동, 케이크 야단법석, 케이크 도둑을 잡아라, 모나리자를 찾아라, 모양들의 여행, 내 마음이 들리나요, 개구리 꽃, 책(마리예 톨만), 나무집(마리예톨만), 작은 기적(피터 콜링턴), 높이 더 높이(셜리 휴즈), 노란 우산, 눈사람 아저씨(레이먼드 브리그스), 사과와 나비, 와글와글 신나는 겨울, 와글와글 신나는 놀이터, 와글와글 신나는 우리 동네, 공원을 헤엄치는 붉은 물고기, 암탉은 왜 길을 건넜을까?, 상상 이상, 줌,그림속의 그림, 시간상자, 이게 다일까?, 알(이기훈), 연필(김혜은), 찾습니다(제프뉴먼), 휴가(이명애), 심심해?(현민), 숨(노인경), 먼 여행(피터반 덴 엔데), 다이빙(민하), 친구를 만지지 않아요

2) 형태가 특이한 책

① 다양한 재료로 표현한 책

글과 그림만으로 그림책이 만들어지는 것은 아닙니다. 아래의 그림책들은 색연필, 클레이, 바느질, 자수, 꽃잎 등 다양한 재료로 만들어진 그림책들입니다. 이런 그림책들을 읽어주고 보여주면 아이들은 깜짝 놀랍니다. 처음 보는 재료로 만들어진 그림책에 관심을 가지고 책장을 넘깁니다. 책을 읽은 후 다양한 재료로 그림 그리기 활동을 해도 좋습니다.

(클레이) ☞ 구름빵, 장수탕 선녀님, 알사탕, 이상한 손님, 이상한 엄마, 나는 개다
(바느질, 자수) ☞ 숲속 재봉사, 숲속 재봉사와 털 뭉치 괴물, 걸었어, 깜장 콩 벌레
　　　　　　　　내가 태어난 숲, 상추씨, 너는 무슨 풀이니?, 거북이의 아주 긴 간식
　　　　　　　　털실이 통통, 나만 남은 거야?
(털실) ☞ 분홍줄
(꽃잎) ☞ 숲속 재봉사의 꽃잎 드레스
(색연필) ☞ 가방 안에 든 게 뭐야?, 붕붕 꿀 약방, 파닥파닥 해바라기, 청소부 토끼
(박스) ☞ 그래도 널 좋아해
(한지) ☞ 팥죽할멈과 호랑이(박윤규 글, 백희나 그림), 사랑은123
(색지) ☞ 근데 그 얘기 들었어?
(모래) ☞ 해와 바람 그 후!, 숲속 동물들이 달려가고 있어요
(다양한 재료) ☞ 톰팃톳

② 구멍이 뚫린 책

책 표지에 또는 책 안의 내용에 구멍이 뚫린 책도 있습니다. 뚫린

구멍으로 새로운 그림과 이야기를 만들어내는 재미가 있습니다. 전혀 예상하지 못했던 그림이 나오기도 하고 익숙한 그림이 나오기도 합니다. 다음에는 어떤 내용, 어떤 그림이 나올지 아이와 예상하면서 그림책을 읽어주세요. 읽어 준 후에는 A4 종이를 잘라서 구멍을 뚫어 주세요. 그 종이에 창의적인 그림을 그려서 한 권의 작은 책으로 만들어 주세요.

> 또 읽어줘!, 글자 먹는 악어, 원하는 대로 마음껏 상상해봐, 안쪽 바깥쪽, 구멍이 뻥 , 눈(이보나흐미엘레프스카), 내가 보이니? 나는 누구일까?, 무슨 검정이게 요?, 무엇이 먼저일까 (로라 바카로 시거), 양말이야기(CK스무하), 구멍(열매), 집 (퍼트리샤 헤가티), 포피와 샘의 똑딱똑딱 시계 보기, 꼬물꼬물 코끼리(펠리시티 브룩스),꿈틀꿈틀 애벌레(펠리시티 브룩스), 신나는 탈것(스텔라 배곳), 우리아기 첫 손가락 놀이책:동물농장(스텔라 배곳), 우리 아기 첫손가락 놀이책:바닷속 동물(스텔라 배곳), 우리 아기 첫손가락 길 찾기 놀이책:강아지와 고양이(스텔라 배곳), 우리 아기 첫손가락 길 찾기 놀이책:꽃밭(스텔라 배곳), 우리 아기 첫손가락 놀이책:숲속 동물(스텔라 배곳), 우리 아기 첫손가락 놀이책:공룡 출동!(스텔라 배곳), 우리 아기 첫 손가락 놀이책:동물원(스텔라 배곳), 우리 아기 첫손가락 놀이책:신나는 탈것(스텔라 배곳)

③ 병풍 책 (아코디언 책)

병풍 책 또는 아코디언 책으로 불리는 기다란 책도 아이들이 좋아합니다. 특히 수잔네 시리즈는 4m 정도 되는 긴 책으로 한 마을에서 계절별로 벌어지는 사건이 숨어 있습니다. 계절의 느낌이 잘 드러나게 그림이 그려져 있으며 계절이 바뀌면서 등장 인물들에게 어떤 일들이 생겼는지 찾아보는 재미가 있습니다. 책을 읽어준 후 종이를 이어서 아이들과 함께 병풍 책을 만들어 보세요. 그리고 병풍 책으로 성처럼 둥근 모양으로 만든 후 그 안에서 병풍 그림책을 읽어줘도 색다른 경험을 만들어 줄 수 있습니다.

> 이상한 동물원, 똑딱똑딱 지구는 24시간, 꿈틀꿈틀 땅속으로 지구탐험, 높이 높이 하늘 위로 우주 탐험, 기차가 출발합니다, 장날(이윤진), 나, 꽃으로 태어났어(엠마 줄리아니),수잔네의 봄, 수잔네의 여름, 수잔네의 가을, 수잔네의 겨울, 수잔네의 밤, 나비가 하나 둘 셋, 물이 되는 꿈, 비가 올까 봐, 사막여행(손소영), 그늘을 산 총각

④ 특이한 형태의 책

그림책은 정말 다양한 형태의 책들이 있습니다. 뚜껑처럼 넘길 수 있는 플랩북, 그림책을 넘기면 입체적으로 튀어나오는 팝업북 등 여러 종류의 책들이 있는데, 처음 그림책을 읽어줄 때 이런 다양한 책을 소개해주면 아이가 책에 관심을 가집니다. 이런 책은 어쩌다가 한 번씩 소개해주면 좋습니다. 신기하고 좋은 책일수록 아껴뒀다가 짠~하고 아이에게 읽어주세요.

플랩북	마법에 걸린 병, 동물은 어떻게 세상을 볼까요?, 동물은 어떻게 세상을 볼까요?
속지 일부가 계단형식인 책	오리아빠, 배고픈 애벌레, 아빠는 미아
끝말잇기	무슨 줄일까?
클래식 QR코드가 있는 책	피아노 소리가 보여요 ☞ 비발디 사계로 계절 책을 만들어 보세요.

그림의 기법이 특이한 책	밥.춤(정인하), 그래봤자 개구리, 철사 코끼리, 어느 날 코끼리가 잠을 못 잤다, 달리기(나혜), 숏!(나혜), 물싸움(전미화)
팝업북	바다 이야기, 앗! 내모자, 나무늘보가 사는 숲에서
거울 그림책	신기한 무지개, 오늘의 간식
다양한 관점을 한 책에 담음	어느 조용한 일요일, 안을 보면 밖을 보면
줄이 들어가 있는 책	꼬리 꼬리 꼬꼬리, 리본(아드리앵 파를랑주)
바로 읽어도 거꾸로 읽어도 되는 책	바로 또 거꾸로(앤 조나스), 기묘한 왕복 여행(앤 조나스)
냉장고 속에 넣어뒀다가 읽어야 하는 책	우리 집은 어디에 있나요?
책 속에 다른 책이 들어가 있는 책	책 속에 책 속에 책

3) 미적인 요소가 많은 책

① 다양한 색감을 느낄 수 있는 책

3월 말, 4월 초에 산과 강가를 보면 다양한 초록빛을 볼 수 있습니다. 아주 연한 연둣빛 잎을 가진 나무부터 초록색의 잎을 가진 나무까지 같은 연두색이라도 짙음 정도가 다릅니다. 이렇게 파스텔톤의 연둣빛 나뭇잎을 보는 것은 고작해야 2주 정도밖에 안 되지만 저는 이 시기의 색감을 가장 좋아합니다.

그림책에서도 다양한 색을 만날 수 있습니다. 사용한 재료에 따라 느낌이 다릅니다. '색'을 주제로 다양한 이야기가 펼쳐집니다. 책을 읽은 후 아이와 그림 그리는 활동을 하면 좋습니다. 아이와 함께 색에 담긴 의미에 관해 이야기하면서 함께 그림을 그려보세요.

> 알록달록 색칠 괴물, 알록달록 카멜레온(아니타 베이스테르보스), 알록달록 카멜레온(다시로 치사토), 색깔을 훔치는 마녀, 가방 안에 든 게 뭐야?, 동굴 안에 뭐야?, 붕붕 꿀 약방: 간질간질 봄이 왔어요, 붕붕 꿀 약방:떡갈나무 수영장으로 오세요, 붕붕 꿀 약방:반짝반짝 소원을 빌어요, 붕붕 꿀 약방:쿨쿨 겨울잠을 자요, 맴(장현정), 피어나다(장현정), 파닥파닥 해바라기, 청소부 토끼, 세상의 많고 많은 초록들, 숲속 재봉사의 꽃잎 드레스, 사계절(브리타 테큰트럽 그림), 달(브리타 테큰트럽 그림), 꿀벌(브리타 테큰트럽 그림), 바다(브리타 테큰트럽 그림), 콧물끼리, 숲속 사진관, 작은 꼬마 원숭이의 아주 큰 모험, 배고픈 꿈이, 꽃괴물(정성훈), 당신은 빛나고 있어요, 모두가 빛나요, 쉿! 비구름

② 셀로판지로 봐야 하는 책

맨눈으로 볼 때는 어지러운 듯하고 '책이 왜 이래?'라는 생각이 들지만, 셀로판지로 보면 생각지도 못한 장면이 등장하는 마법 같은 책들이 있습니다. 아래의 그림책들은 셀로판지가 책에 들어가 있습니다. 빨강, 파랑, 노랑, 삼원색을 이용한 셀로판지로 신기한 경험을 할 수 있습니다. 아이들이 보고 또 보는 책 중의 하나입니다.

> 색다른 바닷속 여행, 색다른 숲속 여행, illuminature 일루미네이쳐 자연을 비춰봐요 (레이철 윌리엄스), 빨강부리의 대횡단(아가트 드무아), 빨간 안경(오소리)

③ 사랑스러운 책

책을 읽는 동안, 읽고 난 후 가슴이 따뜻해지는 책이 있습니다. 아래 그림책들은 그림책 속의 그림 자체가 따뜻하고 내용이 가슴에 와 닿아서 내 마음에 쏙 드는 사랑스러운 책들입니다. 책을 읽고 나면 기분이 좋아져서 다른 사람들에게 마구 추천해주고 싶은 그런 책들입니다. 내가 느낀 따뜻한 마음, 아이도 느낄 수 있도록 아래의 사랑스러운 책을 읽어주세요.

머리하는 날, 가방 안에 든 게 뭐야?, 파닥파닥 해바라기, 붕붕 꿀 약방, 귤 사람, 팥빙수의 전설, 내가 엄마를 골랐어!, 감기책, 변비책, 엄마약, 감귤 기차, 한 입만, 엘리베이터(경혜윤), 알 속으로 돌아가!, 안녕달 책(수박 수영장, 당근 유치원, 할머니의 여름휴가, 왜냐면...메리, 눈아이), 구도 노리코의 모든 책(카레가 보글보글, 오싹오싹 도깨비 숲, 수상한 해적선의 등장, 아이스크림이 꽁꽁, 삐악삐악 첫 캠핑, 비행기가 부웅부웅, 삐악삐악 할머니 집, 빵 공장이 들썩들썩, 삐악삐악 생일파티, 삐악삐악 숲속 놀이동산, 삐악삐악 슈퍼마켓, 삐악삐악 크리스마스, 초밥이 빙글빙글, 오늘 밤에는 어떤 꿈을 꿀까?)

4) 상상력이 넘치는 책

① 반전 있는 책

내가 예상했던 내용과 다른 내용이 전개될 때 아이들은 책에 관심을 둡니다. 내가 생각하지 않았던 내용이 나오는 부분에서는 큰 소리를 내며 웃기도 합니다. 반전이 있는 내용이 담긴 그림책을 통해 아이들은 책에 관심을 두는 계기가 됩니다. 반전 있는 책을 읽어주실 때는 결정적인 장면 앞에서 멈추고 아이에게 물어보세요.

"어떻게 될 것 같아?"

> 파리의 휴가, 배고픈 암탉, 판다 목욕탕, 청소부 토끼, 아기 새는 뭐해?, 팬티 입은 늑대, 누가 사자의 방에 들어왔지?, 배고픈 거미, 무슨 검정이게요?, 검은색만 칠하는 아이, 집 안에 무슨 일이?

② 기발한 상상력이 돋보이는 책

그림책을 읽은 후 '와! 어떻게 이런 생각을 할 수 있지?'라는 생각을 하게끔 하는 그림책들이 있습니다. 이런 그림책을 만나면 정말 반갑습니다. 아래의 책들은 아이들의 상상력을 자극할 수 있는 책들입니다. 이런 책을 만나면 아이는 작가가 쓴 다른 책들에도 관심을 보입니다. 책을 읽은 후 책 속의 작가소개 부분을 펴고 작가의 다른 책들도 함께 찾아보면 좋습니다. 아이와 함께 도서관 홈페이지에서 도서 검색 부분에서 '저자검색'을 해보세요. 검색하면서 다른 책들을 함께 찾아보고 대여하면 아이는 '작가'에 대해서도 관심을 가집니다.

수박수영장, 고구마구마, 어떤 이불이 좋아? 어떤 화장실이 좋아? 어떤 목욕탕이 좋아?, 다리가 쭉쭉, 상상하는 책 이상한 집, 문(이지현), 나는 뽀글머리, 내가 연필깎이라면? 내가 원숭이라면?, 내가 로켓이라면?, 내가 팽이라면?, 똥이 되어볼까?, 집 안에 무슨 일이?, 계란말이 버스, 학교 가는 길, 문제가 생겼어요, 문어목욕탕, 코끼리 미용실, 딱 맞아(송선옥), 지하철 사자선, 와 얼룩말이다, 누가 사자의 방에 들어왔지?, 카오노트1,2,3(스티커북임)

③ 독자와 이야기하면서 읽는 책

그림책 중에는 독자와 이야기하면서 내용이 진행되는 책도 있습니다. 이런 책은 부모님이 작가가 됩니다. 버튼을 눌러보기도 하고 책을 왼쪽 오른쪽으로 기울였다가 흔들기도 합니다. 작가와 대화하듯이 구성된 책이기 때문에 책 속의 작가와 독자가 한 공간 안에 있는 듯한 느낌이 듭니다. 그리고 독자의 참여가 있어야 책장이 넘어가는 책이기 때문에 아이들은 즐거워하면서 책에 집중합니다. 실제 아이들에게 읽어주면 다시 읽어달라는 아이들이 많습니다. 그만큼 책에 몰입하고 있다는 이야기입니다.

도와줘 나 좀 꺼내줘!, 호랑이가 깨지 않게 조용조용, 공룡을 긁어봐!, 이 책을 절대로 열지 마시오!, 절대로 누르면 안 돼!, 절대로 누르면 안 돼! 크리스마스에도, 절대로 누르면 안 돼 핼러윈에도, 절대로 만지면 안 돼!, press here(에르베 튈레), mix it up(에르베 튈레), let's play(에르베 튈레), 힘 세지는 책, 우리가 책 속에 있어, 사랑에 빠진 책, 화난 책, 도와줘 늑대가 나타났어, 잠자는 책

④ shaping game 내용의 책

같은 모양을 두고 다양한 그림으로 표현하는 shaping game 형식의 책은 아이들이 정말 좋아하는 책입니다. 기발한 생각을 바탕으로 창의적인 사고를 경험할 수 있습니다. 그림책을 다 읽은 후에는 비슷한 모양의 도형으로 종이에 다양한 그림을 그리도록 하면 좋습니다. 그림들을 순서를 바꿔가며 이야기를 만든 후에 종이를 모아 책으로 만들어줘도 좋습니다.

문제가 생겼어요, 학교 가는 길, 네 개의 그릇, 생각 연필, 꼬마 곰과 프리다, 이건 막대가 아니야, 이건 상자가 아니야, 앤서니 브라운의 행복한 미술관

⑤ 꼬리에 꼬리를 무는 책

글은 없지만, 이야기 속에 또 다른 이야기가 숨어 있는 책도 있습니다. 어떤 책은 한 개의 그림 속에 또 다른 그림이 들어가 있는 구조로 이루어져 있습니다. 돋보기와 현미경으로 사진을 보듯이 한 장면 속에 또 다른 그림이 들어가 있는 신기한 책도 있습니다. 또, 책장을

앞으로 뒤로 왔다 갔다 하면서 내용에 대해 아이들과 이야기해야 내용이 이해되는 책도 있습니다.

> 암탉은 왜 길을 건넜을까?, 상상 이상, 줌, 그림 속의 그림 시간 상자, 이게 다일까?, 누가 사자의 방에 들어왔지? 곧 이 방으로 사자가 들어올 거야

5) 새로운 재미가 있는 책

① 음식을 주제로 한 책

음식을 주제로 한 그림책은 대부분 귀엽습니다. 음식을 의인화해서 표현한 작품도 많습니다. 음식에 관한 그림책은 실패 확률이 없습니다. 아이들의 가장 좋아하는 책 중의 하나입니다. 음식에 대해 몰랐던 내용을 아는 것과 더불어 그림책 속에 귀엽게 그려진 음식의 모습을 아이들은 좋아합니다. 음식 관련 책을 읽어주고 맛있는 음식을 함께 먹는 것은 어떨까요? 이런 책들은 작은 말풍선 속의 깨알 같은 대사들을 찾아 읽는 재미도 큽니다.

수박수영장, 팥빙수의 전설, 무궁화 꽃이 피었습니다(천미진), 식혜(천미진), 된장찌개(천미진), 떡국의 마음, 호로록 물김치, 떡이 최고야, 김치가 최고야, 앗! 피자, 몽돌 미역국, 채소 학교와 책벌레 양배추, 채소 학교와 더벅머리 옥수수, 채소 학교와 파란 머리 토마토, 당근이랑 무랑 우엉, 꽁꽁꽁, 꽁꽁꽁피자, 밥이 최고야, 밀가루 학교, 맛있는 구름콩, 내가 먹어 줄게, 인절미 시집가는 날, 돌돌 말아 김밥, 비벼 비벼 비빔밥, 따끈따끈 찐만두 씨, 고구마구마, 고구마유, 어서 오세요! ㄱㄴㄷ 뷔페, 맛있어 보이는 백곰, 달콤한 백곰, 어디서 왔을까? 김, 오늘의 간식, 빵도둑 vs 가짜 빵도둑, 계란말이 버스, 브로콜리지만 사랑받고 싶어, 모카랑 핫초코, 야호 수박, 사과가 쿵, 수박이 먹고 싶으면, 초등학생이 알아야 할 음식100, 빵도둑, 평범한 식빵, 뱃속에서 수박이 자라요

② 제목이 한 글자인 책

제목이 한 글자인 책도 처음 읽어주기에 좋습니다. 제목이 한 글자이기 때문에 제목에 관해 이야기할 것들도 많습니다. 한 글자인 제목을 보고 아이에게 제목이 무엇을 의미하는지 질문하고 어떤 내용이 나올지에 대해 이야기를 함께 나눕니다. 책을 다 읽은 후에는 제목의 의미에 대해 다시 이야기를 나눕니다. 작가가 의도한 제목의 속뜻을 알아내는 것이지요.

제목이 한 글자인 책을 읽은 후에는 집과 도서관에서 제목이 2글자, 3글자, 4글자인 책 찾기 놀이를 합니다. 주의할 점은 제목이 한 글자인 책을 도서관에서 검색할 때는 책 제목뿐만 아니라 작가의 이름도 함께 검색해야 한다는 점입니다. 저자의 난에 저자의 이름을 쓰고 검색어에는 책 제목을 쓴 후 검색을 누르고 검색합니다. 제목만

검색하면 제목이 한 글자이기 때문에 너무 많은 책이 검색되기 때문입니다.

> 왜?(니콜라이 포포프), 왜?(로라 바카로 시거), 눈(이보나흐미 엘레프스카), 문(이지현), 점(피터레이놀즈), 맴(장현정), 벽(정진호), 섬(주앙 고메스 드 아브레우), 알(이기훈), 선(이수지), 숨(나카가와 히로타카), 똥(다니카와 타로), 나(다니카와 타로), 너(다니카와 타로), 뿡(마쓰오카 다쓰히데), 때(지우), 톡(언주), 꽉(김나은), 껌(강혜진), 나(조수경), 담(지경애), 야!(케이트 리드), 귀(피레트 라우드), 숨(노인경), 강(마크 마틴), 눈(박웅현),달(퍼트리샤 헤가티), 물(수잔 보스하워슈), 숫!(나혜), 쉿!(다비드 칼리), 눈(기쿠치 치키), 집(퍼트리샤 헤가티)

③ 숨은 이야기를 찾는 재미가 있는 책

그림책 속에 숨어 있는 작은 요소들을 찾는 재미가 있는 책도 처음에 보여주기에 좋습니다. 『눈물바다』에 보면 주인공이 흘린 눈물로 인해 집안과 밖이 모두 바다로 바뀝니다. 눈물바다 속에서 여러 주인공을 찾는 재미가 있습니다. 산타할아버지, 인어, 토끼와 자라, 피노키오, 스파이더맨, 효녀 심청, 선녀와 나무꾼의 선녀와 같이 우리가 알고 있는 이야기 속의 주인공들도 숨어 있습니다. 숨어 있는 그림, 숨어 있는 이야기를 찾는 활동을 아이들은 무척 좋아합니다.

눈물바다, 우주로 간 김땅콩, 식혜(천미진), 달라질거야, 돼지책, 엄마 아빠 결혼 이야기, 어슬렁 어슬렁 동네 관찰기, 나의 엉뚱한 머리카락 연구, 꽁꽁꽁, 꽁꽁꽁 피자, 똥자루 굴러간다, 세계 음식 한입에 털어 넣기, 캠핑카 타고 매콤 짭조름 새콤달콤한 우리 여행, 팔딱팔딱 목욕탕, 토사장과 초콜릿공장, 도토리 마을의 유치원, 도토리 마을의 서점, 도토리 마을의 모자가게, 도토리 마을의 경찰관, 도토리 마을의 빵집, 도토리 마을의 목공소, 도토리 마을의 1년, 도토리 마을의 놀이가게

④ 숨은그림찾기 할 수 있는 책

우리가 어릴 때 많이 했던 숨은그림찾기의 형태가 아니라 비슷해 보이는 것들 속에서 숨어있는 무엇인가를 찾는 재미가 있는 책들도 처음 읽어주기에 좋습니다. 엄마가 먼저 읽은 후 아이에게 읽어 줄 때 알아도 모른 척하면서 아이가 스스로 찾을 수 있도록 유도해 주세요. 그림책 속에 작가가 숨겨놓은 다양한 그림과 장치들을 찾으면서 책에 흠뻑 빠지는 아이를 볼 수 있습니다.

앤서니 브라운의 거의 모든 책, 꼭꼭 숨어라 무당벌레 보인다, 누구지, 누구?(브리타 테큰트럽), 누가 누가 똑같을까?, 모두 짝이 있어요, 아기 동물은 어디 있을까요?, 코끼리는 어디로 갔을까?, 어떤 이불이 좋아? 어떤 화장실이 좋아? 어떤 목욕탕이 좋아?, 어떤 학교가 좋아?, 눈물바다, 저승사자에게 잡혀간 호랑이, 한 권으로 보는 월리를 찾아라!

⑤ 그림자놀이를 할 수 있는 책

'그림자놀이'를 주제로 한 책도 읽어주기 좋은 책인데 특히 잠자리 독서에서 읽어주면 좋습니다. 잠자리 독서할 때 아래의 책들을 읽

어 준 후 불을 끄고 핸드폰 불빛을 이용해서 손으로 그림자 만들기를 합니다. 쉬운 동물부터 하나하나씩 만들어 갑니다. 자기 전 그림자놀이를 싫어하는 아이는 없습니다. 책과 놀이가 하나 되는 순간입니다. 책을 읽은 후 유튜브에서 '그림자인형극'을 검색해서 보여줘도 좋습니다. 다음날 시간이 나면 아이들과 함께 전래동화를 읽고 간단하게 전래동화 속의 주인공을 종이로 오려서 그림자인형극을 만들어도 좋습니다.

누구 그림자일까?, 그림자놀이 (이수지), 마법의 그림자놀이 도감, 그림자는 내 친구, 우리 그림자 바꿀래?, 조지와 제멋대로 그림자, 그림자 극장, 그림자 극장 2, 그림자 하나

책을 읽어주는
방법이 따로 있다고?

책을 골랐다면 이제 본격적으로 책을 읽어줍니다. 그림책을 읽어 줄 때 표지를 읽지 않고 바로 본문부터 읽는 부모님들이 많습니다. 그림책을 읽어 줄 때는 그림책 속의 '글자'만 읽어주는 것이 아니라 그림책 앞표지부터 뒤표지까지 읽어줍니다. 하지만 아래에 나오는 그림책의 모든 요소(제목 디자인, 작가, 출판사, 면지 등)는 그림책을 읽어 줄 때마다 읽어주면 안 됩니다. 왜냐하면, 그림책을 읽어 줄 때마다 아래 10가지 모든 요소를 다 읽어주면 아이는 지겨워합니다. 아이는 빨리 그림책의 내용을 알고 싶은데 엄마가 너무 욕심을 내면 그림책과 멀어질 수 있습니다. 그림책 한 권 읽어 줄 때 하나 정도만 섞어가면서 소개해주세요. 그렇게 읽어주다 보면 어느새 아이가 "엄마! 이 그림책은 제목 디자인이 특이하다", "엄마! 면지의 앞에는 주인공이 울고 있는데 뒤에는 웃고 있다. 엄마는 몰랐지?" 이런 말을 합니다.

그림책 읽어주기는 마라톤과 같습니다. 조급해하지 말고 길게 보고 매일 꾸준히 읽어주세요.

1) 앞표지 읽어주기

그림책의 앞표지에는 그림책 제목, 그림책을 대표하는 그림, 작가 이름, 출판사 이렇게 크게 4가지의 내용이 있습니다. 그림책을 읽어 주기 전에 앞표지에 나온 내용부터 아이와 함께 이야기를 나누어 보세요.

첫째의 어린이집 독서교육 강연에서 배운 내용입니다. 그림책 표지를 읽어 줄 때는 "뭐가 보여?"와 "또?"만 기억하면 됩니다.

① 표지 그림

뭐가 보여? 또?

그림책을 보고 아이에게 "뭐가 보여?"라고 시작하면 됩니다.

김도아 작가님의 그림책 『머리하는 날』을 읽어줍니다.

엄마 : 뭐가 보여?

첫째 : 머리 자르는 아이가 보여요.

엄마 : 또?

첫째 : 머리에 뭐 쓰고 있어요.

엄마 : 또?

첫째 : 드라이기로 머리 말리고 있어요.

"뭐가 보여?", "또?"라는 추가 질문을 하면서 아이가 그림책 표지 그림을 자세히 볼 수 있도록 유도합니다. 너무 지나치게 질문을 계속 하면 아이는 지겨워합니다. 아이가 그림책 앞표지를 자세하게 관찰 할 수 있게끔 2~3번의 질문이면 충분합니다.

그리고 아이의 말에 반응해줍니다.

"어! 맞네. 엄마는 이거 못 봤는데 이런 것도 있었네. 윤이가 잘 찾 았네" 이런 식으로 아이의 말에 반응해주면 아이는 표지의 그림에 더 집중합니다.

관련 경험 이야기하기

그림책 앞표지를 보고 이야기를 나눌 때는 앞표지에 나오는 그림 과 관련한 경험을 아이와 나눕니다. 표지에 나오는 그림이 음식일 수 도 있고 동물일 수도 있습니다. 지하철 타기, 놀이공원, 동물원 가기 등과 같은 경험을 아이와 이야기합니다.

엄마 : 윤아! 지난달에 머리 자르러 미용실에 갔었지?

첫째 : 응, 맞아

엄마 : 그때 앞머리 자르려고 미용실에 갔었는데… 그때 옆에 파마 하는 아줌마 봤지? 그 아줌마 머리에 쓰고 있던 게 이 그림

에 있는 이 기계야.(라고 하면서 그림책 표지에 있는 파마할 때 쓰는 기계를 손으로 가리킵니다.)

엄마 : 윤이도 다음 달에 파마해볼래?

첫째 : 응, 나도 파마해보고 싶어.

이런 식으로 그림책 앞표지의 그림과 관련한 경험을 이야기 나눕니다. 그림책을 읽어주는 것은 단순히 글과 그림을 읽어주는 그것뿐 아니라 아이와 나누는 모든 대화까지 포함됩니다.

② 제목 읽기

제목 가리고 제목 예상하기

아직 글자를 모르는 유아는 표지 그림을 보고 '제목 예상하기' 활동을 합니다. 한글을 알 때는 미리 부모님이 제목을 손바닥으로 가리고 '제목 예상하기' 활동을 합니다. 내가 예상한 제목과 실제 그림책의 제목을 비교하는 활동은 아이들이 좋아합니다. 내가 예상한 제목과 달라도 상관없습니다. 가끔 아이가 예상한 제목과 책 제목이 일치했을 때는 "우와 우리 윤이가 작가님이랑 똑같은 생각을 했네?"라고 말해주세요. 이런 활동을 통해 그림책 제목에 관한 관심을 높일 수 있습니다.

제목 보고 그림책의 내용 예상하기

제목을 보고 그림책에 어떤 내용이 나올지 예상하는 질문도 좋습니다.

엄마 : 책 제목이 '머리하는 날'이네. 어떤 내용이 나올 것 같아?

첫째 : 머리 자르는 거 나올 것 같아

엄마 : 그래? 엄마도 머리하는 모습이 앞에 있는 그것 보니 미용실에서 벌어진 이야기가 나올 것 같아. 우리 전에 '코끼리 미용실' 책도 읽었었는데.

첫째 : 맞아. 그 책도 재미있었어.

엄마 : 그럼 우리 이제 책 읽어볼까?

③ 제목 디자인

제목 디자인도 놓칠 수 없는 부분입니다. 제목에 별다른 디자인을 해 넣지 않은 그림책도 많지만, 그림책 내용을 담아 디자인을 한 책도 많습니다.

『머리하는 날』 그림책이 대표적입니다. 머리하는 날 앞표지에는 빨간색 일자 빗이 세로로 그려져 있고 빗의 중간에 제목이 적혀져 있습니다. 빗 옆에 제목을 적었으면 제목이 별로 눈에 띄지는 않았을 것 같은데 빗의 가운데 빗살을 제거한 자리에 제목을 써 놓았습니다. 그렇게 생긴 빗은 빗의 기능은 하지 못하지만, 제목을 눈에 띄게 해주는 효과가 있습니다. 분명히 작가가 의도한 것이겠지요. 이처럼 그림책의 제목도 유심히 보면 디자인이 있습니다.

『오리아빠』그림책의 경우 오리의 눈과 물갈퀴를 제목의 디자인에 넣었습니다. 또,『엉덩이 학교』그림책의 경우 엉덩이 모양을 이응 받침 자리에 배치하여 한눈에 봐도 제목이 눈에 잘 들어옵니다.

제목 디자인이 예쁜 책도 처음에 읽어주는 책으로 좋습니다. 그림책 제목 디자인을 보면서 어떤 내용이 펼쳐질까? 왜 이런 그림을 제목에 넣어놨을까? 하는 질문을 아이에게 던지면서 대화를 나눕니다. 제목 디자인의 중요성을 알게 된 아이는 다른 그림책을 읽어도 바로 본문 내용부터 읽지 않습니다. 표지부터 찬찬히 보면서 제목 디자인부터 관찰합니다.

그리고 그림책을 만드는 활동을 할 때도 단순한 제목을 적지 않고 제목에 그림책의 내용을 일부 담아서 디자인합니다. 제목 디자인이 예쁜 책을 읽은 후에는 내가 좋아하거나 알고 있는 그림책의 제목을 디자인해보는 활동을 하면 좋습니다.

④ 작가

그림책을 쓴 작가는 글 작가와 그림작가로 나눌 수 있는데 글 작가와 그림작가가 같은 작가일 수도 있고 다를 수도 있습니다. 외국 도서의 경우 옮긴 사람도 적혀 있습니다.

외국 도서의 경우 아이와 작가의 나라 맞추기를 합니다.

엄마 : (표지 그림 읽기, 제목 읽기를 끝낸 후)

윤아, 오늘 읽어줄 책은 『시간 상자』라는 책이야. 작가님 이름을 한 번 볼까?

'데이비드 위즈너'네. 이 작가님이 어느 나라 사람 같아?

첫째: 몰라요. (또는 미국, 영국, 일본 다양한 답을 합니다)

엄마 : 엄마는 영국 사람 같은데… 우리 함께 찾아볼까?

(속지에 작가소개 부분을 함께 찾습니다.)

엄마 : 이 작가는 미국에서 태어났구나.

작가님의 나라와 관련한 경험의 확장

아이와 작가님의 나라와 관련 있는 것들에 관한 대화를 합니다. 중학년 이상이면 아이와 엄마가 번갈아 가면서 그 나라와 관련된 것들을 말하는 게임을 해도 좋습니다.

엄마 : 윤이는 미국 하면 생각나는 게 뭐 있어?

첫째 : 자유의 여신상

엄마 : 맞아. 미국을 대표하는 건축물이 자유의 여신상이지. 엄마는 맥도날드!

우리 여행 갈 때 엄마 아빠 커피 사는데 알지? 맥도날드가 원래 미국에 있는 회사야.

⑤ 출판사

출판사는 대부분 앞표지의 가운데 아래쪽에 있는데 오른쪽, 또는 왼쪽에 있는 예도 있습니다. 『세상에서 가장 행복한 100층 버스』그림책 표지를 보고 아이와 대화를 나눕니다.

엄마 : 이 그림책은 어떤 출판사에서 만들었는지 찾아볼까?
첫째 : 사파리 출판사
엄마 : 어? 그런데 출판사 이름 모양이 특이하네?
첫째 : 동물의 꼬리 같아요.
엄마 : 맞다. 사자 꼬리인가? 말꼬리인가? '사파리'라는 출판사 글자에서 '리'글자가 꼬리 모양이네.

이런 식으로 출판사 찾기를 많이 하다 보면 아이가 출판사의 디자인을 알고 먼저 "엄마, 이 출판사 전에 본 적 있어. ○○○책에서."라고 말할 때가 옵니다.

2) 책 내용 읽어주는 11가지 방법

많은 학부모님께 "아이들에게 책을 읽어주세요"라고 말씀을 드리면 어렵다고 말씀하십니다. "어떤 점이 어려우세요?"라고 여쭈어보면 대부분 "잘 못 읽어주겠어요"라고 말씀을 하십니다. 여기서 '잘 못 읽어주겠다'라는 말은 마치 구연동화를 하는 것처럼 읽어주기 어렵다는 말이었습니다.

아이에게 책을 읽어준다는 것은 아이와 책을 통해 대화한다는 말과 같습니다. 구연동화처럼 읽어주더라도 아이와 책을 통해 나누는 대화가 없다면 어떨까요? 중요한 것은 책 읽어주기를 통해 '아이와 나누는 대화'입니다. 구연동화 하듯이 읽어주지 않아도 좋습니다. 아이들에게는 '우리 엄마, 우리 아빠'의 목소리면 충분합니다. 평소에 말하듯이 읽어주세요. 그리고 아이와 대화를 나누면서 우리 아이의 감정과 목소리에 귀를 기울여 주세요. 책 속 주인공과 사건에 대해 아이의 생각을 이야기해 보세요.

아래 표는 부모님들께서 아이들에게 책을 읽어주면서 자주 하는 실수를 모아놓은 표입니다.

	이건 YES!	이건 NO!
1	아이가 책장을 넘기기	보고 있는 페이지를 엄마가 넘기기[13]
2	질문하고 아이의 대답을 기다리기	엄마가 묻고 엄마가 대답하기[14]
3	아이에게 주도권을 주기	엄마가 서두르며 빨리 읽기[15]
4	자연스럽게 대화하듯이 읽기	동화구연 하듯이
5	그림을 위주로 읽기	책의 글만 읽어주기

---

13. EBS 다큐프라임《학교란 무엇인가》7부 책읽기, 생각을 열다

14. EBS 다큐프라임《학교란 무엇인가》7부 책읽기, 생각을 열다

15. EBS 다큐프라임《학교란 무엇인가》7부 책읽기, 생각을 열다

6	아이가 느끼는 것에 집중하고 등장인물의 감정, 아이의 경험에 관해 이야기해 보기	지식 전달 위주로 읽기
7	아이의 반응이 있을 때는 멈추고 아이의 물음에 진지하게 답해주기	아이의 반응은 무시하고 읽기만 하기
8	책장을 앞뒤로 왔다 갔다 하기	한 번 읽은 책장은 뒤로 넘기지 않기
9	아이가 경험하고 느낀 것을 많이 물어보기	글자를 읽기만 하기
10	질문하면서 이야기하기	질문 없이 읽어주기만 하기
11	엄마보다 아이가 더 많이 말하게 만들면서 읽어주기	엄마만 말하면서 읽기

주의할 점 11가지 모두에서 공통으로 발견할 수 있는 부분은 '아이'에 집중해야 한다는 것입니다. 아이의 반응을 보면서 아이와 대화하면서 책을 읽어주면 됩니다. 그림책 속의 내용과 관련한 경험 이야기에서부터 주인공에 관한 이야기, 사건에 대한 아이의 생각 등에 대해 아이와 이야기를 나누세요. '책 읽어주는 시간은 아이와 이야기를 나누는 시간'임을 잊지 마세요.

3) 뒤표지도 읽어줘야 한다고?

그림책 속 내용을 다 읽어준 후 뒤표지까지 읽어주세요.

그림책의 뒤표지에는 뒤표지 그림, 이 책에 대한 간단한 설명, 바코드, ISBN, 정가가 있습니다. 그림책을 다 읽은 후에 그냥 책을 덮지 않고 이 5가지의 구성요소에 대해 아이와 함께 이야기해 보세요.

① 뒤표지 그림

뒤표지 그림은 『구름빵』과 『청소부 토끼』, 『내 이름은 프레즐』처럼 앞표지와 이어지는 것도 있지만 『팥빙수의 전설』처럼 앞 뒤표지가 연결되지 않는 예도 있습니다. 그림책 속의 한 장면을 뒤표지 그림으로 사용한 예도 많습니다.

뒤표지 그림을 보면서 "어! 이 그림 조금 전에 봤던 그림인데. 어디 있는지 같이 찾아볼까?"라고 말하고 앞으로 그림책을 다시 넘겨서 그 그림을 함께 찾아보세요.

② 그림책에 대한 간단한 설명

뒤표지에는 그림책에 대한 간단한 설명하는 부분이 있습니다. 이그림책에 대한 소개와 같은 글인데 그림책마다 조금씩 다릅니다. 따로 디자인해서 그 속에 글 내용을 적은 예도 있고 단순히 글로 표현한 책도 있습니다.

③ 바코드

뒤표지에 바코드가 있습니다. 마트에서 계산할 때 리더기로 제품의 바코드를 찍으면 어떤 제품인지 가격은 얼마인지 하는 정보를 알 수 있듯이 책의 제목, 가격 등의 정보를 담고 있습니다. 재미있는 디자인을 한 바코드를 가진 그림책도 있습니다. 함께 찾아보세요.

④ ISBN

ISBN은 국제 표준 도서 번호(International Standard Book Number)입니다. 책의 주민등록번호라고 생각하면 좋습니다. 한국은 978-89 또는 979-11로 시작합니다. 다른 책을 펼치고 진짜 이 번호로 시작하는지를 아이와 찾아보세요. 아이가 "엄마, 진짜 978-89로 시작하네요."라고 말합니다.

⑤ 정가

책 가격을 아이와 맞추기를 해도 좋습니다. 그림책의 가격은 대부분 비슷하므로 몇 번만 해보면 아이가 가격을 알아냅니다. 정가와 할인가, 인터넷 서점에서의 책 가격 등에 관해 이야기하는 것도 좋습니다.

4) 그림책을 더 깊이 알게 되는 9가지 읽기 방법

많은 부모님이 그림책의 내용을 다 읽어주고 난 후 그림책을 바로 덮습니다. 하지만 그림책 속에는 작가가 숨겨놓은 장치들이 많고 그림책을 이해하는 데 도움이 되는 요소들이 많습니다. 아래에 나오는 내용을 참고로 그림책의 숨은 내용까지 아이와 함께 이야기할 수 있도록 해주세요.

주의할 점은 아래에 예시로 든 내용을 부모님이 알게 되었다고 해서 아이에게 '이 모든 것들을 하나도 빠지지 않고 알려줘야지'하는 마음으로 그림책을 읽어줘서는 안 된다는 사실입니다. 아이에게는 "이런 것도 있어. 몰랐지?"라는 가벼운 마음으로 툭 던지듯이 이야기 해줘야 합니다. 그렇게 해야 아이가 "엄마. 진짜네. 내가 다시 볼래." 하는 식으로 관심을 가집니다. 그림책의 숨은 내용을 찾는 방법을 알려주는 것은 부모님이 시작했지만, 하나부터 열까지 다 부모님이 알려주려고 하면 아이는 지칩니다. 기억하세요! 툭 던지듯이 가볍게 알려주세요.

① 면지

면지는 그림책의 앞표지를 넘겼을 때, 뒤표지 바로 앞 장부분입니다. 『눈물바다』의 면지 앞부분에는 주인공이 모두 흑백으로 나옵니다. 모든 주인공이 우는 모습으로 표현되어 있고 똑같은 표정의 많은 주인공 중에 한 부분만 컬러로 표현되어 있습니다. 하지만 면지의 뒷부분에는 모두 웃는 표정으로 바뀌어 있고 한 부분만 컬러로 표현되어 있습니다. 주인공이 실컷 울고 난 후 기분이 좋아짐을 나타낸 것입니다.

이처럼 면지에는 작가님이 의도한 숨은 이야기가 있습니다. 면지에 의미를 담은 그림이 그려져 있는 책도 있고 아무 그림이 없는 예도 있습니다.

면지의 의미에 대해 알려주고 『눈물바다』와 같이 앞, 뒤 면지의 의미가 담긴 그림책을 몇 권만 읽어주면 아이들이 그림책을 꼼꼼하게 읽기 시작합니다. 그리고 자기가 읽은 그림책을 들고 와서 신이 나서 말합니다. "아빠! 앞 면지에는 이게 없었는데 뒤 면지에는 이게 있어요"

<면지에 의미가 담긴 그림책>

부끄러움을 타는 아이 핼리벗잭슨, 세상에서 가장 행복한 전쟁, 코끼리 아빠다. 눈물바다. 가방 안에 든 게 뭐야? 누구랑 가?

② 단계적 변화

『옛날에는 돼지들이 아주 똑똑했어요』라는 책에는 똑똑한 돼지들이 나옵니다. 옛날에는 똑똑했는데 할 일이 너무 많아서 돼지 대신 일을 할 수 있는 사람들을 도시로 데려옵니다. 사람들이 돼지 대신 일을 하는데 한 장의 그림에서 돼지와 사람이 나오는 비율이 변합니다. 돼지들은 놀고 사람들이 일하면 할수록 비율이 3:1, 1:1, 1:3으로 변합니다. 이 또한 책을 다 읽은 후 아이들에게 알려주면 신기해합니다.

또, 『나는 다른 동물이면 좋겠다』라는 책에는 귀여운 미어캣이 등장하는데 미어캣이 처음에는 작은 크기로 등장하다가 점점 큰 비율로 나옵니다. 이처럼 그림책 구성이 새로운 책들이 있습니다. 이런 책을 발견하는 것도 큰 기쁨입니다.

③ 작가님이 숨겨놓은 장치 찾기

3학년을 담임했을 때 일입니다. 하루는 아이들에게 앤서니 브라운의 『돼지 책』을 읽어줬습니다. 민우는 돼지 책을 이미 알고 있었는지, 읽어주는 내내 집중도 하지 않았습니다. 아이들에게 책을 다 읽어준 후 돼지 책 속의 숨은 장치들을 알려줬습니다.

첫 번째, 엄마의 얼굴이 처음에는 뒷모습만 보입니다. 옆모습이 조금 보여도 엄마의 표정은 드러나지 않습니다. 하지만 집을 나갔던 엄마가 돌아오면 눈, 코, 입이 보입니다.

두 번째, 명화 속 여자가 사라진 장면부터 벽지의 그림, 각종 요리 도구와 집 안의 온갖 소품들에서 돼지가 등장합니다.

세 번째, 맨 마지막 장면에서 등장하는 차의 번호판을 거꾸로 읽으면 123pigs가 됩니다. 작가님이 숨겨놓은 재미있는 요소들을 알려주자 민우는 관심을 보였습니다. 수업이 끝나고 다른 아이들이 모두 집에 간 후 민우는 혼자 남아서 저에게 말했습니다.

민우 : "선생님, 돼지 책 동생(6살)에게 읽어주고 싶어요. 빌려 가도 돼요?"

선생님 : "그럼~."

내가 발견하지 못했던 부분을 알게 된 아이들은 그림책에 빠져듭니다.

이런 장치들은 처음부터 말해주는 것보다 그림책을 다 읽은 후에 슬~쩍 말해주는 것이 더 좋습니다. 이런 과정이 반복되고 그림책을 보는 눈이 생기면 엄마가 몰랐던 부분까지 아이가 찾아서 말해줍니다.

④ 책의 주민등록증, 판권

책의 주민등록번호가 ISBN이라고 하면 책의 주민등록증은 판권입니다. 판권은 책 정보를 담고 있는 부분이라고 할 수 있습니다. 앞에 있는 예도 있고 뒤에 있을 수도 있습니다. 책의 편집과 디자인, 마케팅, 주문 전화, 발행처, 발행일, 쇄 등의 정보를 담고 있습니다.

⑤ 쇄

책이 얼마나 많이 팔렸는지 알 수 있는 척도가 그림책 속에 적혀 있는 '쇄'입니다. 같은 책이라도 언제 샀느냐에 따라 쇄가 다르게 적혀져 있습니다.

⑥ 제목의 의미 이야기하기

『행복한 우리 가족』그림책은 '공공질서'를 주제로 만들어진 책입니다. 휴일에 가족 나들이를 하면서 이기심으로 공공질서를 지키지 않는 다양한 사례가 나옵니다. 그림책을 읽기 전 앞표지만 봤을 때는 제목의 의미가 크게 와닿지 않는데, 책을 다 읽은 후 아이와 이야기하면 "사람들은 왜 규칙을 안 지켜요?"라는 질문을 합니다. "작가님이 왜 행복한 우리 가족이라고 지었을까?", "공공장소란 무엇일까?", "공공장소에서 지켜야 할 것들에는 또 뭐가 있을까?" 이런 방식으로 그림책의 제목으로 아이와 대화합니다.

⑦ 내가 제목 만들기

이렇게 그림책을 다 읽은 후 제목의 의미까지 생각한 후에는 아이와 함께 그림책의 제목을 만들어 봅니다. 도서관의 책이 아니면 책의 면지나 속지에 만든 제목을 적어도 좋습니다.

윤정주 작가님의 『꽁꽁꽁』 책을 읽은 후 첫째는 '아이스크림이 흘러내려요', 엄마는 '아이스크림이 뿡!', 아빠는 '한밤중의 대소동'이라고 제목을 지었습니다.

이렇게 내가 만든 제목을 적은 책을 나중에 다시 볼 때는 자기가 무슨 제목을 적었는지 궁금해합니다. 그 밑에 제목을 또 적기도 합니다.

⑧ 작가의 다른 작품 알아보기

첫째에게 『어떤 이불이 좋아?』라는 그림책을 읽어줬습니다. '스즈키 노리타케'라는 작가를 처음 이 책으로 접했는데 그림책 속에 등장하는 재미있는 이불들이 정말 신기했습니다. 작가가 대단해 보였고, 아이와 함께 읽는 내내 아빠인 제가 신이 나서 봤습니다.

첫째 : 아빠, 이 책 진짜 재미있다. 이 작가의 다른 책도 있을 것 같아.

아빠 : 진짜 재미있지? 다른 책 찾아볼까? 책 앞이나 뒤에 작가소개 부분이 있어. 같이 찾아보자.

첫째 : 이 책은 뒤에 작가소개가 있네. 아빠!『어떤 화장실이 좋아?』책도 이 작가가 썼어요. 이 책도 빌려주세요.

그림책을 읽기 전에는 앞표지에 적혀져 있는 작가의 이름만 보고 어느 나라의 작가인지 맞히는 정도로 가볍게 넘어가고 책을 다 읽은 후에는 속지에 있는 '작가소개' 부분을 자세히 읽어봅니다. 작가소개에 나와 있는 작가의 다른 작품들을 찾아보는 활동을 하면 아이가 '작가'에 대한 개념을 가질 수 있고 그림책에 더 관심을 가집니다. 작가가 쓴 다른 재미있는 그림책을 알게 되는 것은 덤입니다.

아이의 관심사를 파악해서 아이가 좋아할 만한 주제, 재미있는 그림책을 소개해주세요. 이렇게 하면 아이가 먼저 작가의 다른 작품을 찾아봅니다.

⑨ 뒤표지에 있는 설명 보기

뒤표지의 설명 부분은 짧은 글로 구성이 되어있지만『씩씩한 마들린느』처럼 글이 없이 그림만으로 되어있는 책도 있습니다.『대단한 밥』의 뒤표지에는 그림책 내용을 '산 넘고 바다 건너 너에게 온 특별한 밥상 이야기'라고 요약해놓았습니다. 또『구름빵』,『시간 상자』

처럼 평론가나 위원회, 단체의 추천 글이 있는 책도 있습니다.『팥빙수의 전설』에는 작품 속 주인공이 독자에게 말을 하는 방식으로 되어있고,『슈퍼토끼』와『깔끔쟁이 빅터 아저씨』에서는 작가가 책의 내용을 간략하게 요약한 후 독자에게 질문하면서 물음표로 끝맺음하고 있습니다.『나는 개다』책에서는 앞표지는 개의 앞모습, 뒤표지에는 개의 뒷모습만 그려놓았습니다.『오리 아빠』책은 뒤표지에 '꽥!'이라는 한 글자 밖에 적혀져 있지 않은데, 독자가 어떤 일이 발생했는지 상상하도록 만들어놓았습니다.

그림책을 읽기 전 또는 읽은 후 아이와 함께 그림책의 뒤표지에 있는 설명을 함께 읽어보세요. 아이는 그림책을 온전히 이해하게 됩니다.

읽어주기에 관한
Q&A

독서 관련 다큐멘터리를 보면 책을 함께 읽는 가족들의 모습이 나옵니다. 함께 거실에 앉아서 차를 마시면서 책을 읽고 있는 모습을 보면 사람들은 말합니다.

"맞아. 부모가 책을 읽어야 아이들이 책을 읽지"

하지만 이 말이 항상 맞는 말일까요?

어느 주말이었습니다. 첫째와 둘째가 식탁에서 쿠키 만들기를 하면서 시간을 보내고 있길래 이때다 싶어서 아내와 함께 거실 책상에서 책을 읽고 있었습니다. 쿠키를 다 만들고 첫째가 말을 합니다.

첫째 : "엄마도 책 읽어?"

엄마 : "응 엄마도 책 읽지. 엄마 책 읽는 모습 처음 봤지?"

첫째 : "응 그런데 엄마는 왜 그림 없는 책 봐?"

엄마 : "엄마는 그림책도 봐. 엄마가 그림책 아닌 책 읽는 모습을

처음 봤구나!"

생각해 보니 우리 부부는 아이들에게 그림책을 자주 읽어주기는 하지만 아이들이 있을 때 어른 책을 읽은 적이 없습니다. 정확히 말하면 아이들이 잘 때 거실에서 부부가 함께 책을 읽은 적은 많지만, 아이가 깨어 있을 때 어른이 읽는 책을 읽은 적은 거의 없습니다.

어린아이들을 둔 부모님들은 공감이 갈만한 경험일 것입니다. 아이들은 어른들이 책을 읽는 모습을 보았다고 해서 '나도 우리 부모님처럼 책을 많이 읽는 사람이 되어야지'라고 생각하지 않습니다. 그저 부모님에게 놀아달라는 말만 합니다. 아이가 어릴 때 어른 책을 읽으려고 시도한 적은 많았습니다. 하지만 그럴 때마다 아이는 "아빠 놀아줘!"라는 말을 하였습니다.

그 후로 저희 부부는 낮에는 아이들과 함께 놀아주고 밤늦게 아이들을 재운 후 어른 책을 읽게 되었습니다.

다큐멘터리에 나오는 책을 함께 읽는 가족들은 어릴 때부터 책을 부모님들이 많이 읽어준 경우가 많습니다. 부모가 아이에게 책을 많이 읽어주고 책과 함께하는 경험을 많이 하면서 자란 아이가 책을 좋아하게 됩니다.

자세히 보시면 미취학 학생을 둔 가정, 초등학교 저학년 학생을 둔 가정에서 모든 가족 구성원이 각자 책을 알아서 읽는 경우는 잘 없습니다. 다큐멘터리 속에 등장하는 책을 사랑하는 가족들은 대부분 초등 고학년 이상인 경우가 많습니다. 그런 가족의 부모님들은 아이가 어릴 때 '책 읽어주기'부터 시작했습니다.

　상담하다 보면 부모님은 책을 좋아하는데 아이들은 책을 좋아하지 않아서 고민하시는 때도 있습니다. 이런 경우는 대부분 부모님이 스스로 독서는 즐겨 하시면서도 아이들에게는 책을 읽어줘야겠다고 미처 생각하지 못한 사례가 많았습니다. 그저 부모님이 모범을 보이면 아이들도 자연스레 책을 좋아할 거라 여기신 거지요. 물론 이런 사례의 부모님들은 어릴 적 그들의 부모님이 책을 읽어주시지 않았어도 다양한 경우로 책을 좋아하게 되었을 수도 있습니다. 하지만 오늘날처럼 책보다 자극적인 콘텐츠가 넘쳐나는 시대엔 스스로 오롯이 책을 좋아하게 되는 것이 부모 세대보다는 드문 일이 되었습니다.

　부모님이 책을 별로 안 읽어도 아이들에게 책을 매일 읽어주는 가정에서는 아이들이 책을 좋아하게 될 확률이 높습니다.

Q. 언제부터 언제까지 읽어줘야 할까?

　그렇다면 책을 언제부터 읽어줘야 하는 걸까요?

　답은 태어나서부터입니다. 많은 가정에서 아이가 태어나면 초점

책을 삽니다. 그때부터 계속해서 책을 읽어줘야 합니다. 물론 어릴 때는 책을 물고 빨고 하는 시기가 있습니다. 유아 시기에는 책을 놀이의 재료로 받아들이는 시기를 거치게 됩니다.

초등학교에 입학하면서 한글을 배운 후에는 책 읽어주는 그것을 그만둘까요? 아닙니다. 한글을 이제 갓 뗀 1학년 아이들은 한글 자체를 읽어내는 데 급급하므로 책을 스스로 읽어도 무슨 내용인지 몰라서 다시 읽어 달라고 하는 경우가 많습니다. 이처럼 아이들의 읽기 실력과 듣기 실력은 다른 속도로 발달한다고 합니다. 그래서 중학교 2학년이 되어서야 읽기 수준과 듣기 수준이 같아진다고 합니다. 그래서 책은 아이가 태어나서부터 읽어주기 시작해서 초등학교 졸업할 때까지는 꼭 읽어주면 좋다고 생각합니다.

Q. 한글을 알고 있는데 읽어줘야 할까?

첫째 : "아빠! 학교에서 내가 읽은 책은 아빠가 다시 읽어줘."

아빠 : (첫째의 반응을 보고 싶어서 일부러)

"글을 읽을 줄 아는데 왜 아빠에게 읽어달라고 해?"

첫째 : "아빠가 읽어주는 게 더 재미있어."

아빠 : "왜?"

첫째 : "나 혼자 읽으면 무슨 말인지 모르겠어."

첫째는 1학년 입학하기 전에 대부분의 한글은 다 알고 입학을 했습니다. 아침 10분 독서 시간에 읽을 책을 매일 1권씩 들고 다녔는데 하루는 이와 같은 말을 했습니다.

2학년 담임을 하면서 학부모님과 상담을 할 때, "아이들에게 책을 읽어주세요"라고 말씀드리면 많은 분들이 깜짝 놀라십니다. 한글을 다 알기 때문에 '책은 이제 아이 스스로 읽는 것'이라고 생각하는 분들이 많습니다.

글자를 잘 읽는 것과 글을 잘 읽는 것은 다릅니다. 물론 글을 잘 읽어내기 위해서는 글자를 잘 읽는 것이 바탕이 되어야 하지만 글자를 잘 읽는다고 글을 잘 읽어내는 것은 아닙니다. 글을 잘 읽어낸다는 것은 낱글자와 단어 수준이 아니라 문장의 뜻을 이해하고 글의 흐름을 파악하여 글쓴이가 하고자 하는 말을 이해하는 것입니다. 하지만 이제 막 글을 읽기 시작한 혹은 글은 잘 읽지만, 글을 이해할 수준의 지적 소양을 갖추지 못한 유아나 저학년생에게 혼자서 책을 읽으라는 것은 무리한 요구입니다. 어린아이들은 그저 글자를 읽어내는 것이지 문장을 완전히 이해하고 감상하기엔 어려움이 있습니다. 집중력도 짧고 에너지도 작은 아이들이 '글자 자체'를 읽어내는데 자신의 온 에너지를 쓴 결과 '글의 내용과 글의 맥락'을 이해하지 못하는 결과가 나타납니다.

여기서 부모의 도움이 필요합니다. 글자를 잘 읽는 그것뿐 아니라 내용을 잘 이해할 기회를 제공하기 위해서 책 읽어주기는 중요합니다. 부모가 글을 읽어주면 아이들은 글자를 읽어내는데 집중했던 생각의 중심을 글의 내용 이해하기와 등장인물들에게 감정을 이입하는 단계로 옮겨갈 수 있습니다. 또 부모와 책을 읽고 서로의 생각을 나누면서 그 책의 내용을 더욱 깊이 있게 이해하고 소화해낼 수 있습니다. 이는 유아나 저학년에만 한정된 이야기가 아닙니다. 유아나 저학년은 읽어주며 책에 대한 감상을 공유하지만, 중학년, 고학년이나 청소년들과도 같은 책 읽기나 인상 깊은 구절이나 부분을 나누며 생각과 감상을 공유할 수 있습니다. 책 읽어주기에서 함께 독서를 공유하는 방식으로 자연스러운 전환이 가능합니다.

Q. 지속해서 읽어주려면?

부모 대상의 독서교육 강의를 듣거나 관련 책을 읽은 후 집에서 책 읽어주기를 시작했다고 가정해 봅시다. 또 다독을 통해 명문대에 입학한 사례 등을 접하고 독서교육을 결심하기도 합니다. 하지만 이렇게 시작된 책 읽어주기가 계속될까요? 계속되지 않는다면 그 원인은 어디에 있을까요? 계속해서 책을 읽어주려면 어떤 것들이 필요할까요?

강의, 독서, 옆집 아이 사례를 통해서 책 읽어주기의 중요성을 알게 되고 본격적으로 책 읽어주기 시작했다고 해서 이를 지속하는 가정은 찾아보기 힘이 듭니다. 왜냐하면, 책 읽어주기 시작은 했어도 막상 꾸준히 읽어주려면 부모님이 책을 좋아하지 않더라도 '읽어주는 시간'을 즐겁게 느껴야 하기 때문입니다. 하지만 이를 '또 하나의 일'로 받아들이는 가정에서는 꾸준히 책을 읽어주기가 힘이 듭니다.

무릎에 아이를 앉히고 책을 매개로 아이와 함께 대화하고 아이의 생각을 물어보는 그 시간 자체를 즐기고 소중하다고 느끼고 기쁨으로 생각한다면 책 읽어주기를 꾸준히 할 수 있습니다. '책을 많이 읽어주면 나중에 성적이 좋아진대'라는 생각으로 시작하면 오래가지 못합니다. 아이와의 교감 자체를 목적으로 둬야 합니다. 책은 수단입니다. 아이가 책을 들고 "책 읽어주세요"라고 말하며 부모님에게 올 때 표정을 한 번 보셨나요? 얼굴을 찡그리고 들고 오는 아이는 아무도 없습니다. 기쁜 마음으로 호기심 가득한 마음으로 밝은 마음으로 들고 옵니다. 책 읽어주기에서 행복을 느끼면 독서교육은 성공입니다.

Q. 언제 읽어주나요?

① 잠자리 독서

책 읽어주기는 언제 하는 것이 좋을까요? 정답은 없지만 '잠자리 독서'만큼은 꼭 해야 합니다. 아이가 어릴 때는 대부분 부모님과 함께 자기 때문에 책을 읽으면서 대화할 수 있습니다. 그리고 잠은 매일 자기 때문에 잊지 않고 독서를 할 수 있습니다. 책을 좋아하게 된 많은 아이의 공통점은 어릴 때부터 잠자리 독서를 했다는 점입니다. 읽어주기의 첫 시작은 잠자리 독서로 해보세요.

② 시간 정하기

잠자리 독서가 어느 정도 정착되면 다른 시간에도 책을 읽어주면 좋습니다. 읽어주는 시간을 정해놓고 고정된 루틴으로 만드는 것이 중요합니다. 학교나 학원에 갔다 와서도 힘이 남아도는 아이들이 있는가 하면 조금은 쉬어야지 체력을 회복하는 아이들도 있습니다. 밥 먹은 후 또는 밥 먹기 전, 학교나 학원 갔다 온 후 등 아이들 상황에 맞게 책 읽어주는 시간을 정해놓고 습관이 될 수 있도록 합니다.

잊지 말아야 할 점은 정해놓은 시간이 있더라도 융통성 있게 해야 한다는 점입니다. 핵심은 아이의 자발성입니다. 아이는 원하지 않는데 정해놓은 시간이니까 무조건 책을 읽게 하는 것은 아이를 책과 멀어지게 하는 지름길입니다.

Q. 왜 아빠가 읽어주면 더 좋을까?

아빠가 책을 읽어주면 더 좋다는 영상을 두 개 보았습니다. 첫 번째는 하버드대 연구팀이 미국에 저소득층 가정 430가구 대상으로 조사를 한 결과입니다. 책 읽어주기 방식에서 아빠가 뇌를 자극하는 질문 더 많이 해서 사고력 발달에 더 효과적[16]이라고 합니다. 아빠가 엄마보다 뇌를 자극하는 질문을 더 많이 하는지는 잘 모르겠지만 주위에 보면 아빠가 육아에 관심이 많고 아이에게 책을 읽어주는 가정의 아이들이 책을 좋아하는 경우는 많이 보았습니다.

두 번째는 한 다큐멘터리 프로그램에서 봤는데 엄마 목소리는 고음이라서 전달력이 강하고 아빠 목소리는 중저음이라서 아이에게 편안한 느낌을 준다[17]고 합니다.

Q. 한 권을 읽는데 몇 분 정도 걸릴까요?

그림책 한 권을 읽는데 몇 분 정도가 적당할까요?

정답은 없습니다. 얇은 그림책 1권이라도 내용에 따라 아이의 상황에 따라 읽는 시간에 많은 차이가 있습니다. 어떤 날은 아이와 별로 이야기할 것들이 없어서 또는 아이가 피곤해서 5분 만에 책 한 권을 다 읽은 적도 있습니다. 어떤 책은 얇아도 표지부터 아이와 함께 이야기할 것들이 많아서 한 권 읽는 데 30분이 걸린 적도 있습니다.

---

16. YTN 《NEWS Q 클릭》, 2016.3.29
17. KBS 과학카페, 《책 읽어주기의 힘》

『얼굴이 빨개져도 괜찮아』 책에는 부끄럼이 많은 미리암 이라는 아이가 나옵니다. 이 책 안에는 선생님이 질문했을 때, 빵집에서, 옆집에 사는 여자애가 놀러 왔을 때, 친구들과 놀이에 끼고 싶을 때, 학교에서 발표해야 할 때와 같이 다양한 상황에서 미리암이 부끄러워하는 이야기가 담겨 있습니다.

낯선 상황에서 수줍음이 많은 우리 첫째 아이는 이 그림책에 매우 관심을 보였습니다. 그래서 이 책을 읽어주면서 한 장 한 장의 상황과 첫째가 학교에서 겪었던 수줍었던 상황에 관해 이야기하다 보니 20분이 훌쩍 지나갔습니다. 어떤 날은 한 장, 한 장마다 함께 이야기 나누는 것을 아이가 즐거워하지만 어떤 날을 책을 빨리 읽고 싶어 하는 날도 있습니다. 상황에 따라 관심사에 따라 조절해가면서 읽어주면 좋습니다. '하루에 몇 권을 읽어야 한다'는 부담에서 벗어나서 한 권을 읽더라도 아이의 표정, 몸짓, 아이가 하는 말에 온전히 반응하면서 읽어주세요.

3장

—

도서관에 다니자

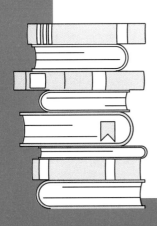

도서관에 갈
준비하기

"아이들과 도서관에 다니세요?"

새 학기가 오면 실시되는 3월 상담주간 때마다 제가 학부모님들께 여쭤보는 말입니다. 이 질문에 "네"라고 대답하는 부모님들은 거의 없습니다. 간혹 "네 가끔이요"라는 말을 하는 분들이 계십니다. 그 대답을 듣고 "2주에 한 번씩 꾸준히 계속해서 다니세요?"라고 다시 물어보면 대부분은 꾸준히 다니지는 못한다고 말씀하십니다.

2021년 실시한 국민독서실태 조사에서도 1년 동안 도서관을 한 번이라도 이용한 적이 있는 성인은 16.9%에 불과했습니다.[18] 주위를 보면 도서관에 계속 꾸준히 다니는 가족을 찾기 어렵습니다. 그만큼

---

18.   《2021 국민독서실태조사》, 161쪽, 문화체육관광부, 2021

습관이 되지 않으면 도서관에 다니기가 쉽지 않습니다.

그림책을 읽어주는 것만으로는 아이가 책을 좋아하게 만들 수 없습니다. 책을 좋아하는 아이로 키우려면 그림책 읽어주기와 더불어 도서관에 다니는 것이 필요합니다. 어떻게 하면 아이와 함께 도서관에 꾸준하게 다닐 수 있을까요?

도서관에 다니는 것이 일상이 될 수 있으려면 몇 가지 준비가 필요합니다. 그 방법들에 대해 한 번 알아봅시다.

1) 아이들의 마음을 알아주세요

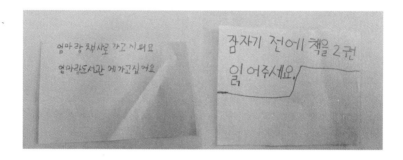

도서관에 꾸준히 다니는 가족문화를 만들기 위해서 가장 먼저 할 일은 '마음 준비'를 하는 것입니다. 제가 2학년을 담임할 때 '책과 관련해서 부모님께 바라는 것' 조사를 해 봤습니다. 아이들이 바라는 것은 크고 거창한 것이 아니었습니다. 책 읽어주기, 도서관 다니기, 책 사주기 이 3가지가 가장 많이 나온 내용이었습니다. 이처럼 책과 관련한 아이의 마음을 먼저 알아주세요. 그 중 '읽어주기'를 바라는 아이들이 가장 많습니다.

① 아이와의 관계를 좋게 하기

사토 신 작가의 책 중에 『주전자 엄마와 이불 아빠』라는 책이 있습니다. 엄마는 매일 화를 내기 때문에 '주전자 엄마'이고 아빠는 주말에 놀러 간다는 약속도 안 지키고 잠만 자서 '이불 아빠'입니다. 이 그림책을 읽어주고 우리 엄마와 아빠는 어떤지 표현하는 활동을 한 적이 있습니다.

2학년인 민정이는 부모님을 '안아주는 엄마, 편안한 아빠'라고 표현을 했습니다. 민정이는 부모님과의 관계가 좋은 아이였습니다. 고민이 있으면 언제든지 부모님과 이야기할 수 있는 사이였습니다. 하지만 은지는 부모님을 '잔소리 엄마와 게임아빠'라고 표현을 했습니다. 엄마는 매일 잔소리를 하고 아빠는 게임을 자주해서 그렇게 적었다고 합니다.

공부보다 더 중요한 것은 '아이와의 관계'입니다. 부모님과 아이가 유대감이 끈끈하고 서로 평소에 대화도 많이 한 가정에서 자란 아이들은 정서적으로 안정이 되어있습니다.

'폭탄 엄마'가 독서교육을 받고 와서 아이에게 책을 읽어준다고 가정을 해봅시다. 평소 엄마를 바라보는 시선이 좋지 않고 엄마와의 관계가 안 좋은 아이는 마음이 열리지 않습니다. 따라서 그림책의 내용도 눈에 들어오지 않습니다.

도서관을 다니면서 책 읽는 가족이 되기 위한 가장 첫 번째 관문은 '자녀와의 관계 회복'입니다. 그것을 위해서는 '아이의 마음'을 알아주는 것이 필요합니다.

② 숙제 줄여주기

2021 국민독서실태조사에서 독서 장애 요인에 대해 학생들의 21.2%가 '교과 공부 때문에 책 읽을 시간이 없어서'[19]라고 대답을 했습니다. 이런 상황의 아이들에게 독서 습관을 심어주기 위해서는 우선 학습량을 줄여주는 것이 필요합니다.

초등학생들은 할 일들이 많습니다. 학교 숙제도 해야 하고 학습지도 풀어야 합니다. 영어 교과가 시작되는 3학년이 되면 그동안 영어학원에 다니지 않았던 아이 중에서도 영어학원에 다니는 학생이 늘어납니다. 영어학원에서는 숙제를 많이 내줍니다. 숙제를 다 하려면 시간이 오래 걸립니다.

그리고 3학년쯤 되면 한자 공부, 컴퓨터 공부를 시작하는 아이들이 많습니다. 해야 할 공부와 숙제들이 많은데 아이들이 책에 관심을 가질 수 있을까요? 도서관에 다닌다고 아이가 책을 좋아할까요? 아이들과 도서관에 다니기 전에 아이들이 어떤 점에서 어려움을 겪고 있는지 알아주세요. 그리고 학원과 학습지를 줄여주세요. 아이가 느끼기에 부담이 줄었다고 생각이 되어야 도서관에 다닐 힘이 생깁니다. 아이에게 여유를 주세요.

---

19. 《2021 국민독서실태조사》, 121쪽, 문화체육관광부, 2021

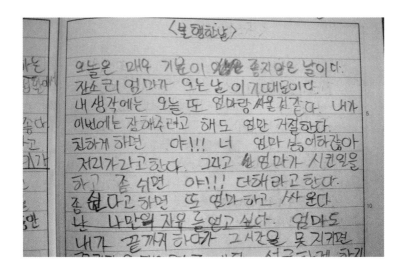

위 사진은 6학년인 동훈이의 일기입니다. 동훈이 엄마가 4박 5일 해외여행을 끝내고 집에 돌아오는 날 동훈이가 쓴 일기입니다. 동훈이 엄마는 평소에도 동훈이에게 숙제를 많이 냈습니다. 그래서 동훈이가 너무 힘들어하고 있었습니다. 여행 갔다 돌아오는 엄마가 너무 부담스러운 정도로 숙제로 힘들어하던 아이였습니다. 동훈이는 엄마가 내주는 숙제 때문에 책을 읽지 못하는 아이였습니다.

평생 책과 함께 살아가는 아이로 키우기 위해서는 지금 당장 욕심을 내려놓을 필요가 있습니다. 아이들에게 숙제, 학습지, 학원으로부터 자유로워질 수 있는 여유를 주는 것이 독서교육의 시작입니다.

2) 도서관용 카트를 준비해 주세요

도서관에서 그림책을 많이 빌리다 보면 무게가 상당합니다. 옮기기도 쉽지 않습니다. 그때는 도서관용 카트를 마련합니다. 저는 시립도서관에 2주에 한 번씩 가는데 한 명당 최대 10권의 책을 빌릴 수 있습니다. 4인 가족이므로 한 번에 40권의 그림책을 빌려오는데 가방에 담아서 들고 오기에는 너무 무겁습니다. 그래서 도서관 전용 카트를 샀는데 1,5000원 정도면 살 수 있습니다. 카트를 산후로는 아이들이 서로 카트를 끌겠다고 합니다.

도서관이 가까이 있어서 더 자주 갈 수 있는 여건이 되는 가정에서는 도서관용 가방을 따로 마련해도 좋겠습니다. 아이와 함께 가방에 예쁜 그림을 그리면 아이가 가방에 더 의미부여를 하고 도서관에 자주 갈 수 있는 계기가 됩니다.

3) 도서관 책용 책꽂이를 준비해 주세요

도서관에서 빌려 온 책을 넣을 공간을 따로 마련해 보세요. 그렇다고 한쪽 면을 책장으로 가득 채울 필요는 없습니다. 도서관에서 대출한 책을 넣을 '전용 칸'을 아이와 함께 정하고 칸을 예쁘게 꾸며서 '우리 집의 도서관 칸'을 만듭니다. 책장 한 칸에는 약 40권의 그림책이 들어갑니다. 아래 사진과 같이 도서관 책 전용칸을 만들면 아이가 도서관 책에 더 관심을 가집니다. '도서관 책 전용 칸'을 만드는 것은 도서관에 가는 것을 우리 집의 가족문화로 만드는 한 가지 방법입니다. 아이들과 함께 '철수네 도서관'처럼 이름을 지어서 예쁘게 꾸며도 좋습니다.

4) 시간을 확보해 주세요

책을 읽는 가족문화를 만들기 위한 다음 단계는 '시간 확보'입니다. 아이마다 지금 현재하는 것들이 다 다릅니다. 요일마다 다니는 학원도 다르고 마치는 시간도 다 다릅니다. 태권도 학원에 갔다 와서 지쳐있는 아이를 붙잡고 책을 읽어줄 수는 없습니다. 한 시간 동안 열심히 태권도 학원에서 땀 흘리며 운동하고 온 아이에게 필요한 것은 책이 아니라 휴식과 간식입니다. 그리고 체력이 약한 아이의 경우 저녁보다는 오후에 책을 읽어주는 것이 더 집중을 잘합니다. 이처럼 아이의 체력, 상황에 따라서 최적의 시간을 확보할 필요가 있습니다.

시간 확보를 할 때 꼭 지키면 좋을 두 가지 것들에 대해 알려드리겠습니다.

첫째, '매일 책 읽기'입니다. 아이마다 가정마다 상황이 다르겠지만 잠자리 독서 이외에 매일 10분 이상은 책을 읽는 시간을 꼭 만들어야 합니다. 독서가 습관이 되기 위해서는 매일 조금씩이라도 책을 읽는 시간을 확보해야 합니다. 단 10분이라도 좋습니다. 꾸준함이 중요합니다.

둘째, '횟수 늘리기'입니다. 한자리에서 한 번에 1시간 동안 아이에게 책을 읽어주는 것은 아이도 부모님도 힘이 듭니다. 때에 따라서는 1시간의 시간을 통으로 내기 어려울 때도 있습니다. 10분이나 15분, 20분 단위로 책을 읽어주는 횟수를 다양하게 해보는 것이 좋습니다.

실제 우리 집의 경우 아침에 아이들의 외할머니가 어린이집 등원과 등교를 도와주십니다. 아침에 외할머니가 아이들에게 20분 정도 책을 읽어주십니다. 하원과 하교를 하고 저녁 먹기 전 아빠가 아이들에게 책을 20분 정도 읽어줍니다. 마지막으로 자기 전 안방에 누워서 엄마가 20분 정도 책을 읽어줍니다.

이렇게 시간을 작게 나누어서 책을 읽어주면 아이도 부모님도 큰 부담이 없습니다.

  가장 중요한 것은 원칙을 지키고자 하는 방향성입니다. 하지만 이 원칙은 철칙이 아닙니다. 이 원칙을 지키고자 아이와 싸우는 실수를 하지 마세요. 아이의 체력과 상황을 고려해 가면서 책을 읽어주세요.

도서관
방문하기

1) 도서관에 처음 갈 때는 축제처럼 준비해 주세요

우리 가족은 첫째가 3살이 되기 전에는 집에 있는 책을 읽어주다가 3살 때 도서관에 처음 갔습니다. 도서관에 대해 긍정적인 이미지를 심어주기 위해 우리 가족은 아이와 함께 도서관에 처음 갈 때 축제처럼 진행했습니다. 도서관에 가기 1주일 전부터 아이에게 말해주면서 D데이를 정했습니다. 아이는 아직 말을 잘하지 못했지만, 도서관에 언제 가냐고 물으면서 도서관 가기를 기대하였습니다. 그리고 아이가 가장 좋아하는 것이 무엇인지 아내와 이야기했습니다. 그때 첫째는 초코빵을 가장 좋아했었는데 다행스럽게도 도서관 맞은편에 맛있는 빵집이 있었고 2층에는 먹고 갈 수 있는 공간이 마련되어 있었습니다. 그래서 도서관에 가서 회원증을 만들고 책을 읽어주고, 책을 빌린 후에 빵집에 가서 초코빵을 먹으면서 책을 읽어주자는 계획을 세웠습니다. 다행스럽게도 첫째는 무척 좋아했습니다. 도서관 가는 날은 무조건 초코빵을 먹는 날이기 때문에 아이는 도서관에 가는 날을 손꼽아 기다렸습니다. 그렇게 우리 가족은 도서관과 인연을 맺었습니다. 도서관에 처음 갈 때는 축제처럼 진행해 보세요.

2) 아이가 좋아하는 것을 알아놓으세요

도서관에 가기 전에 우리 아이가 좋아하는 것을 미리 알아놓으면 좋습니다. 우리 아이가 공주풍의 그림책을 좋아하는지, 자연 관찰 책을 좋아하는지 소리가 나는 책을 좋아하는지, 공룡, 토끼, 자동차를 좋아하는지에 관한 정보를 미리 알면 좋습니다. 도서관에서 빌려 온 책이 온통 엄마의 욕심으로 빌린 책이라면 아이는 관심을 가지지 않습니다. 미리 아이의 관심 분야를 알아놓고 아이가 좋아하는 책 위주로 빌려주세요. 천천히 엄마의 의도를 넣어도 괜찮습니다. 도서관에 처음 방문할 때는 아이의 관심사를 미리 알아놓으면 좋습니다.

3) 도서관 회원증을 만들어요

도서관 첫 방문 전에 도서관 홈페이지를 통해서 기본적인 정보를 알고 가면 좋습니다. 휴관 일은 언제인지, 대출은 1인당 몇 권이 되는지, 매점은 있는지, 회원증 만들 때 준비물은 무엇이 필요한지, 책 놀이 프로그램은 있는지 등에 대한 정보를 미리 찾아봅니다.

도서관 회원증을 만들기 위해서는 몇 가지 서류가 필요합니다. 도서관에 가기 전 홈페이지를 통해 미리 확인하고 필요한 서류를 챙겨서 도서관에 가면 두 번 방문하지 않습니다. 주민등록등본이나 가족관계증명서처럼 가족관계를 증명할 수 있는 서류와 부모님의 신분증이 필요합니다. 정확한 정보는 도서관 홈페이지에서 확인하세요. I-pin 발급이 필요한 때도 있으니 꼭 홈페이지에서 미리 확인하세요.

도서관에서
책 빌리기

1) 십진 분류표에 맞추어 골고루 책을 빌리세요

부모님들과 상담하다 보면 책을 골고루 읽힐 방법에 대해 문의하시는 분들이 가끔 계십니다. 어떻게 하면 책을 골고루 읽힐 수 있을까요?

책을 빌릴 때 십진 분류표에 맞추어 책을 빌리면 책을 다양하게 읽힐 수 있습니다. 우리 가족이 하는 방법을 소개해 드리겠습니다. 우리 집 옆 도서관에는 1인당 10권씩 빌릴 수 있습니다. 4명의 가족이니 40권의 책을 2주 동안 빌릴 수 있습니다. 800번 대 책을 제외한 나머지 100번 대 책을 2권씩 빌립니다. 100번 대 책을 2권, 200번 대 책을 2권, 300번 대 책을 2권 이런 식으로 빌리면 15권정도 빌릴 수 있습니다. 나머지 25권은 800번 대 책에서 빌립니다. 빌릴 때마다 조금씩 변화를 줍니다. 도서관마다 어린이 자료실에는 800번 대 책을 따로 구분해 놓았습니다. 800번 대 책이 문학 영역으로 가장 많기 때문입니다. 이렇게 다른 분야의 책을 일정 수준으로 빌린 후에 800번 대 책을 빌리면 골고루 책을 빌릴 수 있습니다.

2) 주제를 정하고 빌리세요

책을 빌릴 때 한 번씩 '주제'를 정하고 빌리면 아이의 관심을 끌 수 있습니다. 주제를 정하고 읽기는 크게 작가별 읽기, 나라별 읽기, 주제별 읽기로 나눌 수 있습니다.

① 작가별 읽기

작가별 읽기는 작가를 한 명 정해서 그 작가의 책을 많이 빌리는 방법입니다.

"오늘은 앤서니 브라운 작가의 책을 많이 빌릴 거야. 우리 같이 찾아볼까?"하고 말합니다. 이런 식으로 작가의 이름을 말하고 그 작가의 그림책을 찾는 활동을 많이 하다 보면 아이가 좋아하는 작가가 생깁니다. 아이의 입에서 "오늘은 ○○○작가의 책을 빌리고 싶어요"라는 말이 나온다면 독서교육은 성공입니다.

② 나라별 읽기

나라별 읽기는 작가님의 출신 국가를 기준으로 책을 빌리는 방법입니다.

아이에게 "오늘은 일본 작가님의 그림책을 빌려 볼까?"라고 말합니다. 이렇게 나라마다 빌리다 보면 그 나라의 특유 문화를 느끼고 배울 수 있습니다. 아이에게 폭넓은 그림책의 세계를 소개해주세요.

③ 주제별 읽기

주제별 읽기는 오늘 빌릴 주제를 정하고 빌리는 것입니다.

"오늘은 글 없는 그림책을 빌려볼까?", "음식이 나오는 그림책을 빌려볼까?" 하고 아이에게 말합니다. 주제별 읽기에 도움이 되는 목록은 앞 장에 소개해 놓았습니다.

이 목록이 없이도 주제별 읽기는 가능합니다.
'추석'이 다가오면 도서관 홈페이지 검색창에 '추석' 또는 '명절'이라고 검색합니다.

여름에는 "여름 하면 뭐가 생각나?" 하고 아이에게 물어봅니다.

아이는 '바다', '빙수'와 같은 단어를 말합니다. 아이가 말하는 단어를 검색창에 넣고 검색을 하고 대출합니다.

3) 도서관에서 책을 읽어주세요

도서관에 가면 책을 반납하고 나서 바로 책을 빌려서 집으로 오지 말고 아이를 무릎에 앉히고 그림책을 읽어주세요. 요즘에는 보통 도서관마다 어린이실이 따로 마련되어 있는데 신발을 벗고 들어갈 수 있습니다. 주말 아침 일찍 가면 사람들이 적어서 읽어주기 좋습니다. 집이 아닌 곳에서 책을 읽어주면 아이에게 집에서 읽어줄 때와 또 다른 느낌을 줄 수 있습니다. 아이를 무릎에 앉히고 책을 읽어주세요. 새로운 환경에서 보는 책은 기억에 오래 남습니다. 엄마와 함께 하는 소중한 시간입니다. 도서관에서 책을 한참을 읽어주고 책을 빌려서 집에 옵니다.

도서관을 더 재미있게
다니는 10가지 방법

단순히 책을 빌리고 반납하는 도서관 이용을 넘어서서 도서관 다니기를 더 재미있게 만들어 주는 다양한 방법들을 소개합니다.

1) 신간 도서를 신청하세요

보고 싶은 신간 도서가 나올 때마다 사는 것은 부담이 됩니다. 그때는 '신간 도서 신청하기'를 이용해 보세요. 도서관마다 매달 신간 도서를 신청할 수 있습니다. 1인당 3권에서 5권 사이의 책을 신청할 수 있는데 이것을 잘 이용하면 책을 거의 사지 않고도 새로운 책을 가장 먼저 접할 수 있습니다.

한 달에 1인당 3권 또는 5권 신청할 수 있으니 4인 가족의 경우 총 12권에서 20권까지 신간 도서를 신청할 수 있습니다. 학교 도서관에서도 신간 도서를 매년 사지만 학교 도서관은 1년에 한 번에서 2번밖에 구입하지 않습니다. 시립도서관은 매달 책을 사기 때문에 내가 보고 싶은 책을 더 빨리 볼 수 있습니다.

신간 도서를 신청하고 책이 도서관에 도착하면 도서관에서는 책 도착 안내 문자까지 보내줍니다. 그 문자를 받고 3일 이내에 가면 사서 선생님 뒤편에 있는 책꽂이에 내가 신청한 예약 도서가 준비되어 있습니다. 도서관에서 내가 1등으로 그 책을 빌려서 읽을 수 있습니다. 새 책을 그 도서관에서 가장 먼저 볼 기회를 아이에게 매달 선물해 주세요. 부모님의 작은 수고가 아이를 웃게 할 수 있습니다.

부모님이 아이에게 "○○야, 이 책을 도서관에서 가장 먼저 읽는 사람이 너야!"라고 말해주세요. 아이는 그 책에 대해 특별한 기억을 가지고 살아가게 됩니다. 신간 도서를 받으러 가면 사서 선생님께서 내가 신청한 신간 도서를 특별하게 보관하고 계시다가 나에게 주십니다. 마치 선물을 받는 것 같은 느낌을 받을 수 있습니다.

그렇다면 신간 도서를 어디서 어떻게 알고 신청하면 좋을까요?

① 온라인 서점 활용하기

신간 도서를 가장 빠르게 만나볼 수 있는 곳은 온라인 서점입니다. 온라인 서점에는 신간 도서를 소개하는 코너가 있습니다. 아이와 함께 신간 도서를 살펴보고 아이가 읽고 싶어 하는 책을 골라서 함께 도서관 홈페이지에서 신간 도서를 신청합니다.

서점	신간 도서 보는 곳
알라딘	새로 나온 책 / 어린이
예스24	신상품 / 어린이
교보문고	신상품 / 어린이(초등)
영풍문고	신간 도서 / 아동

② 그림책 소개 사이트 이용하기

그림책을 다양한 방식으로 소개해 놓은 사이트를 활용하는 방법도 있습니다.

사이트	주소	방법
그림책 박물관	www.picturebook-museum.com	커뮤니티 / 신간 그림책 소개
어린이도서연구회	www.childbook.org	열린 마당 / 새로 나온 책

③ 오프라인 서점 활용하기

아이와 함께 서점에 가서 신간 도서를 구경하고 한 권을 산 후 다른 신간 책들의 제목을 적고 도서관 홈페이지에서 함께 신청합니다.

2) 독서 프로그램에 참여해 보세요

도서관에 더 재미있게 다니는 두 번째 방법은 '독서 프로그램 행사 참여하기'입니다.

도서관마다 매달 다양한 독서 프로그램을 운영합니다. 하루 행사로 끝나는 때도 있지만 장기간 운영하는 프로그램도 있습니다.

또, 10회 정도에 걸쳐서 운영되는 유아를 대상으로 하는 책놀이 프로그램도 있습니다.

대부분 4세 이상 운영합니다. 저는 육아휴직을 할 때 둘째를 데리고 유아 책 놀이 프로그램에 다녔습니다. 1주일에 한 번씩 진행되는데 강사분이 그림책을 읽어주고 그림책과 관련한 간단한 만들기를 하는 식으로 운영이 되었습니다.

어린아이와 집에만 있으면 아이도 어른도 답답한데 일주일에 한 번씩 도서관 나들이를 하니 참 좋았습니다. 아이는 도서관 책 놀이 또 언제 가냐는 말을 자주 했습니다. 또래 친구들도 보고 오랜만에 바깥 나들이하는 것이 좋았나 봅니다. 대부분 선착순으로 마감하기 때문에 도서관 홈페이지를 자주 들어가서 확인해야 신청 시기를 놓치지 않습니다. 부모님이 시간이 되신다면 도서관에서 진행하는 책 놀이 프로그램에 꼭 참여해 보세요.

3) 원화 전시회를 구경해 보세요

매달은 아니지만, 도서관에서는 한 번씩 원화 전시회를 합니다. 원화에 가깝게 출력한 그림들을 전시하는 행사에 가기 전에 그 그림책을 먼저 빌려서 읽어봅니다. 그림책을 통해서 본 그림들이 액자에 걸려져 있는 것을 보면 아이는 말합니다.

"엄마! 이거 어제 읽은 그 그림이야."

그림책 속 장면을 몸으로 따라 하기도 하고 아이와 이야기를 나눕니다. 이런 과정을 통해서 그림책과 접촉하는 빈도가 늘어나고 그림책에 관한 관심이 증가합니다. 원화 전시회를 먼저 관람하고 그림책을 대출해도 좋습니다.

4) 도서관에서 상영하는 영화를 함께 보세요

매달 도서관에서는 영화 상영합니다. 이달의 영화 상영 목록을 보고 아이 수준에 맞으면서도 가장 재미있을 영화를 한 편 골라서 그영화가 상영되는 날에 도서관에 갑니다. 아이에게는 도서관에서 영화 보는 날을 미리 알려주고 아이가 기다리게끔 하면 좋습니다. 도서관에 가서 책을 읽어주고 대출을 한 후 온 가족이 함께 영화를 시청하고 집에 옵니다. 도서관에서 영화를 보는 것은 극장에서 보는 것과는 또 다른 맛이 있습니다. 영화와 관련한 책을 빌리면 더 좋습니다.

5) '책 읽어드립니다'에 참여해 보세요

국립어린이청소년도서관에서는 전국 도서관과 함께 '책 읽어주세요' 프로그램을 운영하고 있습니다. 사서 선생님이나 자원봉사자(중, 고등학생)가 어린이들에게 1:1로 책 읽어주기 활동하고 있습니다. 주로 주말을 이용해서 이 프로그램이 시행되고 있습니다.

'책 읽어주세요'라는 글씨가 새겨진 노란색 앞치마를 입고 봉사자들이 아이들에게 책을 읽어주는 프로그램입니다. 집에서 부모님이 아이들에게 책을 읽어줄 때랑 다른 매력을 느낄 수 있습니다. 아이들은 모르는 언니, 오빠들, 할아버지, 할머니가 책을 읽어주는 것에 흥미를 느낍니다. 예쁜 노란색 앞치마에도 관심을 가집니다. '책 읽어드립니다.' 행사에 참여하면 아이들에게 책과 접촉하는 빈도를 자연스럽게 높일 수 있습니다.

6) '작가와의 만남' 행사에 가보세요

도서관에서는 한 번씩 작가와의 만남 행사를 합니다. 북 콘서트 형식으로 진행할 때도 있고 1인 낭독극, 인형극 형태로 진행할 때도 있습니다. 작가와의 만남 시간 이후에는 책에 사인도 받고 함께 사진도 찍을 수 있습니다.

도서관 홈페이지를 통해서 작가와의 만남이 예정된 사실을 알게 되면 그 작가의 책을 미리 구매해서 아이에게 읽어주시고 행사에 가시길 권해드립니다. 그림책을 쓴 작가를 직접 만나서 사진도 함께 찍고, 사인도 받은 아이들은 그 책을 정말 좋아하게 됩니다. 이 세상에 하나밖에 없는 나만의 책이 됩니다. 이런 과정을 통해 책을 좋아하는 아이로 자랍니다. 아침에 일어나자마자 어제 작가님에게 싸인 받은 책을 펼쳐서 보고 또 보는 딸아이를 보면서 작가와의 만남에 더 참여하고 싶은 생각이 들었습니다.

7) 도서관 퀴즈에 참여해 보세요

도서관에서는 한 달에 한 번씩 퀴즈 행사도 진행합니다. 한 권의 책을 정해서 5문제 정도의 간단한 문제를 푸는 행사입니다. 문제를 풀고 응모함에 종이를 넣습니다. 문화상품권을 선물로 주는 경우가 많습니다. 지금까지 한 번 당첨이 되었는데 문화상품권으로 알라딘 중고서점에 가서 그림책을 사주었습니다.

8) 도서관에서 밥이나 간식을 먹어 보세요

도서관의 지하에는 대부분 매점과 식당이 함께 있습니다. 다른 음식점과 비교하면 저렴하게 밥을 먹을 수 있습니다. 온 가족이 도서관으로 나들이하러 가서 아이에게 책을 읽어주고 책을 대출한 후 도서관에서 한 끼를 함께 합니다. 아이들이 좋아하는 라면도 좋습니다. 밥을 먹은 후 간식도 함께 먹습니다. 아이는 가족과 함께 한 즐거운 시간을 기억합니다.

독서 논술학원에서 책 3권을 읽고 독후감을 쓰는 것보다 책 1권을 부모님이 도서관에서 읽어주고 매점에서 컵라면을 함께 먹는 경험을 한 아이가 결국 책을 사랑하는 아이로 자랍니다. 왜냐하면, 독서 논술학원을 마치고 집에 온 아이에게 부모님은 할 말이 없기 때문입니다. "학원 잘 다녀왔어?"라는 말을 하고 나면 서로 할 말이 없습니다. 하지만 아이와 함께 도서관에 가서 시간을 보낸 부모님들은 아이와 함께 대화할 이야깃거리가 넘칩니다.

9) 도서 바자회나 도서 벼룩시장에 참여해 보세요

학교 도서관이나 시립도서관에서는 한 번씩 도서 바자회나 도서 벼룩시장을 엽니다. 독서의 날 행사로 또는 특정 목적(후원)을 위해 이런 행사를 개최하는데 새 책을 싸게 파는 때도 있고 학생들과 부모님들이 직접 판매자로 참여할 수 있는 경우도 있습니다. 이런 기회는 흔하지 않은데 만약 주위에서 내가 판매자가 될 수 있으면 꼭 참여해 보시길 권해 드립니다. 서점 이름을 아이와 함께 정하고 종이에 서점 간판을 예쁘게 꾸미고 어떤 책을 판매할 것인지부터 정합니다. 평소에 잘 안 읽는 책부터 인기 많은 책까지 섞어서 구성합니다. 그리고 책별로 판매 가격을 정합니다. 몇 권을 묶어서 판매 금액을 정해도 좋습니다. 이런 행사를 통해 모은 수익금은 도움이 필요한 곳에 아이의 이름으로 기부합니다.

10) 도서관 행사에 참여해 보세요

도서관에서는 매달 다양한 활동을 합니다. 가방 만들기, 케익만들기, 독서퀴즈, 3행시, 인형극 등 책을 읽고 할 수 있는 여러 가지 활동하는데 무료로 또는 약간의 재료비만 받고 진행되는 활동들이 많습니다. 부모님들이 조금만 부지런하면 도서관 행사에 참여할 수 있습니다.

집에 와서 도서관
책 활용하기

도서관에서 책을 빌려왔다면 집에서 어떻게 활용할까요? 몇 가지 요령만 있으면 도서관에서 대출한 책을 더 효과적으로 활용할 수 있습니다.

1) 읽은 책을 거꾸로 보관하세요

도서관에서 빌려 온 책을 아이에게 읽어주다 보면 읽은 책과 읽지 않은 책이 섞여 있어서 헷갈릴 때가 있습니다. 빌려 온 책 중에서 읽어주지 않은 책을 책 제목만 보고 빨리 찾기가 어렵기도 합니다. 그럴 때 유용한 방법이 있습니다. 읽었던 책은 거꾸로 꽂아두면 다음에 책을 고를 때 찾기가 편합니다. 도서관 반납일이 가까워져 올수록 몇 권을 덜 읽었는지 파악도 쉽게 할 수 있으며 읽은 책 읽지 않은 책을 구분해서 볼 수 있어서 편리합니다.

2) 다양한 장소에서 책을 읽어주세요

가족과 나들이 갈 때 에코백에 책 3권만 준비해서 나가보세요. 벚꽃 구경하러 가서 돗자리에 앉아서 맛있는 음식을 먹고 아이에게 책을 읽어줘 보세요. 밖에서 읽는 책은 새롭습니다. 집에 그늘막이나 텐트가 있다면 거실에 그늘막을 설치하고 그늘막 안에서 책을 읽어주세요. 아이들은 별거 아닌 활동이지만 새로운 장소에서 책 읽는 것을 좋아합니다. 아이와 함께 카페에서, 캠핑하러 가서도 책을 읽어주세요. 항상 책을 가까이할 기회를 부모님이 만들어 주세요.

3) 책과 함께하는 행복한 기억을 만들어 주세요

책 읽는 시간은 가족과 함께하는 소중한 시간이라는 인식을 심어주는 것도 좋은 방법입니다. 쿠키와 같은 맛있는 간식을 먹으면서 또는 차를 마시면서 아이를 안고 책을 읽어주세요. 독서 논술학원에서는 절대 경험할 수 없는 편안함과 사랑을 느끼면서 책을 보는 아이는 책을 좋아하게 됩니다. 책 읽는 시간은 행복한 시간이라는 생각이 들게 하면 독서교육은 성공입니다.

4) 자투리 시간 활용해서 책을 읽어주세요

자기 전 시간을 정해두고 책을 읽어주기 시작했다면 낮에는 자투리 시간을 활용하면 좋습니다. 어린이집이나 학교 가기 전 10분, 하교해서 집에 와서 간식 먹으면서 10분, 학원 가기 전 10분, 저녁 먹기 전 10분 저녁 먹은 후 10분 등 생각해 보면 자투리 시간이 많습니다. 이 시간을 아껴서 책 읽어주기를 하면 하루에 20~30분은 시간을 낼 수 있습니다. 낮에 10분의 시간이라도 책을 읽어주세요. 하루 10분의 책 읽기지만 꾸준히 한다면 아이가 책을 사랑하게 만들 수 있습니다.

5) 빌려 온 책은 아이가 고르게 해주세요

도서관에서 빌려 온 책을 아이가 고르게 하면 좋습니다. "책꽂이에 꽂혀 있는 도서관 책 중에서 읽고 싶은 책 2권만 골라와"라고 말을 하면 아이는 신나게 책꽂이로 갑니다. 책꽂이의 책 중에서 가장 읽고 싶은 책 2권을 아이가 골라오면 그중에서도 어떤 책을 먼저 읽고 싶은지 아이가 고르게 합니다. 아이는 엄마가 아니라 '내'가 골랐기 때문에 더 관심을 가지고 봅니다. 집에 와서 책을 읽어줄 때는 읽을 책을 '아이'가 선택할 수 있도록 해주세요.

6) 책 바구니로 책 찾기 놀이를 해보세요

잠자리 독서를 시작할 때 책 바구니를 활용한 숨바꼭질을 해보세요. 오늘 잠자리에서 읽어줄 책 2~3권을 바구니에 담아서 안방 침대 밑이나 옷장 안에 숨겨둡니다. 아이에게는 "책 바구니를 찾으면 책을 읽어줄게"라고 말을 합니다. 아이들은 숨바꼭질을 좋아합니다. 몇 번 반복한 후에는 안방에서 거실로 숨바꼭질 공간을 넓힙니다. 숨겨진 바구니 속의 책을 찾은 아이는 밝은 표정을 지으며 책을 들고 엄마에게로 옵니다. 책 찾기 놀이를 해보세요. 잠자리 독서는 성공입니다.

7) 도서관 빙고로 꾸준히 독서를 할 수 있어요

학교에서 많은 아이를 지켜보면 3월까지는 제법 도서관에 잘 갑니다. 하지만 날이 갈수록 점점 가지 않습니다. 아이들이 꾸준하게 책을 가까이할 방법이 무엇이 있을까? 고민하다 만든 것이 '도서관 빙고'입니다. 독서는 꾸준함이 중요한데 도서관 빙고 종이를 활용하면 꾸준하게 책과 도서관을 접할 수 있습니다.

도서관 빙고는 책, 도서관과 관련한 미션 내용을 적은 종이에 동그라미를 치면서 빙고를 만들어가는 활동입니다. 미션 내용은 월별로 국경일과 같은 행사를 반영한 내용, 계절과 관련한 내용, 학습 내용, 독서 습관을 잡아주는 내용 등으로 구성이 되어있습니다. 매달 초에 아이와 함께 도서관 빙고 종이에 들어갈 내용을 의논해서 적어도 좋습니다.

도서관 빙고 예시 파일은 뒤표지에 표시해둔 QR코드를 통해서 내려받을 수 있습니다.

8) 이달의 작가를 정해보세요.

　이달의 작가, 이주의 작가를 정해서 책을 읽는 방법도 책에 관한 관심을 꾸준히 줄 수 있는 방법입니다. 도서관에서 빌린 책을 읽다가 아이가 좋아하는 그림책이 발견되면 그 작가를 이달의 작가, 다음 주의 작가로 선정합니다. 도서관 책을 반납하고 다시 빌릴 때 작가님 이름을 검색해서 그 작가님이 쓴 책을 많이 빌려 옵니다. 이런 방식으로 한 주, 또는 2주, 1달 간격으로 작가님을 바꿔서 이달의 작가를 가정에서 운영해 보세요. 아이가 좋아하는 작가가 생기고 작가 검색을 통해 책을 찾는 방법도 배울 수 있습니다. 첫 시작은 아이들이 좋아하는 '앤서니 브라운', '데이비드 위즈너', '백희나', '구도 노리코', '레오 리오니'와 같은 작가로 시작해 보세요.

꾸준한 독서 습관을 위한 13가지 이벤트

책을 가까이하는 아이로 만들기 위해 한 번씩 이벤트로 할 만한 것들을 아래에 소개해 놓았습니다.

1) 새 책을 사주세요

① 아이와 함께 사기

아무리 좋은 도서목록을 내 손에 넣었다 하더라도 책을 사는 과정이 엄마의 몫으로 돌아가면 아이는 책과의 거리가 멀어집니다. 엄마가 주문한 책은 "내"가 주문한 책이 아니므로 관심이 줄어들 수밖에 없습니다. 그래서 인터넷으로 주문하든 직접 서점에서 사든 책을 사는 과정을 처음부터 끝까지 아이와 함께한다면 책에 관한 관심을 더 키울 수 있습니다. 엄마와 함께 작가에 관해서 이야기하고 사는 책은 아이가 눈여겨봅니다.

② 부모님이 원하는 책만 사지 않기

'아이가 원하는 책 위주로 사기'의 다른 말입니다. '어떤 책을 사줄까?' 고민하기에 앞서 책을 사주려고 하는 목적부터 생각해 보면 어떤 책을 사줄까? 라는 질문에 대한 답을 쉽게 찾을 수 있습니다. 책을 아이에게 사주는 목적은 아이가 책을 좋아하게 만들기 위해서입니다. 그래서 아이가 좋아하는 책을 사주어야 합니다. 그래야 또 도서관과 서점에 오려고 합니다. 아이가 원하는 책을 사주더라도 학습만화는 멀리해야 합니다.

③ 가족 행사로 사기

한 달에 한 번(또는 이보다 더 자주) 책을 사는 것을 우리 가족만의 '가족문화'로 만들면 좋습니다. 아빠의 월급날 또는 주말을 정해서 그날에는 우리 가족이 서점 나들이를 하고 외식하고 신나게 노는 날로 정하면 가족 간의 대화도 늘고 여러모로 긍정적인 효과가 많습니다. 그래서 서점에 책을 사러 가는 날을 아이가 가장 기다리는 날로 만들어야 합니다. 요즘은 중고서점도 잘 되어있습니다. 중고서점을 잘 활용해 보세요.

④ 정기적으로 사기

'정기적으로 사기'는 독서에 관한 관심을 꾸준히 유지하는 한 방법입니다. 그리고 금전적인 부담을 덜어 줄 방법이기도 합니다. 읽고 싶은 책이 있을 때마다 살 수는 없으므로 정기적으로 사게 되면 도서관에서 볼 수 있는 것은 도서관에서 읽고 꼭 사야 하거나 정말 읽고 싶은 것이 생긴다면 시간을 두고 한 번 더 생각해 보고 책을 구매하게 되어 신중하게 구매를 할 수 있습니다.

2) 다양한 방법으로 사주세요

① 과거에 읽은 책 사기

아이가 읽었던 책 중에 정말 재미있게 읽었던 책은 사주어도 좋습니다. 왜냐하면, 이런 책은 아이가 두고두고 여러 번 읽습니다. 하지만 사기전 한 번 고민하는 과정은 필요합니다. 진짜 가지고 싶은 책인지 생각해 보고 도서관에서 대출해서 읽으면 안 되는지 아이와 함께 고민해본 후에 서점 또는 인터넷으로 삽니다.

② 도서관에 아직 없는 신간 사기

아이가 좋아하는 시리즈나 좋아하는 작가의 신작이 나왔을 때는 고민하지 않고 바로 사주는 것이 좋습니다. 도서관에 신청하고 신간이 들어오기까지는 어느 정도 시간이 걸리기 때문에 한 번씩은 신작을 가장 먼저 사주면 아이가 정말 좋아합니다. 시리즈 책이어서 가격이 부담된다면 1권만 사주고 나머지 책은 도서관에 "책 신청"을 해서 읽어도 좋습니다.

③ 작가를 정해서 사기

아이가 좋아하는 작가가 생겼을 때 책 사는 방법입니다. 도서관에서 그 작가가 쓴 책을 모두 검색합니다. 그런 다음 그 작가의 책을 모두 다 읽습니다. 마지막으로 작가의 책 중에서 도서관에 있지만 소장하고 싶은 책을 선정합니다. 또는 그 작가의 책 중에서 도서관에 없지만 재미있을 것 같은 책을 선정해서 서점 또는 인터넷으로 삽니다.

④ 추천 도서목록을 보고 사기

추천 도서목록을 보고 책을 사도 좋습니다. 아이와 함께 추천 도서목록을 보고 재미있을 것 같은 책을 고릅니다. 그런 다음 도서관에서 가서 그 책들을 함께 읽습니다. 그중에서 가장 재미있거나 소장가치가 있는 책을 골라서 삽니다. '어린이도서연구회 추천 도서목록'을 활용해 보세요. 매년 새로운 목록을 많이 소개합니다.

⑤ 오프라인에서 사기

아빠 월급날, 아이가 시험을 치고 온 날, 주말, 비가 와서 나들이를 못 가는 날, 너무 추워서 어디 갈 곳이 없는 날에는 온 가족이 같이 서점에 가서 책을 살펴보고 책을 구매합니다.

⑥ 온라인에서 사기

직접 책 내용을 충분하게 살펴볼 수 없는 온라인에서 책을 살 때는 평점과 서평을 참고하면 좋습니다. 인터넷 서점 홈페이지에 올라온 평점과 서평을 보고 어떤 책을 살지, 결정하면 실패하는 일이 줄어듭니다. 주문한 책이 가끔 기대만큼 재미가 없던 적도 있었습니다. 그럴 때는 이 또한 독서교육의 하나라고 생각하면 됩니다. 시행착오를 통해 새로운 책의 내용, 평점, 서평을 보는 눈이 생기니까요. 주말이나 매달 초에 주는 쿠폰을 활용하면 더 싸게 살 수 있습니다.

3) 중고 책을 사보세요

제가 어릴 때만 해도 중고서점이 한곳에 모여 있었습니다. 친구들끼리 가서 문제집도 사고 책도 산 기억이 있습니다. 요즘은 그런 중고서점은 찾기 힘들어졌지만, 기업형으로 중고서점이 지역마다 생겼습니다. 검색도 되고 깔끔하게 정리해 놓아서 아이들과 함께 나들이로 가도 좋습니다.

① 오프라인에서 사기

알라딘 중고서점, 개똥이네와 같은 중고서점에서 아이들과 함께 중고 책을 사보세요. 저렴한 가격에 책을 살 수 있습니다.

② 온라인에서 사기

온라인 서점에서 직배송이 되는 중고 책들이 있습니다. 이 중고 책을 살 때는 배송비를 내야 하는데 일정 금액 (약 2만 원) 이상의 직배송 중고 책들을 함께 사거나 신간 도서를 한 권 이상 사면 무료배송이 가능합니다.

직배송의 책이 없으면 판매자 배송을 이용하면 됩니다. 판매자 배송의 경우 대부분은 배송비가 있지만 동일 판매자의 책을 5만 원 이상 살 때 배송비가 없는 때도 있습니다. 판매자의 이름을 클릭하면 판매자의 책들을 볼 수 있는데 1,000원 짜리 책들도 있습니다. 잘 고르면 좋은 책을 싼 가격에 살 수 있습니다.

4) 중고서점에 책을 팔아보세요

더 이상 읽지 않는 책을 중고서점에 팔아보세요. 이 과정도 아이들과 함께 해보세요. 팔고 싶은 책을 정한 후 온라인 중고서점 홈페이지에서 팔 수 있는지 가격은 얼마나 받을 수 있는지 알아보세요. 나온 지 오래된 책이라던가 물이 조금이라도 묻었거나 낙서가 심한 훼손된 책은 팔 수 없습니다. 아이들은 우리 집에 있는 책이 중고서점에 팔 수 있다는 사실에 놀라워합니다. 책을 팔고 받은 돈으로 다시 책을 사 옵니다.

5) 중고나라나 당근마켓에 팔아보세요

더 이상 보지 않는 책들이 많으면 중고나라나 당근마켓을 이용해서 책을 팔아보세요. 아이와 함께 팔 책을 정하고 상자에 함께 넣습니다. 팔고 생긴 돈으로 중고서점에 가서 책을 사거나 아이와 맛있는 음료수와 빵을 함께 먹으면서 책을 봅니다.

6) 책도장을 선물해 주세요

아이의 생일날에 책 도장을 선물해 주세요. 인터넷에 '책 도장'이라고 검색하면 예쁜 책 도장들이 다양하게 나와 있습니다. 아이들과 함께 원하는 디자인을 고르고 문구도 함께 의논해서 결정합니다. 집에 있는 책을 한 권씩 읽을 때마다 도장을 찍습니다. 아빠 책에는 아빠가, 엄마 책에는 엄마가 도장을 찍어도 좋지만 한 번씩은 아이가 아빠 책 도장으로 아빠가 읽은 책에 도장을 찍을 수 있도록 하면 아이가 좋아합니다. 이런 과정을 통해 책 읽는 가족문화를 만들 수 있습니다. 책 도장은 한 개에 약 6,000원 정도 합니다.

7) 캠핑, 여행할 때 책과 함께하세요

① 여행안내 책자, 지도 신청하기

책을 읽는 것이 일상이 되기 위해서는 여행할 때 책을 가져가면 됩니다. 각 지자체의 홈페이지에는 '문화관광' 코너가 있는데 각 지역의 대표적인 관광명소를 소개해 놓았습니다. 문화관광 코너에는 지도와 안내 책자도 무료로 신청할 수 있습니다. 지역마다 시간 차이가 조금 나서 여행을 2~3주 앞두고 신청하면 늦지 않게 받아볼 수 있습니다.

저는 금요일에 급식을 먹을 때마다 제 앞에 앉은 아이들에게 "이

번 주말에 뭐해?"라고 물어봅니다. 그러면 "주말에 어딘가 엄마가 놀러 간다고 했는데 어딘지 모르겠어요"라고 말을 하는 아이들이 많습니다. 또는 "경주에 가요"라고 말을 합니다. 그래서 제가 "경주 어디에 갈 예정이야?"라고 물으면 대답을 못 하는 아이들이 많습니다. 주말에 여행을 계획할 때 아이와 함께 계획하는 가정이 적었습니다. 여행을 준비하면서 그리고 안내 책자와 지도를 신청할 때 아이와 함께 해주세요. 가족이 여행할 장소에 동그라미도 치고 하면서 지도도 익힐 수 있습니다. 안내 책자를 읽는 것도 독서교육입니다.

② 여행지 관련 책 빌리기

경주에 여행을 갈 계획이라면 출발 1주일 전에 경주 관련한 책을 도서관에서 함께 빌립니다. 도서관에 가서 '경주', '첨성대', '석굴암'과 같이 검색어를 달리하면서 책을 빌립니다. 여행 가기 전에 미리 아이와 함께 대출한 책을 읽으면서 여행할 지역에 관한 관심을 갖게 합니다. 이렇게 책을 먼저 읽고 여행지에 가면 책 속에서 본 장소, 문화재를 발견할 수 있습니다. 아이들은 "엄마! 저 탑 어제 책에서 봤어."라고 이야기를 합니다. 여행이 학습이 되는 순간입니다. 여행을 갔다 와서는 경주와 관련한 또 다른 다양한 책을 함께 빌려서 읽습니다.

③ 체험학습에 도움이 되는 책 소개

문화재를 체험할 때 읽으면 좋은 시리즈를 소개합니다. 주니어 김영사에서 나온 '교과연계 체험학습 시리즈'입니다. 불국사와 석굴암, 수원 화성, 국립 경주박물관, 고성공룡박물관 등 다양한 박물관과 문화재가 소개되어 있습니다. 단권으로 되어있고 사진이 많아서 좋습니다. 어른이 읽어도 될 만큼 내용이 좋습니다. 신나는 교과연계 체험학습 50권, 신나는 교과연계 체험학습 박물관 20권 이렇게 구성이 되어있고, 옛날에 나온 책은 200권까지 구성이 되어있습니다. 도서관에서 빌려서 보시고 소장하고 싶은 책은 단권으로 구매해 보세요.

8) 체험활동과 연계해서 읽어주세요

책 읽는 가족문화를 만드는 방법은 어렵지 않습니다. 가족과 함께하는 모든 순간에 어떻게 책과 함께할까? 하는 생각을 하면 상황별로 적절한 아이디어가 떠오르게 됩니다. 아이들과 딸기 따기 체험하러 갈 때는? 집에 있는 자연 관찰 책 중에서 딸기 책을 읽고 갑니다. 비닐하우스에서 딸기를 맛있게 따먹고 사진도 찍고 집을 본 책의 내용을 함께 이야기하면서 딸기 따기를 합니다. 책을 먼저 보고 딸기 따기를 하면 "엄마! 어제 책에서 본 꽃이야! 책에서 본 거랑 똑같네!"라는 말을 아이가 합니다. 책과 경험이 하나 되는 순간입니다. 딸기 따기를 한 후 집에 와서 딸기 책을 한 번 더 봅니다. 어제 딸기 책을 읽었던 아이와 오늘 딸기 따기 체험을 갔다 와서 딸기 책을 읽은 아이는 다른 아이가 됩니다. 장수풍뎅이를 집에서 키우고 있다면 장수풍뎅이 책을, 거북이를 키우고 있다면 거북이 책을 읽어주세요.

9) 여행할 때 서점에 가보세요

국내 여행을 할 때 '지혜의 바다'와 같이 지역을 대표하는 도서관이나 작은 독립서점 같은 곳에도 가보시길 권해드립니다.

예전에 제주도에 가족 여행을 갔습니다. 귤 따기를 체험하고 주변에 있는 작은 독립서점에서 『귤 사람』이라는 그림책 한 권을 샀습니다. 이 책은 정말 따뜻하고 사랑스러운 책인데 아이들에게 이 책을 읽어줄 때마다 제주도 여행의 기억이 새록새록 피어나서 참 좋습니다. 한 권의 책으로 인해 가족 여행을 더욱더 오래 추억할 수 있었습니다.

10) 다양한 도서관에 다녀보세요

자주 이용하는 도서관 이외의 도서관에 가보는 것도 책에 관한 관심을 유지할 수 있는 좋은 방법입니다. 아이들은 새로운 도서관에 가면 더 좋아합니다. 낯선 경험이기 때문입니다. 우리 집 옆 도서관에서 못 보던 책을 발견하는 재미도 있습니다. 신간 도서에 가보면 우리 도서관 신간 도서 코너에는 없던 책들이 많이 보입니다. 도서관 내부 어린이실의 실내장식도 달라서 느낌이 새롭습니다. 재미있고 처음 보는 책들이 이렇게 많은데 못 빌려 간다니 아주 아쉽습니다. 아이들은 이 책들을 꼭 빌려 가고 싶다고 징징거립니다. 하지만 걱정할 필요가 없습니다.

'책이음'서비스가 있습니다.

책이음서비스란 하나의 회원증으로 전국 어디서든 도서 대출 서비스를 받을 수 있는 시스템입니다. 내가 빌린 책을 대출한 도서관이 아닌 우리 집 옆 도서관에 반납할 수 있습니다.

책이음서비스로 책도 대여하고 나니 배가 고픕니다. 지하에 가서 밥이나 간식을 사 먹습니다. 도서관마다 매점의 메뉴가 조금씩 다릅니다. 다른 도서관에 와서 밥이나 간식을 먹는 재미도 있습니다. 집에서 자주 다니는 도서관과 책이음서비스가 되는지 먼저 사서 선생님께 여쭤보고 책을 빌리면 좋습니다.

11) 빅북(big book)을 빌려보세요

도서관마다 많지는 않지만 빅북이 있습니다. 일반 그림책보다 3~4배 정도 큰 책입니다. 빅북은 한 권에 6만 원 정도 하므로 개인이 사려면 부담이 됩니다. 빅북은 빌려보세요. 작은 책을 보다가 큰 책을 보는 재미가 있습니다. 세밀하게 묘사된 그림을 더 자세히 볼 수도 있고 책 위에 엎드려서 책을 읽을 수도 있습니다. 책을 이불처럼 덮는 놀이를 해도 좋습니다. 아이가 빅북에 들어가서 숨습니다. 아이에게 책의 접촉 빈도를 높이는 것이 독서교육의 시작입니다.

12) 학교 도서관에 희망도서를 신청해보세요

대부분 학교는 1년에 한 번 책을 삽니다. 그때 희망도서를 신청해보세요. 인터넷 서점이나 그림책 박물관 사이트 같은 곳에서 신간 도서를 검색해서 읽고 싶은 책을 찾아서 안내장에 적어서 학교로 제출하세요. 이 모든 과정을 아이와 함께하세요. 학교 도서관에 신청한 책은 바로 볼 수는 없습니다. 담당 선생님이 책 구매를 위한 회의를 거쳐서 회의록도 만들어야 하고 공고도 해야 하는 등의 과정이 많아서 시간이 조금 걸립니다. 신청해놓고 잊고 있으면 신간 도서가 학교에 옵니다.

13) 학교 도서 도우미로 참여해 보세요

학교 도서 도우미에 참여해 보세요. 학교마다 운영하는 상황에 따라서 다른데 1년에 3~4회 정도 참여하는 것으로 알고 있습니다. 엄마가 학교 도서 도우미로 참여하면 책에 관심이 많은 엄마를 친구로 만들 수 있습니다. 그리고 어떤 책들을 아이들이 많이 빌리는지 알게 되고, 학년에 따른 독서 실태를 직접 눈으로 볼 수 있습니다. 이는 앞으로 우리 아이의 독서교육에도 도움이 됩니다. 마지막으로 엄마가 봉사하는 날이면 아이는 도서관에 즐겁게 갑니다. 오늘은 우리 엄마가 도서관에서 봉사하는 날이기 때문입니다. 그리고 친구들에게 자랑도 합니다. 실제 도서 도우미 봉사를 맡은 부모님들을 만나보면 1학년 때부터 꾸준히 해오시던 분들이 많고 그분들의 자녀들은 책을 좋아하는 아이들이 많습니다. 조금 귀찮을 수 있지만, 여건이 된다면 도우미로 참여해 보세요. 무엇보다 중요한 '우리 아이의 독서 습관'을 위한 계기가 될 수도 있습니다.

도서관 다니기에 관한 Q&A

Q. 선생님과 부모님 중에서 독서 습관은 누가 잡아줄 수 있을까요?

선생님과 부모님 중에서 아이의 독서 습관 형성에 누가 더 많은 영향을 미칠까요? 저는 부모님이라고 확신합니다. 교사의 역할도 어느 정도 필요하지만, 기본은 부모님이 되어야 합니다. 그래서 책 읽어주기와 도서관 다니기가 중요합니다. 책과 거리가 먼 집에서 자란 아이가 책을 좋아하는 선생님과 1년 함께 생활한다고 해서 책을 좋아하는 아이가 되지 않습니다. 책 읽어주기와 도서관 다니기부터 시작해 보세요.

Q. 아이가 어린데 어떻게 도서관에 다니나요?

아이가 어릴 때, 엄마 혼자 아이와 함께 도서관에 가는 것은 참 어렵습니다. 3살, 4살 아이들은 도서관 책꽂이에 꽂힌 책을 꺼내기 바뽑니다. 엄마는 다시 원래 위치에 넣기 바쁘고, 그런 일이 반복되면 도서관에 오지 않습니다. 이때 아빠의 도움이 필요합니다. 실제, 엄마 혼자 어린아이를 데리고 오는 것은 어려우므로 엄마는 아이를 안고 책을 읽어주고 아빠가 대출해갈 도서를 빌립니다. 이렇게 역할 분담을 해서 도서관을 이용하면 좋습니다. 5살만 되어도 엄마랑만 두 명이 도서관에 다녀도 됩니다. 도서관 책 놀이 프로그램에 참여하고 책을 대출해서 맛있는 것 먹으러 갑니다. 어릴 때부터 도서관에 다닌 아이들은 커서도 다닙니다. 하지만 어릴 때 도서관에 다니지 않은 아이들은 커서는 아예 도서관 근처에 가지도 않습니다.

Q. 엄마 혼자 육아 중인데 어떻게 다니나요?

여건상 남편의 도움을 받을 수 없을 때는 책 놀이 프로그램에 참여하는 것부터 시작해 보세요. 대출하려면 책을 고르는 일정 시간이 확보되어야 하는데 엄마랑 아이랑 단둘이 왔을 때는 아이가 엄마 옆에서 떨어지지 않거나 책꽂이의 책을 마음대로 꺼내기 때문에 엄마가 여유를 가지고 대출할 책을 고를 시간이 없습니다. 그럴 때는 1주일에 1번 진행하는 책 놀이 프로그램에 참여하는 것을 시작해 보세요. 그것만으로도 도서관과 책에 관한 관심을 유지할 수 있습니다. 그리고 아이가 어리고 엄마 혼자 아이를 도서관에 데리고 갈 때는 그림책을 한 권씩 찾아가면서 대출할 시간적 여유가 없으므로 많은 양의 책을 빌리는 것을 목표로 두지 않고 도서관에 자주 오는 것을 목표로 삼으면 좋습니다. 5권 정도의 책만 빌려가도 좋습니다.

Q. 엄마가 책을 싫어하는데 어떻게 하나요?

엄마가 책을 싫어하는데 아이가 책을 좋아할 수 있을까요? 엄마가 어른 책을 읽지 않아도 아이에게 그림책을 읽어준다면 가능합니다. 아이를 안고 책을 읽어주는 습관만 들인다면 엄마가 책을 안 읽어도 아이가 책을 좋아할 수 있습니다. 하지만 아직 이런 집은 보지는 못했습니다. 아이가 책을 가까이하는 집은 부모님이 책을 가까이하는 집이 많았고 그중에서도 아이에게 책을 읽어주는 집이 많았습니다. 기억하세요. 내가 책을 좋아하지 않아도 아이에게 책을 읽어주고 도서관만 다닌다면 아이는 책을 좋아합니다.

Q. 도서관에 다니면 좋은 점은?

① 새 책을 좋아하는 아이들

아이들은 읽었던 책을 또 읽기도 하지만 새 책을 더 좋아합니다. 우리 집에는 약 2,000권이 넘는 책이 있습니다. 집에 책이 많지만, 아이들은 도서관에서 책을 빌려 온 날이면 도서관 주차장에 차를 타자마자 책을 봅니다. 집에 도착해서는 현관에 들어오자마자 도서관용 카트를 정리하지 않았는데도 책을 꺼내서 읽어 달라고 합니다. 그리고 그날 저녁에는 저녁 준비를 하는 엄마에게 책 한 권만 읽어주고 요리를 하라고 말을 합니다. 저녁을 먹은 후에는 소파에 앉아서 책을 읽고 동생에게도 책을 읽어줍니다. 다음날은 아침에 일어나자마자 도서관에서 빌려 온 책을 꺼내서 읽어달라고 가지고 옵니다.

온 가족이 코로나에 걸려서 1주일 자가 격리를 한 적이 있습니다. 격리가 끝난 후에도 상태가 많이 안 좋아서 한동안 도서관에 가지 못했습니다. 기력을 회복하고 도서관에 다녀온 날 첫째는 집에 오자마자 소파 위에서 10권의 그림책을 읽었습니다. 그날 자기 전까지 총 20권의 책을 읽었습니다. 그동안 도서관의 신간 도서가 아주 그리웠나 봅니다.

집에 있는 책꽂이에 도서관 책을 주기적으로 바꿔주는 것만으로도 책에 관한 관심을 계속해서 유지할 수 있습니다. 많은 책을 다 사주기에는 비용이 많이 듭니다. 도서관에 다니면 새로운 책들을 공짜로 계속 만날 수 있습니다.

② 독서를 꾸준하게 해주는 도서관 '반납 문자'

도서관에 다니면 반납 하루 전에 문자가 옵니다. 문자를 받으면 책을 정리해서 카트에 넣고 도서관에 가서 반납합니다. 반납하고 빈 카트에는 또 새로운 책을 빌려서 옵니다. 이렇게 도서관에 다니면 '반납 문자'가 주기적으로 오기 때문에 도서관에 계속 다닐 수 있게 됩니다. 성인 독서도 마찬가지입니다. 읽고 싶은 책이 있어서 책을 주기적으로 사더라도 한 번씩은 책을 안 읽는 기간이 있고 또 연속해서 책을 집중해서 읽는 기간도 있습니다. 책을 사지 않아도 도서관에 다니면 '반납 문자'로 인해 독서를 꾸준히 할 수 있게 됩니다.

Q. 책을 덜 읽었어요

도서관에서 책을 빌렸는데 몇 권을 덜 읽었다면 어떻게 해야 할까요? 먼저, 연장이 가능하면 연장 신청을 홈페이지에서 합니다. 도서관마다 운영방식이 다른데 연장할 수 없으면 그냥 바로 반납을 합니다. 도서관에 다니는 목적이 책을 많이, 자주 접하는 것이기 때문에 다 읽지 못한 책이 있더라도 바로 반납을 하고 다른 책을 빌립니다. 바로 반납하지 않으면 연체 처리가 되어서 연체한 날만큼 책을 빌리지 못하게 되기 때문입니다.

Q. 그냥 독서 논술학원 보내면 안 되나요?

저는 전 과목 문제집 풀이를 하는 학원보다는 독서 논술학원이 더 낫다고 생각합니다. 물론 독서 논술학원보다는 부모님이 도서관에 함께 다니고 책을 읽어주는 것이 훨씬 좋지요. 하지만 주말을 이용해서 도서관에 다니는 가족일지라도 맞벌이 가정이면 부모님의 퇴근 시간까지 아이들 맡길 곳이 필요합니다. 그럴 때 독서 논술학원을 선택하는 부모님들을 가끔 봤습니다. 저라면 예체능 학원을 보내겠습니다. 그래도 시간이 남는다면 독서 논술학원을 이용하는 것도 한 가지 방법이 될 수는 있습니다. 책을 가까이하면서 책을 좋아하게 될 수도 있으니까요. 하지만 이런 학원에 보낸다고 해서 부모님이 '책에 관한 관심'을 놓으면 안 됩니다. 그리고 학원을 고를 때에는 숙제를 많이 내준다거나 독서를 한 후에 '쓰기 활동'을 너무 많이 시키는 학원은 추천하지 않습니다. 어떤 상황에서도 우선해야 할 것은 아이가 책에 스트레스를 받지 않고 책을 좋아하게 만드는 것이기 때문입니다.

4장

—

책으로 놀자

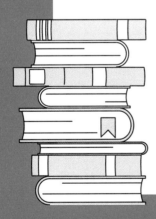

몸으로
놀아주세요

오래전 저녁 시간에 TV를 보고 있었습니다. 그 프로그램에는 책으로 아이들과 놀아주는 아빠가 나왔는데, 책은 읽기만 하는 것인 줄 알고 있던 저에게는 신선한 충격이었습니다. 그 프로그램에 등장했던 분은 『책은 최고의 장난감, 기적의 책 놀이 멘토링』이라는 책을 쓰신 정대근 선생님이었습니다. 그 프로그램을 본 후 '나도 나중에 아빠가 되면 저렇게 책으로 놀아줘야겠다'라고 생각을 했었습니다.

두 딸이 태어난 후 책 속에 소개된 놀이를 하나씩 해보았습니다. 아이는 정말 좋아했습니다. 책을 읽어주기 전에 놀이의 수단으로 책을 활용했습니다. 아이가 특히 좋아했던 몇 가지 놀이를 소개해 드리겠습니다.

어릴 때부터 책을 가지고 놀아본 아이들은 책을 좋아합니다. 학습지 선생님이나 독서 학원에서 책을 처음 접하는 아이들은 책을 공부로 인식을 합니다. 책은 '해내야 하는 숙제'로 인식을 합니다. 하지만 책으로 많이 놀아본 아이들은 책에 대한 거부감이 없습니다. 왜냐하면, 이런 아이들에게 책이란 '즐거움'이기 때문입니다. 약간의 요령만 있으면 책으로 아이와 신나게 놀 수 있습니다.

1) 대문 만들기

대문 만들기는 아이가 2~3살 때 했던 놀이입니다. 책을 세워서 대문을 만들어서 아이가 책을 터치하면 "딩동"이라고 말하면서 책으로 만든 대문을 열어줍니다. 단순한 활동이지만 이 시기의 아이들은 깔깔거리면서 아주 좋아합니다.

2) 성 만들기

성 만들기는 책으로 둥근 성을 만드는 활동입니다. 『수잔네의 봄』과 같은 4M 병풍 책으로 만들어도 좋고 여러 권의 책으로 만들어도 좋습니다. 책으로 둥근 성을 만들고 그 안에 들어가서 간식을 먹고 책을 읽어줍니다. 함께 책으로 성을 만드는 시간 동안 아이의 표정을 한 번 보세요. 세상에서 가장 편안한 표정으로 행복해하는 표정을 짓고 있습니다. 이렇게 책과 함께하는 시간을 많이 보낸 아이는 책을 좋아하게 됩니다.

3) 책 뒤집기

책 뒤집기를 하기 전 먼저 책을 많이 준비합니다. 준비한 책의 반은 앞표지, 나머지 반은 뒤표지가 보이게 놓습니다. 엄마는 앞표지로, 아이는 뒤표지로 뒤집는 게임입니다. 누가 빨리 더 많은 책을 뒤집을 수 있는지 경쟁하는 게임입니다. 이 게임은 아이가 정말 시간이 가는 줄 모르게 재미있게 할 수 있는 게임입니다. 아이의 흥미 유지를 위해 한 번씩은 일부러 져주는 것도 필요합니다.

4) 책 도미노

책 도미노는 책으로 도미노를 만든 후 넘어뜨리는 게임입니다. 책 등을 옆으로 세우는 것보다 책 등이 위로 가게 세우는 것이 더 안정적입니다. 만드는 도중에 넘어지는 책들이 있으므로 중간마다 빈 곳을 만든 후 완성 직전에 빈 곳을 채우면 수고를 덜 수 있습니다.

5) 높이 쌓기

높이 쌓기는 말 그대로 책을 높이 쌓는 게임입니다. 아이 키만큼 높이 쌓기, 더 높이 쌓기로 진행할 수 있습니다. 제한된 책으로 누가 더 높이 쌓는지 게임을 해도 재미있습니다.

6) 몸으로 하는 책 놀이책 소개

몸으로 하는 책 놀이는 책에 대한 행복한 기억의 출발입니다. 어떻게 책으로 놀아줘야 할지 모르는 부모님들에게 좋은 책이 있습니다. 바로 『책은 최고의 장난감, 기적의 책 놀이 멘토링』입니다. 이 책은 몸으로 하는 책 놀이에 대한 많은 내용을 담고 있는 책입니다. KBS《VJ 특공대》에도 출연하신 정대근 작가님의 책입니다.

그림 그리며
놀아주세요

'미술 놀이'라는 말을 들어보셨을 겁니다. '미술 놀이'를 주제로 한 책도 많고 블로그나 카페에도 자료들이 넘칩니다. 미술 놀이는 대부분 영유아, 초등 저학년 때 많이 하는 활동입니다. '미술책 놀이'는 책을 읽고 하는 미술 놀이를 뜻하는 말입니다. 아이에게 책을 읽어준 후 아이와 함께 하는 모든 미술 활동을 '미술책 놀이'라고 말할 수 있습니다.

1) 미술책 놀이 준비하기

미술 놀이 책이나 블로그, 카페에 잘 정리된 미술 활동사진을 보면 어떤 생각이 드시나요? 미술 놀이 책을 쓴 작가가 대단해 보이고 '나는 저렇게 못 해주는데'라는 생각이 들면서 아이에게 혹 미안한 생각이 든 적은 없었나요? 남과 비교는 이제 그만!

아이에게 책을 읽어주는 것만으로도 이미 충분히 좋은 부모의 역할을 다하고 있습니다. 내가 좋은 자료를 만들어내지는 못할지라도 내가 필요할 때 검색을 통해 자료를 잘 활용만 해도 좋습니다.

미술 놀이 관련 책이나 카페, 블로그를 검색하면 최소한의 준비물은 필요합니다. 집에 있는 것들부터 시작하면 됩니다. 색종이, 사인펜, 색연필, 풀, 가위, 테이프와 같은 기본적인 준비물은 꼭 필요합니다. 미술 놀이 관련 책은 도서관에서 미리 빌려 놓으면 좋습니다. 미술 놀이로 괜찮은 카페나 블로그도 즐겨찾기를 해두거나 이웃을 맺어놓으면 편하게 활용할 수 있습니다.

2) 미술 놀이 책 따라 하기

미술 놀이 책에 '물고기 만들기' 활동이 나오면 인터넷 검색창 또는 인터넷 서점 검색창에 '물고기 그림책'이라고 검색합니다. 그러면 『감기 걸린 물고기』, 『길 잃은 무지개 물고기』, 『무지개 물고기와 흰수염 고래』와 같은 물고기와 관련한 그림책이 나옵니다. 검색해서 나온 그림책을 도서관에서 빌려서 아이에게 읽어준 후 미술 놀이 책에 나온 '물고기 만들기' 활동을 아이와 함께합니다.

또 미술 놀이 책에 '달팽이 만들기' 활동이 나오면 도서관 홈페이지 검색창에 '달팽이'라고 검색을 합니다. 『달팽이 찰리에겐 새집이 필요해』,『달팽이 똥 빨주노초』,『요리조리 빙글빙글 작은 달팽이야 어디 가니?』,『요정 꼬끼에뜨와 달팽이 알도의 행복한 집』과 같은 책이 나옵니다. 이 중에서 2~3권의 책을 빌려서 아이에게 읽어준 후 미술 놀이 책에 나와 있는 달팽이 만들기 활동을 합니다.

미술 놀이와 관련한 책을 검색하고 도서관에서 미리 빌려야 하는 수고로움이 있지만, 부모님께서 조금만 관심을 가지면 아이가 더 행복해합니다.

미술 놀이 책에는 다양한 재료로 여러 가지 활동을 소개해 놓았습니다. 관련 그림책을 소개해 놓은 책도 있겠지만 책 소개까지 해 놓은 책은 잘 없으므로 이 과정은 부모님께서 하시면 좋습니다. 아이와 함께 검색해서 찾으면 더 좋습니다. 아이와 함께 검색해서 찾고 도서관에 함께 갔다 온 후에 미술 놀이를 해보세요. 별거 아닌 활동에도 온종일 아이는 행복해합니다.

3) 작가 따라 하기

책을 읽고 하는 미술 놀이는 거창한 활동이 아닙니다. '작가 따라 하기'는 특별한 지식 없이도 아이들과 재미있게 할 수 있는 놀이입니다. 미술 책 놀이에서 작가 따라 하기란 그림책을 읽어주고 그림책과 관련한 미술 활동을 하는 것입니다.

그림책 속에 나온 한 장면을 따라 그리기, 작가 따라서 창의적으로 표현하기와 같은 활동입니다. 작가를 따라 표현해보는 활동은 간단하면서도 아이들이 좋아하는 활동입니다.

유설화 작가님의 『슈퍼거북』을 읽은 날은 '거북이 등딱지'를 그려보는 활동을 합니다.

서현 작가님의 『눈물 바다』를 읽은 날은 '내가 가장 슬펐을 때'를 그립니다. 이처럼 그림책과 관련한 미술 활동을 하면 됩니다.

아래 사진은 에바알머슨의 『모두 식탁으로 모여 봐!』 책을 읽어주고 스티커와 사인펜, 색연필을 이용해서 아래와 같이 그림을 그린 것입니다.

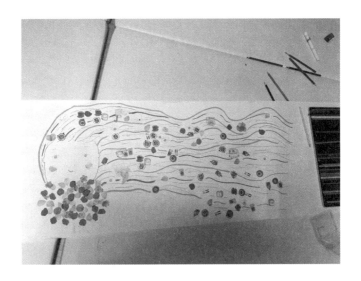

아래 사진은 사이다 작가의 『고구마구마』라는 재미있는 그림책을 읽어주고 창의적으로 표현해본 사진입니다: 아이들은 자신이 만들

어 낸 재미있는 말놀이를 아주 흥미로워했습니다.

위에 제시한 두 가지 사례처럼 '작가 따라 하기'는 미술 놀이, 그림 책에 대해 별다른 지식이 없어도, 특별한 준비물 필요 없이 할 수 있는 활동입니다.

4) 미술 놀이 관련 책

미술 놀이 관련 책 몇 권을 소개해 드립니다. 『창의폭발 엄마표 미술 놀이:3~7세』, 『환이맘의 엄마표 놀이육아』, 『엄마표 미술 놀이 홈 스쿨』, 『창의 폭발 미술 놀이터』, 『창의폭발 엄마표 판타스틱 미술 놀이』, 『하루 30분 그림책 놀이』가 있습니다.

책에 더 흠뻑 빠져보아요

특별한 준비물이 없이 '책 자체'에 대한 관심이 높아질 수 있도록 하는 책 놀이도 있습니다.

1) 가장 많이 팔린 그림책 찾기

가장 많이 팔린 그림책 찾기 활동은 집에 있는 그림책으로도 간단하게 할 수 있는 놀이입니다. 그림책 한 권을 읽어준 후 속지에 보면 책의 주민등록증에 해당하는 부분이 있습니다. 책이 언제 출판되었고 몇 쇄를 찍었는지 등에 대한 정보가 담긴 부분을 찾아서 '쇄'의 개념을 아이에게 설명해 줍니다. 작가가 출판사와 계약 하기에 따라서 1쇄 때 찍어내는 책의 권수가 다름을 알려줍니다. 다른 책 2~3권을 골라서 몇 쇄까지 찍었는지 확인합니다. 우리 집에 있는 그림책 중에서 가장 많이 팔린 책이 어떤 책인지 아이와 함께 찾아보세요. 약간의 경쟁요소를 넣으면 아이는 열심히 책을 펼쳐서 찾습니다.

"아빠가 찾은 책은 12쇄까지 나온 책이네. 이것보다 더 많이 팔린 책을 우리 함께 찾아볼까?" 하고 말하고 아이와 함께 집에 있는 책꽂이에서 찾습니다. 도서관에서 같은 작가의 책 중에서 가장 많이 팔린 책 찾기를 해도 좋습니다.

2) 면지의 의미가 다른 그림책 찾기

『부끄럼 타는 아이 핼리벗 잭슨』속 주인공 핼리벗 잭슨은 부끄럼이 많습니다. 그래서 남들 눈에 띄는 것을 최대한 피하려고 도서관에 갈 때는 책무늬 옷을 입고 마트에 갈 때는 사과무늬 옷을 입고 갑니다. 이 책의 앞면지에는 노을을 바라보고 서 있는 핼리벗 잭슨의 뒷모습이 보입니다. 이때 핼리벗 잭슨은 노을 색과 같은 분홍색의 옷을 입고 있습니다. 하지만 뒷면지에는 앞 면지와 같은 그림인데 핼리벗 잭슨이 노을을 바라보면서 흰색과 파란색의 줄무늬의 옷을 입고 있습니다. 면지의 의미가 다른 이유는 핼리벗 잭슨이 그림책 속 사건을 해결하는 과정에서 부끄럼을 극복했기 때문입니다.

이처럼 아이와 함께 집에 있는 그림책 중에서 면지의 앞뒤 의미가 다른 그림책을 찾습니다. 여러 그림책을 찾은 후 그중에서 가장 읽고 싶어 하는 그림책 1권을 읽고 면지의 그림 의미에 대해 아이와 함께 이야기합니다. 평소에 그림책을 읽어줄 때 읽어준 후 면지의 의미를 함께 알아보는 활동을 꾸준히 하면 아이가 면지에 관심을 가집니다.

3) 면지에 그림 그리기

면지에 아무런 그림이 없는 책도 많습니다. 그런 그림책에 의미를 담아 앞뒤 면지에 그리기를 하는 것도 재미있습니다. 아래 사진은 2학년 학생이 『돼지 책』의 면지에 그림을 그린 사진입니다. 앞 면지에는 엄마와 나머지 가족들의 거리가 조금 멀고 엄마는 표정이 안 좋습니다. 하지만 뒷 면지에는 모든 가족이 가까이 있고 엄마도 웃고 있습니다. 이처럼 그림책의 내용을 담아서 면지에 그림 그리는 활동을 하면 아이들이 무척 재미있어합니다.

대부분 그림책은 종이가 코팅되어 있기 때문에 색연필보다는 네임펜이나 사인펜으로 그림을 그리는 것이 좋습니다. 색연필로 그리고 색칠하면 조금만 지나면 종이가 지저분해지기 때문입니다.

면지에 그림 그리기를 한 아이들은 다른 그림책을 읽어도 면지를 그냥 넘기지 않고 면지를 자세히 관찰한 후에 달라진 그림을 비교해서 설명합니다.

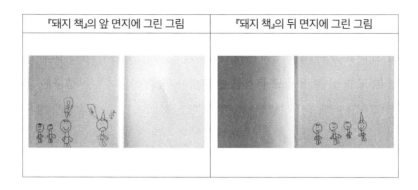

| 『돼지 책』의 앞 면지에 그린 그림 | 『돼지 책』의 뒤 면지에 그린 그림 |

4) 재미있는 바코드가 있는 그림책 찾기

모든 그림책 뒤표지에는 바코드가 있습니다. 대부분 네모 모양으로 디자인이 되어있는데, 네모 모양의 바코드를 둘러싼 부분을 그림책의 내용과 관련지어 창의적으로 디자인한 그림책들이 있습니다. 또는 바코드 모양 자체를 변형시켜서 만든 그림책도 간혹 있습니다.

『아무거나 먹어 치우는 늑대』의 바코드를 보면 바코드는 그대로 둔 채 늑대가 어린양을 집어삼키기 직전의 모습으로 디자인해놓았습니다.

아이와 함께 집이나 도서관에서 창의적인 바코드가 있는 그림책 찾기를 해보세요. 창의적인 바코드 디자인을 한 책이 그렇게 많지는 않기 때문에 도서관에서 하면 더 많이 찾을 수 있습니다.

『아무거나 먹어 치우는 늑대』의 바코드	『임금님 집에 예쁜 옷을 입혀요』의 바코드	『강아지똥 밟은 날』의 바코드

5) 내가 만드는 바코드

검색 사이트의 검색창에 '창의적인 바코드'라고 검색을 하면 바코드 자체의 모양을 바꾸어서 디자인한 것들을 많이 볼 수 있습니다. 진짜 제품에까지 쓰인 경우도 볼 수 있습니다. 이런 창의적인 바코드 사진을 아이에게 많이 보여주세요.

기발한 바코드를 본 아이는 "와 대단하다. 어떻게 이런 생각을 하지? 진짜 창의적으로 생각했다." 이런 말을 합니다. 그리고 '바코드'라고 검색을 해서 나오는 일반 네모 모양의 바코드를 여러 개 프린트 해주세요. 바코드를 자르고 붙이고 색칠해가면서 나만의 창의적인 바코드 만들기를 아이와 함께 해보세요. 그렇게 만든 바코드들을 모아서 책으로 만들어 주세요. 이렇게 내가 직접 바코드를 만들어 본 아이들은 그림책 뒤표지에 있는 바코드에 관심을 끌게 됩니다. 우리 아이의 창의력을 엿볼 기회이기도 합니다.

6) 제목 디자인이 재미있는 책 찾기

『꽁꽁꽁』그림책은 냉장고 속에서 벌어지는 친구들의 한바탕 소동에 관한 이야기입니다. 술에 취한 아빠가 집에 와서 아이스크림을 냉장고에 넣고 실수로 문을 안 닫습니다. 아이스크림이 녹으면서 사건은 진행되는데 제목 '꽁꽁꽁'에는 아이스크림이 녹는 것처럼 글자가 아래로 갈수록 녹고 있는 것으로 디자인을 해 놓았습니다. 이처럼 그림책의 내용을 담아 제목 디자인을 한 그림책들이 많습니다. 아래에 소개해 놓은 그림책을 온라인 서점 사이트에서 검색하면서 아이와 함께 제목에 의미를 담아 디자인 한 책을 먼저 알아보세요. 그 후 집에 있는 책부터 아이와 함께 찾아보세요. 도서관에 가는 날 도서관에 있는 책들도 함께 찾아보세요.

동글동글 판다, 빵도둑, 표지판이 뿔났다, 꼬리 꼬리 꼬꼬리, 유령 카레, 꼬리가 생긴 날에는?, 공룡아 다모여!, 먹구름 열차, 야옹이야 나야?, 손바닥 상어, 내 키의 비밀, 꽁꽁꽁, 꽁꽁꽁 피자, 만두의 더운 날, 풀잎 국수, 손바닥 공룡, 미장이, 알 속으로 돌아가, 바느질은 내가 최고야, 나는 개구리다, 그림자 하나, 엉덩이 학교, 악어가 온다, 오리 아빠, 머리하는 날

7) 제목 디자인하기

아래 내용은 제목의 위치, 크기, 방향, 색 등에 변화를 준 그림책들을 소개해 놓은 것입니다. 온라인 서점 사이트에서 아이와 함께 아래 그림책들을 검색해 보고 제목 디자인의 어떤 부분을 변화시켰고 강조했는지 이야기 나누어 보세요. 그 후에 아이에게 그림책을 한 권 읽어주세요. 스케치북에 사인펜을 이용해서 한 개의 제목으로 여러 버전의 제목을 디자인해보세요. 같은 제목이라도 크기, 방향, 색, 글자체 등에 변화를 주면 새롭게 보입니다.

① 제목 디자인의 위치가 중간이 아닌 책

대부분 그림책은 제목이 책의 위쪽 중앙에 가로로 있습니다. 위치와 나열 형태만 바뀌어도 그림책의 느낌이 달라지고 주목도가 올라갑니다. 아래의 책들은 제목이 세로로 되어있거나 책의 중간, 밑, 두 방향에 있는 그림책들입니다.

세로	중간	밑	두 방향
변기 아저씨, 내 고양이는 말이야, 똥의 정체, 괜찮아요 괜찮아, 훌러덩, 끼인날, 꽃이 온다, 숨이 차오를 때까지, 누구나 멈춘다, 꿀 한방울이 뚝!, 진짜 내 소원, 눈썹 세는 날, 밤버스, 사탕트리, 쫄보 얼룽이, 네가 울 때에, 보이니?, 아기똥, 벚꽃팝콘, 상어지우개, 도토리 줍지 싫은 날, 3초 다이빙	내가 진짜 고양이 곰돌이 팬티 문어가 슝 나무가 사라진 나라 봄은 고양이 방구석요가 앗! 내모자(심보영)	주먹밥이 데굴데굴 내가 듣고 싶은 말 샌드위치 소풍 나는 도서관입니다 모자 친구 코뿔소가 달려간다 개구리 우산이 물었어 떡국의 마음	아래와 위 - 털털한 아롱이 위와 오른쪽 - 엄마가 보고 싶어

② 제목 디자인에 변화를 준 책

　제목 글자의 크기에 변화를 주거나 특정 글자의 색을 달리해도 독자가 책에 집중할 수 있도록 해줍니다. 한 줄에 써도 될 제목을 2줄, 3줄에 걸쳐서 적는 변화와 글자의 방향을 삐뚤삐뚤 적는 것도 작가가 의도한 것들입니다. 이런 책들의 표지를 보면서 아이와 함께 이야기를 나눠보세요. 어느새 아이는 부모가 찾지 못한 디자인을 찾아서 말해 줄 겁니다.

크기 변화	색 변화	줄 변화	방향 변화
대단한 방귀 여덟살 오지마 장독대의 비밀 똥 마려워 내 키가 더 커! 손을 왜 씻어야돼요? 닥터 브라우니가 작아 졌어요 나만 몰랐던 잠 이야기	봄이 오는 소리(정인 철), 줄줄이 호떡, 손바닥 상어, 꽁꽁꽁 피자 엉덩이 심판 새빨간 거짓말 호야의 숲속 산책 나는 태양의 아이 내일 또 싸우자 봄일까? 가을일까? 솜사탕을 든 아이	삶은 달걀 털실이 통통 엉덩이 올림픽 너도 가끔 그렇지? 난 그냥 나야 숲속 사진관에 온 편지	굴러굴러 별거없어

③ 제목 디자인이 특이한 책

제목의 크기가 책 대부분을 차지하는 책도 있고 제목이 거꾸로 쓰인 책도 있습니다. 이 또한 독자의 관심을 의도한 디자인입니다.

제목의 크기가 아주 큰 책	제목이 거꾸로 쓰인 책
누가 숲을 지켰을까?, 진짜 크고 못된 돼지, 대단한 방귀, 책을 찾아간 아이	치과가는 길, 따뜻해(김환영), 이상한 집

④ 제목이 일자형 모양이 아니라 다양한 모양의 책

제목이 일자형이 아니라 대각선, 무지개형, 둥근 모양 등 다양한 모양으로 되어있는 책들도 아이들에게 소개해주세요. 그림책을 보는 아이의 시각이 더 넓어집니다.

엄지가 집을 나갔어요, 어디로 갔을까?, 거봐 안 무섭지?, 선물이 툭!, 눈썰매타는 임금님, 어쩌다 슈퍼스타, 이불이 좋아, 가을 아침에, 동생 없는 날, 커다란 커다란, 커다란방귀, 귀신님 날 보러와요, 아기 늘보가 뿌우, 코딱지 할아버지, 밥먹자, 어둠속 이야기, 잘했어 쌍둥이 장갑, 날아갈 것 같아요, 으랏차차 흙

아래 사진은 데이비드 위즈너의 『시간상자』의 표지를 디자인한 사진 모음입니다. '시간 상자'라는 제목의 위치와 방향, 크기, 굵기에 변화를 주면서 표지를 디자인하였습니다.

부모님께서 책 표지를 스캔하거나 사진을 찍은 후 사진편집 프로그램으로 제목을 없애주세요. 컬러 프린트를 한 후 아이와 함께 제목 디자인을 해보세요. 부모님이 조금 수고스럽지만 아이는 아마 아주 좋아할 겁니다.

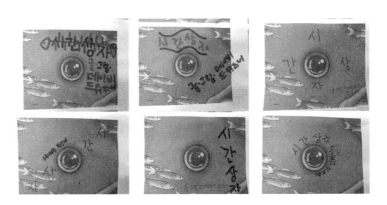

8) 퍼즐에 책표지 디자인하기

한 번씩 퍼즐에 책 표지 또는 책 내용을 그림으로 그린 후 퍼즐 맞추기를 해보세요. 검색창에 '무지 퍼즐'이라고 검색하면 네모, 하트, 곰, 별 등 다양한 모양의 종이 퍼즐이 나옵니다. 한 개에 500원 정도로 저렴합니다. 배송비가 있으므로 다양한 종류를 한 번에 장바구니에 담아 결재하면 좋습니다. 같은 모양은 아이가 쉽게 질려하므로 한 번 살 때 여러 가지 모양을 담으면 좋습니다.

비가 오거나 미세먼지가 심해서 밖에 못 나가는 그런 날 아이에게 책을 한 권 읽어주세요. 읽은 책 표지를 퍼즐에 그린 후 아이와 바꿔서 누가 빨리 맞추나 게임을 해보세요. 생각보다 아이들이 많이 좋아합니다. 무지 퍼즐의 내구성이 약한 것은 조금 아쉽습니다.

9) 띠지 만들기

띠지는 독자의 관심을 사로잡기 위한 출판사의 홍보 수단 중 하나입니다. 띠지에는 책을 대표하는 카피와 추천사 또는 수상작, 책의 내용 중 일부가 표시되어 있습니다. 2학년 1학기 국어책에는 책 띠지를 만들어 친구들에게 발표하는 부분이 나옵니다. 그림책을 한 권 골라 아이에게 읽어주고 아이와 함께 띠지를 만들어 보세요. 글자 크기와 색에 변화를 주고 책을 대표하는 한 문장, 책을 홍보하는 말 등으로 구성하면 됩니다. 책 띠지와 관련한 신문기사[20]도 함께 읽은 후 진행하면 더 좋습니다.

---

20. 〈책 표지를 감싸는 감성의 옷… 띠지가 크고 화려해졌어요〉, 동아일보, 2014.06.11

10) 책갈피 만들기

　두꺼운 책을 이제 막 읽기 시작했을 때 책갈피 만들기를 하면 좋습니다. 가족 책갈피를 함께 만들어서 독서하는 가족문화를 만들어도 좋습니다. 은행 잎 같은 낙엽이나 예쁜 꽃잎을 말려서 네임펜을 이용해서 독서 다짐, 독서 관련 명언 같은 글을 적어서 코팅해서 활용해도 좋습니다. 잘라 쓰는 자석을 이용해서 자석 책갈피로 만들어도 좋습니다. voila 앱(App)을 활용해서 3d cartoon으로 만들어 주면 아이들이 참 좋아합니다. 가족의 사진을 편집해서 우리 가족만의 책갈피를 만들어도 좋습니다.

독서 다짐 책갈피 만들기
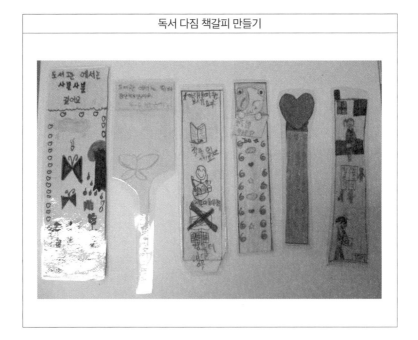

자석 책갈피
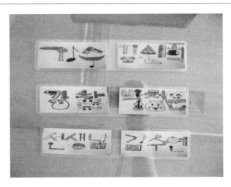
낙엽으로 책갈피 만들기

voila 앱으로 책갈피 만들기

11) 청구기호를 이용한 책 찾기

책 찾기도 즐거운 놀이가 될 수 있습니다. 『책은 어떻게 찾을까?』 (아카기 간코) 책은 도서관에서 책을 찾는 방법에 관해 알려주는 책입니다. 이 책에는 청구기호의 개념과 책을 찾는 방법을 재미있게 소개해 놓았습니다. 이 책을 미리 읽어주고 책 찾는 방법을 가르쳐줍니다. 청구기호의 개념과 책 찾는 방법을 자세하게 알려준 후 책 찾기 활동을 합니다.

① 아이가 찾기

부모님께서 약간의 준비를 하시면 가능한 놀이입니다. A4 용지를 8등분 한 작은 종이를 준비해서 반으로 접어서 자릅니다. 그 후에 아이가 읽었으면 하는 재미있는 책을 한 권을 정해서 도서관 책 검색을 합니다. 검색을 통해 나온 청구기호를 한쪽에 적고 나머지 한쪽에는 책 제목을 적습니다. 아이에게 청구기호가 적힌 부분을 찢어서 주고 책을 찾아오라고 합니다. 책을 찾아오면 맞게 찾아왔는지 나머지 종이에 적힌 제목으로 확인합니다.

② 아이와 부모님이 대결하기

아이에게도 엄마가 찾아야 할 책 한 권을 정하게 한 다음 청구기호와 책 제목을 쓰게 하고 부모님과 동시에 시작하는 방법도 있습니다. 서로 바꾼 종이를 들고 누가 빨리 찾아오는지 대결하는 게임입니다. 아이들은 경쟁의 요소를 넣으면 더 활발하게 게임에 참여합니다. 아이의 속도를 고려해서 일부러 져주는 것은 당연합니다.

12) 추천 도서목록 보고 책 빌리기

추천 도서목록이 적힌 종이나 추천 도서목록이 적힌 책이 있으면 목록을 보고 마음에 드는 책을 골라서 검색해서 빌리는 활동도 책에 관한 관심을 높이는 방법의 하나입니다. 추천 도서목록에는 대부분 책의 표지와 함께 책에 대한 짧은 설명이 있습니다. 아이와 함께 읽어본 책에 관해 이야기를 나누면서 읽어보고 싶은 책을 함께 골라보세요.

13) 두께가 1~5cm 책 찾기

2학년 1학기 수학 시간에는 1cm를 배웁니다. 1cm의 개념을 배운 뒤 자를 이용하여 물건의 길이를 재는 활동이 나옵니다. 이때 자를 들고 도서관으로 향합니다. 대부분 그림책의 두께는 약 1cm 정도입니다. 도서관에서 책 한 권의 두께가 1~5cm인 책을 찾습니다. 찾기가 어려우면 두세 권을 합한 두께를 측정해도 좋습니다. 사전류는 두꺼워서 찾기 좋습니다. 아이와 함께 꼭 해보세요. 집에 있는 책장의 책으로 해도 좋습니다. 의외로 아이들은 무척 신납니다.

14) 책을 더 알게 되는 책 놀이책 소개

　도서관과 집에서, 책에 대해 더 알 수 있게 해주고, 책을 더 가까이할 수 있게 도와주는 책 놀이를 소개해 놓은 책들은 아래와 같습니다. 『책으로 행복한 북적북적 책 놀이』, 『콩닥콩닥 신명 나는 책 놀이』, 『책벌레 선생님의 행복한 책 놀이』

책을 만들며
놀아요

책을 읽은 후에 하는 활동 중에 아이들이 가장 싫어하는 활동은 '독후감 쓰기'입니다. 하지만 '메이킹북' 활동은 아이들이 좋아합니다. 그만큼 아이들은 무엇인가를 직접 만들어 보는 활동에 흥미를 느낍니다. 독서 후에 꼭 글로 무엇인가를 표현해야 하는 것은 아닙니다. 간단하게 A4 용지를 활용한 책 만들기부터 시작해 보세요.

1) 가장 기본적인 책 만들기

메이킹북은 특별한 재능이 있거나 메이킹북에 대해 다양한 지식이 있는 선생님들이 하는 것이 아닌가? 하는 생각을 하시는 부모님들이 간혹 계십니다. 전문적인 메이킹북은 그렇지만 집에서 우리 아이와 만드는 메이킹북은 특별한 지식이나 비결이 필요한 것은 아닙니다. 메이킹북을 잘 몰라도 아이와 함께 간단하게 책을 만들 수 있습니다.

'A4 종이로 책 만들기'와 '스크랩북으로 책 만들기'만 해도 아이들은 좋아합니다. 책을 만드는 방법은 다양합니다. 가장 기본적인 방법은 A4 종이를 팔 등분 해서 만드는 방법이 있습니다. 검색창에 'A4 종이로 책 만들기'라고 검색을 하면 다양한 사례를 볼 수 있습니다. 색종이를 여러 장 이용해서 만들 수도 있습니다. A4 종이와 색종이를 이용하는 방법은 간단해서 좋습니다. 특별한 준비가 필요 없이 바로바로 만들 수 있습니다. 하지만 보관하기에 좋지 않습니다. 책의 형태로 일정한 크기가 유지되지도 않고 책꽂이에 두기에도 어렵습니다. 별도의 보관 상자가 필요합니다. A4 용지나 색종이의 장점은 크지만 대부분 보관이 어려우므로 만든 후 1주일 정도 지나면 버리는 가정이 많습니다. 그때는 '스크랩북'으로 책 만들기를 한번 해보세요.

2) 스크랩북이 뭐예요?

'스크랩북'이라고 들어보셨나요? 사전에는 스크랩북을 '신문, 잡지 따위에서 필요한 부분만을 오린 것을 보관하기 위하여 책처럼 만든 것[21]이라고 나와 있습니다.

인터넷에는 다양한 스크랩북을 파는데 '무지 스크랩북 5p'라고 검색하면 됩니다. 종류는 5p(겉지 포함 10페이지), 10p(겉지 포함 20페이지) 두 가지 종류가 있습니다. 가격은 5p(약 500원), 10p(약 1,000원)입니다. 배송비가 붙기 때문에 한 번에 살 때 여러 개를 사 놓으면 배송비를 아낄 수 있습니다.

첫 시작은 5p로 하는 것이 좋습니다. 5p라고 해도 표지까지 하면 총 10페이지입니다. 처음부터 10p로 시작하면 아이가 너무 힘들어합니다. 아이들은 자신이 만든 책을 빨리 만나보고 싶은데 완성하기까지 너무 많은 시간이 필요하면 집중력이 아직 낮은 어린아이들은 쉽게 포기합니다. 첫 시작은 5p로 해주세요.

스크랩북으로 책을 만들 때는 색연필보다 네임펜이나 사인펜으로 하는 것이 좋습니다. 스크랩북이 약간 코팅이 되어있으므로 색연필로 하면 깔끔하게 색이 잘 칠해지지도 않고 시간이 지날수록 색칠한 부분이 서로 부딪치면서 더러워집니다. 그래서 네임펜이나 사인펜으로 하면 더 좋습니다.

집에서 A4 종이로 책을 만드는 것도 좋지만 A4 용지 한 장으로 만든 종이책은 보관하기가 쉽지 않고 빨리 찢어집니다. 하지만 스크랩북은 튼튼해서 책처럼 책꽂이에 두고 보관하기 좋습니다. 500원으로 우리 아이만의 책 한 권을 만들 수 있습니다.

---

21.   네이버 표준국어대사전 '스크랩북'

3) 스크랩북으로 책 만드는 6가지 방법

① 알고 있는 책 다시 만들기

스크랩북을 이용해서 아이와 처음으로 책을 만들 때는 순수 창작
책보다는 아이가 좋아하는 책, 아이가 읽어본 책을 다시 만드는 것이
좋습니다. 이미 알고 있는 내용과 그림으로 책을 만들기 때문에 아이
도 엄마도 창작에 대한 큰 부담 없이 만들 수 있습니다.

───(그림책 내용 그대로 만들기)───

『사과가 쿵』

위 그림은 첫째가 6살 때 만든 책입니다. 『사과가 쿵』을 읽고 만들
었습니다. 앞표지와 뒤표지를 만들고, 앞표지에 글 쓰고 그림 그린

사람 이름을 아이 이름을 적습니다. 뒤표지에는 바코드도 함께 만듭니다. 예쁜 스티커가 있으면 붙여도 좋습니다. 다소 완성도는 떨어지더라도 그림책을 함께 읽고 아이와 이야기를 나누는 그 시간이 소중합니다. 아이와 시간을 함께 보내고 나서 선물같이 주어지는 것이 만들어진 스크랩북 책입니다.

『추피가 자전거를 타요』

『추피가 자전거를 타요』를 읽고 첫째가 만든 책입니다. 첫째는 유난히 추피 시리즈를 좋아했습니다. 추피 책을 보면서 아직 글자는 모르지만 한 글자 한 글자 보고 따라 적는 모습이 귀여웠습니다.

─────── (그림책을 바탕으로 창의적으로 만들기) ───────

그림책을 읽어주고 그림책의 형식을 본떠서 책으로 만들어도 좋습니다. 그림책의 주제를 가지고 내용을 바꾸어서 책을 만드는 방법입니다. 『수박수영장』 책을 읽고 '과일 수영장' 책을 만듭니다. 아래 사진은 『어떤 이불이 좋아?』라는 책을 읽어주고 '어떤 이불이 좋아?' 책을 만든 것입니다. 꼭 한 번씩 해보세요. 아이들이 정말 좋아합니다.

② 내 경험으로 책 만들기

가족과 함께 여행을 다녀와서 찍은 사진과 여행지에서 얻은 팸플릿으로 책을 만들어도 좋습니다. 또, 딸기 따기와 같은 체험학습을 한 후에 찍은 사진을 프린트하고 딸기 자연 관찰 책을 읽어주고 책을 만들어도 좋습니다. 아래 사진은 대구 고산골 공룡공원에 가족 여행을 갔다 온 후 만든 책입니다.

③ 배운 내용으로 책 만들기

유치원이나 학교에서 배운 내용으로 책으로 만들어도 좋습니다. 배추흰나비의 한 살이는 3학년 1학기 과학에 나옵니다. 과학 시간에 배운 내용으로 배추흰나비의 한 살이에 대한 책을 만듭니다. 3학년 1학기 국어에 국어사전에 대해서 배우는데, 내가 모르는 단어를 스크랩북에 정리해도 좋습니다. 자연 관찰 책을 읽고 고구마, 펭귄과 같이 한 개의 주제를 골라서 몰랐던 내용 위주로 책을 만들어도 좋습니다.

아래 사진은 첫째가 6살 때 어린이집에서 배운 후 올챙이와 개구리의 사진을 도장을 찍어서 가져온 종이를 가지고 개구리의 한살이에 대해 만든 글 없는 그림책입니다.

아래 사진은 우리나라의 태극기에 대해 어린이집에서 배운 날 집에 있던 태극기 스티커를 이용해서 태극기 책을 만든 것입니다.

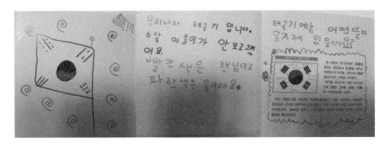

④ 새로운 내용으로 창작하기

그림책을 꾸준히 많이 읽고, 스크랩북으로 책 만들기를 여러 번 한 후에는 새로운 내용으로 창작해도 좋습니다. 아이가 스토리를 짜고 스스로 그림을 그려서 완성합니다. 처음부터 욕심은 내지 않고 5p로 시작하는 것이 좋습니다. 빨리 완성품이 나와야 아이는 만족하고 또 다음 작품을 만들기 때문입니다. 아이가 아직 한글을 못 쓴다면 부모님이 대신 적어주세요.

아래 사진은 '허니콤 종이'를 이용해서 팝업 그림책을 만든 사진입니다. 책을 펼치면 신기한 팝업 그림이 생기기 때문에 아이들이 무척 좋아합니다. '허니콤 종이'를 구매하셔서 아이들과 한 번 꼭 만들어보세요.

⑤ 만든 책으로 책 만들기

여행을 가서 즉흥적으로 A4 용지를 팔 등분 하여 책을 만들었다면 버리지 말고 그 종이를 잘라서 스크랩북에 붙여서 책으로 만들어주세요. 아이들의 소중한 경험을 더 오래 간직할 수 있습니다.

4) 메이킹북 책 소개

혹시 다양한 메이킹북에 관심이 있으시면 아래 책들을 참고해 보세요.

『아이들과 함께하는 교실 속 책 만들기』, 『즐거운 책 만들기』, 『아이들과 함께하는 팝업북 만들기』,『방과후 어린이 북아트』,『즐거운 북아트교실』,『전래동화 북아트 만들기』,『메이킹 팝업북』,『입체도형 팝업카드 만들기』

한글 배우며
책으로 놀아요

1) 한글 관련 그림책 소개

한글을 처음 배울 때 활용하기 좋은 그림책을 소개합니다.

몸으로 배우는 ㄱㄴㄷ	손으로 몸으로 ㄱㄴㄷ	옆의 그림책을 참고해서 아이와 함께 손과 몸으로 ㄱㄴㄷ을 만들어 보세요.
	요렇게 해봐요 (내 몸으로 ㄱㄴㄷ)	
	고양이는 다 된다 ㄱㄴㄷ	
	표정으로 배우는 ㄱㄴㄷ	

자음	기차 ㄱㄴㄷ	ㄱㄴㄷ 책을 읽고 공책에 한글 공부를 하기 이전에 '가'로 시작하는 말은? 놀이, 블록으로 자음 모음 만들기, 아이클레이로 자음, 모음 만들기, 끝말 잇기 놀이, 모래에 자음, 모음 쓰기, 콩으로 자음 모음 만들기 등 다양한 활동을 해보세요.
	똥이랑 ㄱㄴㄷ	
	요리요리 ㄱㄴㄷ	
	맛있는 ㄱㄴㄷ	
	행복한 ㄱㄴㄷ	
	숨바꼭질 ㄱㄴㄷ	
	냠냠 한글 가나다	
	개구쟁이 ㄱㄴㄷ	
	생일축하해요 ㄱㄴㄷ	
	변신! ㄱㄴㄷ	
	놀자 가나다	
	생각하는 ㄱㄴㄷ	
	코끼리가 수놓은 아름다운 한글	
모음	숨바꼭질 ㅏㅑㅓㅕ	
	펭토벤과 아야어여	
글자 놀이	ㄱㄴㄷ뷔페	끝말잇기 놀이, 자음 모음 책 만들기와 같은 활동을 해 보세요. 마트 전단에서 글자 찾기, 자음을 잘라서 다른 단어 만들기 활동도 재미있습니다. ㄱㄴㄷ뷔페는 노래도 있습니다. 유튜브에서 'ㄱㄴㄷ뷔페'라고 검색해 보세요. 아이가 무척 좋아합니다.
	글자가 사라진다면	
	뭐든지 나라의 가나다	
	글자셰이크	
	단어 수집가	
	낱말 수집가 맥스	

2) 자음 그림자놀이

핸드폰의 '손전등' 기능을 이용해서 손으로 자음을 만들어 보는 활동입니다. 손으로 단순히 자음을 만들어 보는 것과 달리 그림자를 이용하면 아이의 관심을 더 끌어낼 수 있습니다. 한글 관련 그림책을 잠자리에서 읽어준 후 엄마의 시범으로 시작합니다. 조금 어려운 것이 나오면 엄마가 힌트를 줍니다.

3) 자음, 모음 빙고

A4 용지를 네 등분 해서 한 쪽지당 16칸의 칸을 그립니다. 아이와 한 장씩 나누어 가지고 ㄱ부터 ㅎ까지 씁니다. 남은 2칸에는 원하는 자음을 2개 더 씁니다. 아이와 함께 3줄 빙고 또는 4줄 빙고를 합니다. 자음의 글자를 "기역"이라고 외치면서 ㄱ에 동그라미를 칩니다. 모음은 ㅏ부터 ㅣ까지 쓴 후 남은 6칸에는 더 쓰고 싶은 모음을 씁니다. 빙고하는 방식은 자음과 같습니다. 빙고 놀이를 통해 자음과 모음을 재미있게 익힐 수 있습니다.

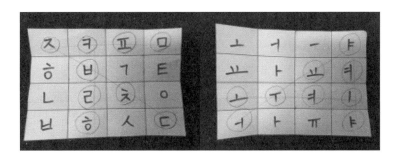

4) 라온 보드게임

가장 대표적인 한글 보드게임입니다. 플라스틱으로 된 자음 44개,

모음 36개, 모래시계 1개로 구성이 되어있습니다. 자음과 모음 타일을 이용해서 제한 시간 안에 최대한 많은 단어를 만들어내는 사람이 이기는 게임입니다. 게임의 형식은 조금씩 바꾸어서 진행하면 됩니다.

전래동화나 그림책을 읽어준 후 책 속에 나오는 단어를 최대한 많이 만드는 게임을 하면 책도 읽고 게임도 하고 아이들이 좋아합니다. 직접 아이가 만져서 단어를 만들어내는 게임이기 때문에 아이들에게 인기가 많은 게임입니다. 약 25000원 정도 합니다. 아이가 7살쯤 되면 하나 사주세요. 많이 활용합니다. 플라스틱으로 타일이 만들어져 있어서 내구성도 좋습니다. 타일이 플라스틱이 아니라 종이로 만든 '종이 라온', 주사위에 자음과 모음을 표시해서 재미의 요소를 더 넣은 '주사위 라온'도 있습니다.

5) 그림책 제목에서 자음, 모음 찾기 놀이

① 그림책 제목에서 자음 순서대로 모으기

기역으로 시작하는 그림책부터 히읗으로 시작하는 그림책까지 자음 순서대로 책을 찾아서 모으기 하는 활동입니다. 자음을 배우면서 간단하게 할 수 있는 활동입니다. 책꽂이에 있는 책의 제목을 자세하게 관찰하면서 아이는 자음을 배웁니다. 학습지와 연필을 가지고 하는 자음 공부가 아니라 '책 찾기 놀이'를 통해 자연스럽고 재미있게 자음을 배울 수 있습니다.

② 그림책 제목에서 자음 찾기

그림책 제목에서 '기역이 두 개 있는 그림책 찾기', '비읍이 한 개 있는 그림책 찾기'와 같이 제목 속에서 자음을 찾는 활동입니다. 아이와 함께 엄마가 번갈아 가면서 서로 문제를 내고 누가 더 빨리 찾는지 게임을 하듯이 책 찾기 놀이를 합니다. 한 권 찾기 놀이를 한 후에는 '시옷이 2개 들어간 책 3권 찾기', '니은과 비읍이 들어간 책 1권 찾기' 등과 같이 변형을 해서 진행을 합니다. 아이가 문제를 내게끔 하면 더 좋습니다.

③ 그림책 제목에서 모음 찾기

자음 찾기와 같은 방식으로 진행합니다. 처음에는 그림책 제목에서 'ㅏ가 들어간 그림책 찾기'와 같은 것을 미션으로 하고 어느 정도 한 다음에는 'ㅏ가 3번 들어간 그림책 찾기', 'ㅏ와 ㅓ가 들어간 그림책 찾기'와 같이 바꾸어서 진행합니다. 아이는 "엄마! 알사탕 그림책에는 ㅏ가 3번 들어가 있어 찾았어!"라고 신나하며 책을 찾아서 옵니다. 엄마보다 먼저 찾을 수 있도록 한 번씩은 져주세요.

6) 자음 그림책 보고 책 만들기 놀이

자음을 배우면서 '자음책' 만들기를 해 보세요. 생각보다 아이들은 많이 좋아합니다. 단순히 '가'또는 '기역'으로 시작하는 동물, 음식 등을 그려도 되고『ㄱㄴㄷ동물원』처럼 간단한 스토리를 넣어서 만들어도 됩니다. 그림책에 관심이 많고 그림책을 많이 읽은 아이들은『뭐든지 나라의 가나다』와 같이 스토리가 강한 그림책을 만들어도 좋습니다. 스크랩북에 만들면 오래 보관할 수 있어서 좋습니다.

아래 내용은 자음 그림책을 만들 때 참고할 수 있는 동물과 음식의 예시입니다. 아이와 함께 책을 만들어보세요.

ㄱㄴㄷ 동물													
ㄱ	ㄴ	ㄷ	ㄹ	ㅁ	ㅂ	ㅅ	ㅇ	ㅈ	ㅊ	ㅋ	ㅌ	ㅍ	ㅎ
고릴라	너구리	다람쥐	라마	미어캣	뱀	사슴	오리	제비	치타	코끼리	토끼	판다	하마
고래	낙타	도마뱀		멧돼지	북극곰	사자	여우	자라	참새	코알라	타조	펭귄	해파리
기린	나비	돼지		매너티	병아리	상어	얼룩말	지렁이	청개구리	캥거루	타란툴라	표범	호랑이
곰	나무늘보	독수리		메뚜기	벌	스컹크	원숭이	잠자리	침팬지	코뿔소		플라밍고	하이에나
거위		당나귀		미꾸라지	비둘기	사마귀	악어	전갈		카멜레온			

거북이	달팽이		문어	복어	소	올빼미	진돗개				
고양이	두더지			불가사리	사슴벌레	열대어	지네				
고슴도치	두꺼비			바다사자		앵무새	쥐				
금붕어	다슬기					이구아나	장수풍뎅이				
개구리	두루미										
기러기	물고래										
개미	닭										
귀뚜라미											
갈매기											
가오리											

ㄱㄴㄷ 음식

ㄱ	ㄴ	ㄷ	ㄹ	ㅁ	ㅂ	ㅅ	ㅇ	ㅈ	ㅊ	ㅋ	ㅌ	ㅍ	ㅎ
달걀이	나초	물가스	라면	만두	비빔밥	샐러드	회	자두	초콜릿	카레	타로아기	포도	홍차
고구마	누룽지	만두피	장어	파일이	빵	사과	오이	자장면	치킨	귀이개	칼수분	피자	포테칩
꿀	냉면	얼린만두	허튼한품들	파일반찬	불고기	스파게티	아이언	참치로수	효란	카스테라	탄문튼	파스타	포루가이
꿀	새기반찬	안효판구이	장스국	무나물	브라우니	소류	임절미	잔반	치즈스타	로코아	튀김	광쫑	포탄
감반	남	오년초	한스타	문어튀김	붕어빵	붕지	오렌지	무포	찰회	뷰나믈으란	찰쿠루	결무	찰삼거
참치반찬	남치알	얼앙쨈	마카롱	보치	소꾜소꾜	오징어튀김	독	찰치	쿠키	돌마토	무일	효란	
콩		얼알	얼주	붕이끌	사부튀김	아이스크림	자두쥬스	치즈	커피	타라미수	자두무일	핫도그	
참지튀김		단물탕	얼앙찐	블루베리	수박	마름드	잔차	찰치	카라멜		자젼	잎	
계말찰		투뿌	더철쿠키	버섯	소류	유자차	퐁잎	추자스	키위			깐귀이끌	
계말잎이		다시마알	얼잎	바거프	송사찰	연끈튀김		치즈볼	과로초살			동	
무수		동물조목	얼다사찰	바나나	생도위치	무산송			튀라			포란	
꽃밭		마찌	까롱	복숭아	살면살	오찔						홀란찰	
가지구이			미시얼물	브론튈지	스프	오이무일						참파스하이끌	
그물어구이			마실푸스	바추젓	스위이끌	요거트							
갈비			얼치붕찰	브름반	시펌	안사찰							
참지튀김			미역국	발물물마토	수염과	무들							
참치			마른멸	바질	서문치	무함이얼반							
그물귀			검보사		사찰	연어							
			더점		안두뿌	붓수수							
			얼찰		사이다	찰얼							
			꼿추링찰										

ㄱㄴㄷ 동작

ㄱ	ㄴ	ㄷ	ㄹ	ㅁ	ㅂ	ㅅ	ㅇ	ㅈ	ㅊ	ㅋ	ㅌ	ㅍ	ㅎ
기차 타는	노래 하는	달리기 하는	리코더 부르는	목도리를 한	바이올린을 하는	스키를 타는	안경을 쓴	잠을 자는	축구를 하는	크레용을 사용하는	탁구를 하는	피리를 부르는	하모니카를 하는
그림 그리는	농구 하는	풍선을 만지는	로보트와 노는	미소를 짓는	배구를 하는	수영을 하는	야구를 하는	자전거를 타는	창문을 닦는	코를 파는	태권도를 하는	피아노를 하는	훌라후프를 하는
공룡과 노는	낚시 하는	데굴데굴 구르는	롱다리인	만두를 빚는	부채질을 하는	심술을 부리는	응원 하는	장갑을 낀	충치 생긴	카메라를 손에 든	테이프를 사용하는	풍선놀이를 하는	
	나무 심는		리본을 꽂은	만세를 하는	봉봉을 타는	손을 잡는	앵두 따는	장난을 치는			루호 하는		
				박수를 치는		신발 신는	윙크를 하는	전화를 하는					

7) 가나다 보드게임

아이에게 한글을 가르칠 때 블루마블 형식의 가나다 보드게임을 만들어 보세요. A4 종이를 16등분 하여 종이 카드를 많이 만듭니다. '퀴즈'에 해당하는 카드에는 '가로 시작하는 단어 3개 말하기'와 같이 자음과 모음에 관한 퀴즈를 냅니다. '황금열쇠'에 해당하는 카드는 '무인도로 가서 3회 휴식하기', '엉덩이로 이름 쓰기', '아빠 볼에 뽀뽀하기'와 같은 재미있는 내용을 씁니다. 보드는 자음과 모음을 순서대로 쓰고 예쁘게 꾸밉니다. 자음 스티커를 미리 구매해두면 아이가 좋아합니다. 주말을 이용해서 아이와 함께 '가나다 보드게임'을 만들어 보세요.

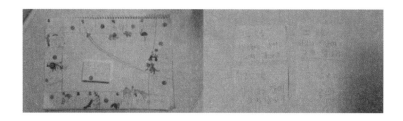

한글을 조금 안다면
이렇게 놀아요

한글 놀이와 관련한 그림책 『ㄱㄴㄷ뷔페』, 『글자가 사라진다면』, 『뭐든지 나라의 가나다』, 『글자셰이크』, 『단어 수집가』, 『낱말 수집가 맥스』를 읽어준 뒤 아래와 같은 책 놀이를 시작하면 좋습니다.

1) 테마틱

테마틱은 한글 초성 게임입니다. 초성 게임은 단어를 놀이로 학습할 수 있습니다. 테마틱 놀이를 한 뒤에는 받아쓰기와 연결해서 학습할 수 있습니다. 자주 틀리는 단어를 재미있게 학습할 수 있고 꾸준히 한다면 한글 학습에 도움이 많이 됩니다. 약 1,5000원 정도 하고 캠핑하러 가서 밤에 가족끼리 하면 재미있습니다. 평소에 차를 타고 가면서 초성 게임을 해 보세요. 시간도 잘 가고 아이들도 즐거워합니다.

① 주제 고르기

주제카드는 18장이 있는데 한 장에 8개의 주제가 적혀져 있습니다. 총 144개의 주제가 있습니다. 첫째는 '바다'를 골랐습니다.

② 한글 카드 5개와 숫자 카드 20개 깔기

한글 카드를 5장 뽑습니다. 자음 5개 카드입니다. 1점부터 4점까지 점수 카드를 한글 카드 옆에 4장이 한 세트가 되도록 총 20장을 깔아 놓습니다.

③ 5개 자음으로 시작하는 단어 하나씩 말하기

뽑은 주제와 관련 있으면서 5개 자음으로 시작하는 단어를 하나씩 말합니다. 말한 후에는 그 자음 옆에 있는 숫자 카드 중에서 큰 숫자 카드부터 하나씩 가져갑니다.

④ 게임이 끝난 후 카드 점수를 다 더하기

점수가 가장 높은 사람이 승리합니다.

게임 후 한글 공부하기

게임을 학습과 관련지어서 하면 좋습니다. 공부인데 공부인 것 같지 않고 재미있게 놀았는데 나도 모르게 배우는 것이 있습니다. 한글 공부가 목적이면 아이와 함께 이 게임을 신나게 몇 판 해주세요. 그 후에 한 개 주제에 대해서 함께 공부해 보세요.

① 나왔던 단어 중에 몇 개 받아쓰기하기

아이와 게임 했던 주제 중에서 한 개를 골라서 단어 퀴즈를 냅니다. 아이는 받아쓰기를 합니다. 이때 엄마는 아이가 모를 것 같은 것과 잘 아는 것을 교묘하게 섞어서 말해야 합니다. 너무 어려운 것 위주로 하면 아이가 흥미를 잃습니다.

② 틀린 부분만 빨간색으로 매기기
틀린 부분만 빨간색으로 동그라미 칩니다.

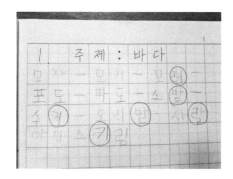

③ 틀린 단어만 밑에 예시로 적어주기
틀렸던 단어는 연필로 엄마가 한 번 적어줍니다. 그 후에 틀렸던 받침이나 자음, 모음 부분만 빨간색으로 써 줍니다. 어디에서 틀렸는지 정확하게 파악하기 위함도 있고, 다시 적을 때 틀린 부분에 집중해서 적게 하기 위함도 있습니다.

④ 틀렸던 단어 2번 적기
틀린 단어를 10번씩 적으면 아이는 지루해하고 힘들어합니다. 아이가 힘들어하면 이런 학습을 지속해서 할 수가 없습니다. 2~3번만 적도록 해주세요. 어차피 아이가 지금 10번 적는다고 완벽하게 알게 되는 것은 아닙니다. 이런 받아쓰기를 꾸준히 해야 하고 독서를 통해 그림책 속에서 방금 자신이 틀린 단어를 자주 접하면서 눈에 익혀야 합니다. 시간이 흘러야 완전히 내 것으로 됩니다. 조급한 마음을 부모님부터 버려야 합니다. 아이와 이야기하면서 아이가 느끼는 부담을 알아주세요. 과잉 공부는 아이에게 해롭습니다.

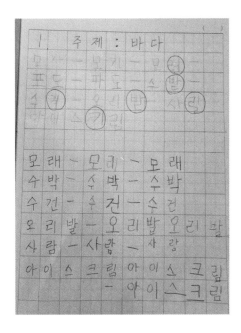

2) 폭탄 돌리기

폭탄 돌리기는 폭탄이 터지기 전에 다른 사람에게 폭탄을 전달하는 보드게임입니다. 55장의 카드 중에서 한 장을 뽑아 그 그림과 관련한 단어를 말하고 폭탄을 상대방에게 넘겨줍니다. 그림책을 폭탄 돌리기에 접목을 시켜봤습니다. 끝말잇기, 첫 말 잇기로 변형해서 게임을 진행해도 좋고, 1, 2학년 통합교과에서 '봄'과 관련한 말하기, 3학년, 4학년 전통 식품 '김치'와 관련한 말하기, 3학년 과학에서 '개구리'와 관련한 말하기, '추석'에 관련 있는 것 말하기 등과 같이 다양하게 활용할 수 있습니다. 이 게임은 가족이 캠핑 갔을 때 하면 좋고 간단하면서도 모두가 참여할 수 있습니다. 폭탄 돌리기 게임이 인기가 많아서 두 번째 버전인 〈폭탄 돌리기 : 끝말잇기〉도 나왔습니다.

$$\text{그림책 폭탄돌리기 지도방법}$$

① 그림책 읽어주기
② 그림책 중 나온 단어나 그림 속에 나온 단어 10개를 골라서 빨간펜으로 동그라미 치기
③ 고른 10개 단어를 카드에 옮겨 적기
  아이가 옮겨 적을 수 있도록 합니다.

④ 카드를 한군데 모아서 뒤집어 놓는다.

⑤ 맨 위 1장의 카드를 넘기고 폭탄 돌리기를 시작한다.

⑥ 폭탄을 넘겨받은 사람은 카드에 적힌 단어와 관련한 단어를 생각해서 말한다.

  예) 하늘 ☞ 비행기, 파란색, 구름, 새, 비, 무지개, 높다, 날씨…

    빵 ☞ 물, 우유, 밀가루, 설탕, 버터, 제빵사, 빵집, 식빵…

⑦ 폭탄이 터지면 그 사람이 카드를 가진다. 카드가 없어질 때까지 한다. 카드를 많이 가진 사람이 지는 게임이다.

〈팁〉

① 그림책을 읽어주고 한 그림책당 10개씩 만들면 10권을 읽어주고 만들면 100개의 카드를 만들 수 있습니다.

② 만든 카드로 폭탄 돌리기 보드게임을 하면 어휘력을 높일 수 있습니다.

③ 만든 카드로 그 단어가 들어간 문장 말하기 게임으로 변형시켜도 좋습니다.

3) 치킨차차

치킨차차는 기억력 게임입니다. 그림의 위치를 빨리 정확하게 기억해내는 사람이 이기는 게임입니다. 상대방이 잘못 뒤집는 것을 잘 보고 기억해야 내가 그림을 뒤집을 때 잘 맞출 수 있습니다. 치킨차차 미니도 있습니다. 파는 곳에 따라 가격차이가 많이 납니다.

──────── (치킨차차로 한글놀이하기) ────────

① 그림책 읽어주기

② 받아쓰기 5문장 하기

틀리는 단어 개수를 보고 받아쓰기 문장의 수를 조절합니다. 3개 정도만 해도 좋습니다.

③ 틀린 단어 바르게 고쳐서 쓰기

틀린 문장 전체를 다시 쓰는 것이 아니라 틀린 단어만 다시 씁니다.

④ 틀린 단어 5개 고르기

틀린 단어가 꼭 5개 필요한 것은 아니지만 최소 3개 이상은 되어야 합니다.

⑤ A4 종이 16등분한 쪽지에 틀린 단어 한 개에 3장씩 총 15개 만들기

⑥ 가운데에 5개 단어를 뒤집어 놓고 나머지 10개는 섞어서 단어가 보이도록 동그랗게 배열함.

⑦ 치킨차차 게임을 시작함

단어의 위치를 기억해서 이동하는 게임임.

⑧ 게임을 2~3판을 한 후에 받아쓰기를 추가해서 단어의 수를 더 늘여서 게임을 진행함.

공책에 틀린 단어를 여러 번 쓰는 것보다 훨씬 재미있게 공부할 수 있습니다. 그리고 카드에 쓰인 틀렸던 단어를 게임을 하면서 눈으로 계속 보면서 익힐 수 있고 무엇보다 게임을 통해 접근하는 방식이므로 아이들의 만족도와 참여도가 높습니다. 아이들은 받아쓰기 급수 표로 공부하는 것보다 이런 방식을 훨씬 좋아합니다.

4) 스피드 퀴즈

자연 관찰 책을 읽고 모르는 단어를 스피드 퀴즈의 형식으로 배우는 활동입니다. 자연 관찰 책을 읽어준 후 아이가 모르는 단어를 카드에 적습니다. 한글 공부도 하면서 퀴즈 카드도 만드는 활동입니다. 카드가 어느 정도 모이면 스피드 퀴즈 형식으로 엄마가 문제를 내고 아이가 맞추기를 합니다. 엄마와 아이가 바꾸어서 진행해도 좋습니다. 책을 읽으면서 점점 카드의 수가 많아지고, 반복해서 하다 보면 어휘학습에 도움이 많이 됩니다. 단순히 하루 한 장씩 단어 공부하는 문제집을 푸는 것보다 훨씬 아이가 좋아하는 방법입니다. 아래는 『낙타는 대단해』라는 자연 관찰 책을 읽어주고 스피드 퀴즈 카드를 만든 것입니다.

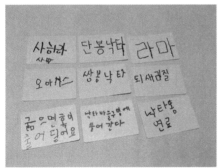 

5) 빙고

자연 관찰 책이나 전래동화, 그림책을 읽어 준 후 빙고 게임을 해도 좋습니다. 먼저 책을 읽어 준 후 책 속에 나오는 단어를 적습니다. 아이 수준을 고려해서 9칸(3×3)부터 시작합니다. 3줄 빙고 먼저 만드는 사람이 이기는 게임으로 진행합니다. 책 읽고 빙고 하기 게임은 특별한 준비물이 필요 없이 간단하고 빠르게 할 수 있으며 아이들도 좋아하기 때문에 꾸준히 할 수 있는 게임입니다. 하루 한 장씩 독해 문제집을 푸는 것보다 훨씬 아이들의 만족도가 높고 효과도 좋습니다. 꾸준하게 아이와 함께 해보세요.

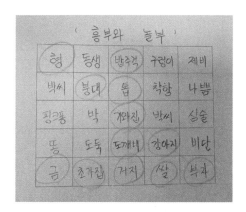

5장

―

책으로 배우자

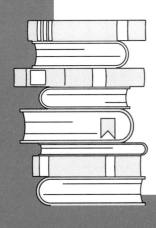

책 읽기의
부담을 줄여요

1) 책 읽을 때마다 독후감 쓰기를 꼭 해야 할까?

'그래도 책을 읽은 후 독후감을 적어야 실력이 늘지 않을까?'

많은 학부모님이 책 한 권을 읽은 후 공책에 뭐라도 적어야 한다는 생각을 많이 합니다. 실제 학부모님들과 상담해보면 독서기록장에 몇 줄 이상 적는 것을 당연하게 생각하고 계신 분들이 많습니다.

책을 읽을 때마다 독후감 쓰기를 꼭 해야 할까요? 저는 그렇게 생각하지 않습니다. '책을 읽는 재미'를 느낀 아이들은 부모님이 말려도 책을 읽습니다. 그런 아이들에게 오늘부터 매일 독후감을 쓰라고 하면 어떤 일이 생길까요? 아마 그날부터 책과 멀어질 겁니다. 책을 좋아하던 아이들도 독후감을 쓰라고 하면 책과 멀어질 텐데 아직 책을 좋아하지 않는 아이들에게 독후감을 쓰라고 한다면 결과는 어떨까요? 그런 아이들은 책과는 영영 멀어집니다.

제가 6학년을 담임했을 때 저희 반 학생들을 대상으로 독후감을 어떻게 생각하고 있는지 조사를 한 적이 있습니다. '글쓰기 실력을 높여준다.' '내 생각을 정리할 수 있는 것 같다'와 같이 긍정적인 답변을 한 학생은 반에 한두 명 정도밖에 없었고 대부분 학생이 독후감에 대해 거부감을 가지고 있었습니다. '짜증난다.', '진짜 싫다.', '갑자기 하기 싫어진다.'를 넘어서서 '혐오스럽다', '끔찍하다'라고 까지 표현한 학생들도 있었습니다.

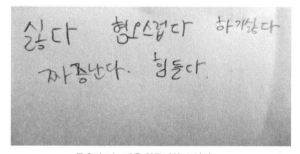

독후감쓰는 것을 힘들어한 소현이

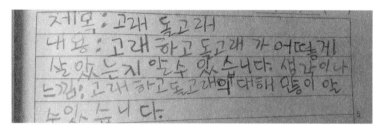

위 사진은 제가 3학년을 담임할 때 저희 반이었던 소현이의 독서

기록장 공책입니다. 소현이는 책을 읽을 때마다 위 사진과 같이 제목, 책의 내용, 느낌 이렇게 3가지를 정리하고 있었습니다. 그래서 왜 책을 읽을 때마다 적느냐고 물어보니 엄마가 책을 읽을 때마다 적어라고 시켰다고 말했습니다. 그래서 "책을 읽을 때마다 적으려면 힘들지 않아?"라고 물어보니 처음에는 괜찮다고 말을 했습니다.

소현이가 쓰고 있는 독서기록에는 어떤 문제점이 있을까요?

소현이가 쓴 다른 독서기록도 이 사진의 내용과 마찬가지로 특별히 알게 된 내용을 적은 것이 아니라 그냥 누구나 다 아는 일반적인 내용을 적었습니다. 5줄이나 독후감을 적었지만, 특별히 이 책을 읽은 후에 알게 된 내용은 없습니다.

많은 아이가 독후감을 이런 식으로 적습니다.

소현이는 다른 친구들에 비해 책을 접한 경험이 적은 친구였습니다. 글을 읽고 내용을 이해하는 것 또한 다른 친구들에 비해 낮은 수준이라서 소현이는 자신의 수준에 맞는 책을 꾸준히 읽으면서 단계적으로 독서 수준을 높여야 하는 아이였습니다. 하지만 소현이는 책을 읽은 후 독후감을 매일 적어야 해서 아마 부담을 가졌을 수 있습니다.

여름방학이 다 되어서 소현이를 보니 독후감을 더이상 적지 않았습니다. 그 이유를 물어보니 너무 힘이 들어서 그만두었다는 것이었습니다. 그 말을 듣고 저는 소현이에게 책을 읽고 제목만 적으라고 말했습니다. 소현이는 무척 좋아했습니다. 책 읽는 것에 부담을 조금 덜어낸 것처럼 보였습니다.

소현이 사례에서 볼 수 있듯이 독후감을 쓰기 위한 독서는 바람직하지 않습니다. 무엇보다 아이가 힘들어합니다. 15년 동안 교직 경험으로 확신합니다. 아이들에게 독후감 쓰기를 강요하지 마세요. 대신 책 읽는 재미를 선물해 주세요. 당연하다고 생각되는 것들에 대한 고민은 필요하다고 생각합니다.

2) 독후감을 대신할 수 있는 활동은?

책을 읽는 목적은 무엇일까요? 책의 종류에 따라 내가 얻고자 하는 목적이 다를 수 있습니다. 자연 관찰 책 같은 책은 내가 몰랐던 내용을 알게 되어 지식을 얻을 수 있습니다. 심리 관련 책이나 철학책, 그리고 소설책들은 나의 내적 성장을 이룰 수 있습니다. 나와 세계를 인식하고 내 생각 변화를 이뤄낼 수 있습니다.

독서의 목적이 나를 알고 나아가 나의 내적 성장을 이루는 것이라고 한다면 독서를 한 후 가장 먼저 해야 할 활동은 '나와 관련짓기'가 아닐까 합니다. 그리고 필요하다면 '다양한 독후활동' 중에서 내가 하고 싶은 것을 골라서 하는 것만으로도 충분하지 않을까요?

① 나와 관련짓기

"저 사람은 왜 저런 상황에서 저런 바보 같은 선택을 할까? 안타깝잖아요. 어떤 불행한 주인공들 보면… 그래서 나름대로 그 사람의 관점에서 저 사람의 심리상태를 이해하려고 노력했어요"

안철수 씨가 과거에 한 TV 프로그램[22]에 나와서 자신의 독서법에 대해 한 말입니다.

이처럼 지식 관련 책 이외의 책들은 책을 읽은 후 '나와 관련짓기'를 해야 합니다. '나라면 어떻게 했을까?', '내가 경험한 비슷한 사례는?' 등과 같이 등장인물들과 나와 관련짓기를 통해 '나'에 대해 생각해 보는 경험을 하는 것이 중요합니다.

『내 짝꿍 최영대』는 엄마가 없어 차림새도 더럽고 말도 잘 못 하는 영대를 반 아이들이 따돌리고 못살게 굴다가 경주로 간 수학여행에서 극적으로 화해하게 되는 이야기[23]입니다.

이 책 속에는 영대를 놀리거나 괴롭히는 다양한 상황이 나오는데 상황마다 직접 영대를 괴롭히는 친구, 그냥 방관하는 친구, 마음의 짐을 안고 방관하는 친구, 말리는 친구 이렇게 4종류의 친구들의 모습이 보입니다. 이 책을 읽고 '나와 관련짓기'를 어떻게 할 수 있을까요?

'나라면 어떤 친구의 모습을 보였을까?'하고 생각해 봅니다. 그리고 '내가 경험한 비슷한 상황'을 생각해 보고, 그때 나의 행동을 생각해 봅니다.

---

22.   백지연의 피플 INSIDE, 《이 시대의 멘토 안철수》

23.   알라딘 책 소개, 『내 짝꿍 최영대』

학급에서는 '내 짝꿍 최영대' 책과 비슷한 상황이 자주 발생합니다. 친구보고 돼지라고 놀리고 안경 썼다고 놀리는 등 외모나 이름으로 놀리는 경우가 많습니다. 그럴 때 나는 4가지 유형의 친구 중에 어떤 친구의 행동을 했나 생각해 보고 나의 말과 행동을 반성해봅니다. 앞으로 비슷한 일이 일어났을 때는 어떤 선택을 할지 미리 한 번 생각해 봅니다. 이런 생각의 과정이 '나와 관련짓기'입니다.

② 독후감보다 독후활동

책을 사랑하고 책과 함께 늘 지내는 아이로 자라게 하려면 독후감 쓰기보다 책 자체에 흥미를 느낄 수 있도록 아이들을 도와주고 안내해줘야 한다는 것입니다. 독후감 쓰기를 아이들이 부담스러워하고 싫어한다면 과감히 독후감 쓰기를 하지 않아야 합니다. 독후감 쓰기보다 부담이 적은 독후활동만으로 충분합니다. 그 독후활동도 교사나 학부모가 아닌 '아이'가 선택을 할 수 있도록 안내해야 합니다.

3) 독서기록장 활용하기

① 어떤 것으로 준비할까?

독서기록장으로 어떤 공책을 사용하면 좋을까요?

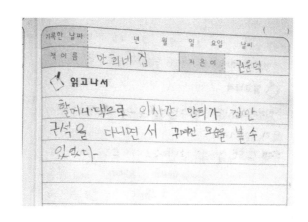

　문구점에 가보면 독서기록장 공책이 있습니다. 독서기록장 공책은 위 사진과 같이 대부분 한 쪽에 한 권의 독후활동 내용을 적게 구성이 되어있습니다. 위에는 책의 제목과 저자, 읽은 날짜를 적는 곳이 있고 중간에는 넓게 비어있는 경우가 많고 때에 따라서는 독후활동 할 주제가 적혀져 있는 독서기록장도 있습니다. 많은 아이가 독서기록장을 사용하고 있는데 어떤 문제점이 있을까요?

　가장 큰 문제점은 종이를 낭비한다는 점입니다. 독서기록장 한쪽에 한 권의 내용을 적어야 하므로 한두 줄만 쓰고 다음 장으로 넘어가는 아이들이 많습니다. 이 말은 아이들에게 한 권을 책을 읽은 후 공책 한쪽 전체를 채우는 것은 참 힘들다는 말입니다.

　시중에 파는 '독서기록장'은 추천하지 않습니다. 그냥 줄로 된 공책이면 됩니다.

② 처음에는 제목만 적기

독서기록장 사용을 할 때 많은 학생이 무조건 '많이 적기' 방식으로 독서기록장을 활용하고 있습니다. 선생님이나 부모님이 아이들에게 말을 합니다. "5줄 이상 적으세요~" 이런 말을 많이 들은 아이들은 책을 읽은 후 독서기록장에 뭔가를 써야 하는 경우가 생기면 "몇 줄 써야 해요?"라고 먼저 묻습니다. 책을 읽고 독후활동을 하는 목적은 무엇일까요? 저는 책을 통해서 내가 느낀 감정과 생각을 표현하는 데 있다고 생각합니다. 자신의 느낌을 진심으로 적는다면 3줄을 적어도 5줄을 적어도 좋습니다. 하지만 정해진 줄 수를 채우는 게 습관이 된 아이들은 책 자체의 즐거움을 느끼지 못합니다.

독서기록장에는 '제목'만 적도록 합니다. 저자의 이름도 출판사의 이름도 적지 않습니다.

③ 누적번호 쓰기

독서기록장에는 1번부터 시작해서 누적해서 번호를 씁니다. 번호를 쓰고 책 제목을 적습니다. 누적해서 번호를 적는 목적은 50권, 100권, 200권이 될수록 아이들이 뿌듯함을 느끼고 성취감을 느낄 수 있기 때문입니다. 동시에 지속해서 독서를 해나갈 힘을 얻을 수 있습니다.

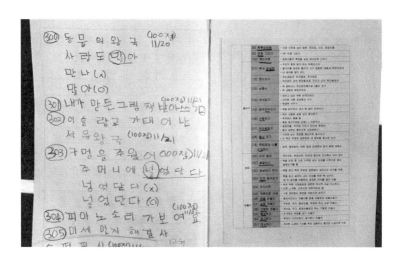

위 사진은 3학년 현진이의 독서기록장입니다. 저희 반 학생들은 학교에 오면 아침 시간에 그림책 1권을 읽고 집에서 1권을 읽는 것이 습관이 되어있었습니다. 현진이는 매일 2권씩 책을 읽으니 여름방학 때쯤 되니 300권을 돌파하면서 독서기록장을 한 권 다 썼습니다. 이때 현진이가 저에게 한 말이 있습니다.

"선생님 300권이 넘어가니 정말 뿌듯해요"

이런 경험은 돈을 주고도 살 수 없습니다. 매일 꾸준히 하루에 두 권씩 기록한 현진이가 대단하지요. 이런 경험을 한 아이들은 다른 일들도 꾸준히 할 힘이 생길 뿐 아니라 책을 더 가까이하는 아이로 자랍니다.

④ 독후활동 선택권을 아이에게 주세요

앞에서도 말을 했지만, 독후활동은 의무가 아닌 선택이어야 합니다. 어떤 상황에서도 아이가 힘들어하면 독후활동은 중단되어야 합니다. 독후활동의 종류를 아이에게 알려주고 하고 싶을 때 골라서 하도록 하는 것이 가장 바람직합니다. 책을 좋아하게 만드는 것이 가장 중요하기 때문입니다.

⑤ 독후활동 책 소개

정말 괜찮은 독서록 쓰기 책을 소개합니다. 강승임 작가님이 쓰신 『나만의 독서록 쓰기』가 참 좋습니다. 이 책은 독서록 쓰는 40가지 방법을 소개하고 있고 실제 초등학생들의 예시 작품들은 250가지나 샘플로 실려 있어서 어떻게 독후활동을 하는지 쉽게 알 수 있습니다. 아쉬운 일은 이 책이 절판되어서 구하기 어렵다는 것인데, 도서관에서 대출해서 보던가 온라인 서점에 중고로 많이 나와 있으니 한 번 구해서 아이와 함께 보시길 추천해 드립니다.

⑥ 독후활동 학습지 소개

아래 독후활동 학습지는 독서교육 연수를 통해서 그리고 독서교육 관련 도서를 읽으면서 하나씩 추가해 가면서 만든 학습지입니다. 2쪽 뽑기로 인쇄를 해서 가운데를 자른 후 독서기록장의 맨 앞에 붙여주시고 아이가 하고 싶을 때 골라서 독후활동을 할 수 있도록 해주세요.

※ 다양한 독후활동 ※

★ 책을 깊이 읽기 ★	나와 관련지어보기		• 나라면? • 내가 생각하는 ---란? • 그렇다면 나는 앞으로 어떻게 살아야 하는가? • 그렇다면 나는 앞으로 어떻게 행동하고 생각해야 할까?
	주인공과 등장인물, 사건에 대해 다양한 질문 해보기		• 왜? • 나라면? • 누가 옳은 것일까? • 어떤 잘못된 점이 있을까? • 나와 주인공, 등장인물을 관련지어서 한 번 생각해 본다면? • 나와 가장 관계가 있는 등장인물은? 왜 그렇게 생각하나요?
	정답이 없는 질문 하기		• ---란 무엇일까? • 책의 내용과 관련 있는 가치는 무엇일까?
간단한 독후활동	1) 1줄 느낌적기 2) 가장 기억에 남는 (장면, 인물, 사건)은? 이유는? 3) 이 책을 추천해 주고 싶은 사람? 이유는? 4) 느낀 점을 딱 한마디로 말하면? 5) 이 책의 점수를 매긴다면? (5점 만점) 어떤 점이 좋았나? 안 좋았나? 이유는? 6) 가장 기억에 남는 문장은? 이유는? 7) 작가가 책 제목을 왜 이렇게 지었을까? 8) 내가 주인공이라면 어떻게 어떻게 했을텐데 9) 책을 읽기 전과 후에 내 생각이 바뀌었다면 어떻게 바뀌었나요? 10) 책을 읽고 배운 점이 있다면? 11) 10글자로 이 책을 요약하면?		
재미있는 독후활동	그리기	[1] 마인드맵	• 사건, 인물, 느낀 점 등 다양하게
		[2] 가계도작성	• 등장인물을 중심으로
		[3]사건의 흐름도 그리기	• 사건의 흐름을 시간 순으로 나타내기
		[4]줄거리 그리기	• 책의 내용을 한 눈에 알 수 있도록 그리기 • 등장인물과 배경, 사건을 그림으로 나타내기
		[5] 뇌구조 그리기	• 주인공이나 좋아하는 인물의 뇌구조 그리기
		[6] 인생 곡선 그리기	• 중요사건과 줄거리를 생각하면서 주인공의 인생 곡선 그리기
		[7] 책 표지 그리기	• 내가 책 표지를 새로 디자인하기
		[8] 독후감상화	• 가장 기억에 남는 장면, 주인공, 사건, 등장인물
		[9] 만화 그리기	• 4컷 만화 그리기
		[10] 캐리커쳐	• 등장인물의 특징을 살려 캐리커쳐 그리기
재미있는 독후활동	글쓰기	[11] 독서 감상문	• 부담가 좋아 많이 하는 독후글쓰기 • 줄거리를 최대한 줄이고 내가 경험한 내용과 관련지어서 • 내 생각을 많이 쓰기
		[12] 편지쓰기	• 주인공에게, 작가에게, 친구에게 • 주인공이 되어 독자들에게, 작가가 되어 독자들에게
		[13] 삼행시	• 책 제목이나 주인공이름으로 3행시 짓기 • 책 내용과 관련지어서
		[14] 작가되기	• 바꾸고 싶은 부분 바꾸어보기 • 이어질 내용 상상해서 쓰기 • 책제목 바꾸기
		[15] 생각모두쓰기	• 책을 읽으면서 내가 한 생각 모두쓰기
		[16] 서평하기	• 책의 내용에 관해 내가 평가하기 • 추천하는 글을 씀 • 평점 매기기(5점 만점) + 이유적기
		[17] 인터뷰하기	• 등장인물, 작가와 기자가 인터뷰 하듯이 • 묻고 답하는 형식으로 인터뷰하기
		[18] 동시 짓기	• 기억에 남는 장면을 중심으로 동시쓰기 • 이 책의 주제와 관련하여 내 생각을 동시로 쓰기
		[19] 주인공과 나를 비교하기	• 성격, 행동방식, 어떤 일에 대처하는 방식 등에 대해서
	단어	[20] 단어 정리	• 국어사전, 백과사전, 인터넷 등으로 조사해서 단어 정리
		[21] 끝말잇기	• 책을 읽은 후 가장 기억에 남는 단어를 시작으로 해서 끝말잇기를 함
		[22] 연상단어 적기	• 책을 읽고 책의 주제와 관련해서 생각나는 단어를 적음
		[23] 단어 빌려오기	• 책을 읽고 생각이 나는 단어를 적은 후 단어의 앞 뒤 글자를 조합하여 새로운 단어를 많이 만듦
	만들기	[24] 역사신문	• 책의 주된 시대배경과 관련한 역사적 사실 조사하기. • 신문 스크랩, 교과서와 관련지어서 등
		[25] 극본으로 바꿈	• 가장 재미있는 장면을 극본으로 바꾸기
		[26] 퍼즐 만들기	• 중요사건이나 인물이름 등을 이용하여 퍼즐만들기
		[27] 상장 만들기	• 주인공, 작가, 등장인물, 책에게 주는 상장 만들기
		[28] 고발장 만들기	• 주인공, 작가, 등장인물에게 주는 고발장 만들기
		[29] 독서퀴즈	• 3~5개의 문제를 내가 만들기
		[30] 광고하기	• 책표지 디자인하기, 광고문구 만들기
		[31] 개사하기	• 익숙한 노래의 가사를 책의 내용이나 줄거리 노래으로 바꿈

그림책으로
받아쓰기를 한다고?

1) 받아쓰기 Q&A

초등학교 1학년 학부모님들의 가장 큰 고민 중의 하나는 무엇일까요? 바로 '받아쓰기'입니다. 맘카페에 올라온 글을 검색해 보면 특히 1학년 부모님들이 받아쓰기에 많은 걱정을 하고 있음을 알 수 있습니다. 아래 내용은 받아쓰기와 관련한 대표적인 몇 가지 궁금증들에 대한 내용입니다.

① 받아쓰기는 학교에서 어떻게 배우고 있을까요?

초등학교에 입학하면 한 달 동안은 학교에 적응합니다. 우리들은 1학년 책으로 진행을 합니다. 4월이 되면 국어책으로 수업을 시작하고 한글 공부를 시작합니다. 자음과 모음을 다 배우고 받침이 있는 글자를 배웁니다. 글자를 배우면서 받아쓰기가 시작됩니다. 대부분의 1학년 학급에서 2학기에는 받아쓰기 지도를 합니다. 대부분 급수표를 나누어주고 진행을 합니다.

1학년은 2학기가 되면 대부분 받아쓰기를 하지만 2학년이 되면서부터는 담임선생님마다 다릅니다. 2학년까지는 그래도 받아쓰기하는 학급이 하지 않는 학급보다 더 많습니다. 3학년부터는 거의 받아쓰기를 하지 않습니다. 간혹 받아쓰기하는 학급도 있지만 하지 않는 반이 더 많습니다.

1, 2학년에는 배워야 할 과목이 5과목(국어, 수학, 통합교과, 안전한 생활, 창의적 체험활동)밖에 안 되는데 3학년부터는 10과목(국어, 수학, 사회, 과학, 영어, 체육, 도덕, 음악, 미술, 창의적 체험활동)으로 늘어납니다. 5학년부터는 실과도 추가가 됩니다.

이처럼 배워야 할 과목이 늘어나기 때문에 2학년 정도까지는 받아쓰기를 대부분 하는데 3학년부터는 받아쓰기를 지도하지 않습니다.

② 받아쓰기 시험의 문제점은 무엇일까요?

가. 아이들에게 큰 부담이다

받아쓰기 시험을 쳐보면 아이들은 긴장을 많이 하고 있습니다. '시험'이라는 것 자체가 아이들에게는 부담입니다. 받아쓰기 시험은 대부분 1~2학년에서 많이 이루어지는데, 1~2학년 아이들은 아직 학교에 적응하는 아이들입니다. 기초학습 습관, 기초생활 습관도 제대로 잡히지 않은 아이들이 "받아쓰기 시험"을 위해 준비하고, 시험을 치고 다시 복습하는 과정 자체가 아이들에게는 큰 부담입니다.

받아쓰기 시험은 대부분 10문장을 칩니다. 한 문제 틀리면 10점씩 깎이게 됩니다. 받아쓰기 시험을 치면 아이들은 받아쓰기 점수로 자신들을 판단하게 됩니다. 아이마다 다르지만 어떤 아이들은 받아쓰기 점수를 70점 받으면 "나는 70점 받았어…"라고 생각을 합니다. 100점을 받으면 점수를 낮게 받은 친구를 무시하고 잘난 척합니다. 받아쓰기 점수로 남과 비교합니다. 그리고 낮은 점수가 적힌 받아쓰기 시험지를 받아본 엄마는 아이를 혼냅니다. 그럴수록 아이는 자신감을 잃게 됩니다.

2학년인 동훈이는 받아쓰기에 자신이 없었습니다. 실제 받아쓰기 시험을 치면 낮은 점수를 받은 적이 많고, 친구들이 받아쓰기 점수로 놀렸던 경험이 많으므로 받아쓰기에 스트레스를 많이 받는 학생이었습니다. 동훈이는 학습 부진 학생도 아니고 시험 성적도 잘 나옵니다. 그리고 책은 잘 읽지만 단지 받아쓰기할 때 소리가 나는 대로 받아쓰기해서 받아쓰기 점수가 낮게 나온 학생입니다. 하지만 다른 학생들이 놀리는 것 때문에 마음에 상처를 입었습니다. 이럴수록 공부가 싫어집니다. 이런 학생들일수록 더 세심하게 보듬어 줄 필요가 있습니다.

나. 독서 습관을 망치게 된다

저학년 때는 독서 습관을 형성하는 것이 중요한데 받아쓰기에 집중하면 아이는 책을 읽을 시간도 없고 책과 멀어지게 됩니다. 왜냐하면, 지금 당장 중요한 "받아쓰기 시험 연습"을 해야 하므로 "독서"를 소홀히 하게 되기 때문입니다. 실제로 받아쓰기 시험은 100점을 받는데 도서관에는 자주 가지 않는 학생들이 많습니다. 1학년과 2학년 때 집에 가져오는 '받아쓰기 성적표'는 크게 중요하지 않습니다. 받아쓰기 성적표보다 중요한 것은 '독서 습관 잡아주기'입니다. 독서 습관을 잡아주기는 쉬워 보이지만 어려운 일이기도 합니다.

다. 엄마와 아이와 관계가 안 좋아짐

"받아쓰기 연습은 너무 힘이 들어요. 시간은 다 되어가는데 아들이 할 생각이 없는 것 같고 아침부터 소리소리 지르고 말도 안 되는 말을 막 해서 학교에 보냈더니 마음이 안 좋네요. 아침부터…."

맘카페에 올라온 한 학부모님의 사연입니다.

받아쓰기 시험을 앞둔 대부분 집의 모습은 위와 같을 겁니다. 제시간에 맞추어 책상에 딱 앉아서 자신이 모르는 부분을 알아서 점검하고 몇 번씩 더 써보는 그런 아이들은 거의 없습니다. 대부분 아이는 '시험'을 싫어합니다. 그 시험을 위한 '연습'도 싫어합니다. 충분한 독서를 통해 많은 글을 접해보고 한글 공부도 어느 정도 한 아이들은 받아쓰기 시험을 즐깁니다. 왜냐하면, 받아쓰기 시험에 자신이 있기 때문입니다. 하지만 대부분 아이는 그렇지 않습니다.

받아쓰기 시험 준비를 알아서 하지 않는 아이들을 보는 부모님들은 답답합니다. 부모의 입장은 충분히 이해됩니다. 받아쓰기 시험을 못 치면 아이들이 놀릴 것 같고, 국어 성적이 떨어질 것 같고, 옆집 아이는 잘하는데 우리 아이만 못하면 안 되니 공부시켜야 할 것 같은데… 우리 아이는 받아쓰기를 하려고 하지 않습니다. 그래서 아이와 다툼이 많아지고 엄마와의 관계가 나빠지게 됩니다. 하지만 어떤 상황에서도 "자녀와의 관계"는 가장 중요합니다. 관계가 틀어지면 공부는 할 수 없습니다.

③ 받아쓰기 급수 표의 문제점은 무엇일까요?

받아쓰기 급수 표는 아이들이 꼭 알아야 할 낱말이나 문장을 10개씩 적은 표를 말합니다. 한 학기 단위로 나누어주는 경우가 많고 국어 교과서에 나온 문장으로 만듭니다. 국어 1단원에서 나오는 낱말로 받아쓰기 급수 1급 문제 10개를 만들고, 2단원에서 10문제 2급 문제를 만듭니다. 한 단원에서 20문제를 골라서 2개의 급수 문제를 만드는 예도 있습니다. 뒤로 갈수록 점점 어려워지는 형태로 구성이 되어 있습니다.

받아쓰기 급수 표는 누가 만들까요? 담임교사가 직접 만들 수도 있고, 교사 커뮤니티나 인터넷에서 자료를 내려받아서 활용할 수도 있습니다. 문제는 받아쓰기 급수 표가 그렇게 체계적이지 않다는 점입니다. 대부분 급수 표는 교과서에 나오는 낱말을 단원 순서에 맞추어 만듭니다. 자음과 모음을 배울 때 교과서에 예시로 나오는 낱말들은 그 수가 적습니다. 예를 들어 '기역'을 배웠을 때 기역이 들어간 낱말 예시가 몇 개 되지 않습니다. 다른 자음과 모음을 배울 때도 마찬가지입니다. 그래서 시중에 나온 한글 학습교재가 더 체계적이고 좋습니다.

받아쓰기 급수 표가 그렇게 체계적이지 않기 때문에 받아쓰기 급수 표에 목숨을 걸고 공부하는 것은 바람직하지 않다고 생각됩니다. 받아쓰기 급수 표에 나온 낱말을 다 알게 되면 모든 받아쓰기 시험에서 100점을 받을 수 있을까요? 거기에 집중할 시간에 더 넓은 공부할 필요가 있습니다. 더 넓은 공부란 폭넓은 독서와 다양한 경험을 의미합니다.

가. 갑자기 수준이 높아지는 급수표

학교마다 나누어주는 급수 표에 따라 조금씩 차이는 나지만 전반적으로는 급수 표의 수준이 갑자기 높아집니다. 1급에서 3급 사이에는 받침이 없는 글자가 나오지만 4급과 5급에서 자음과 모음을 배운 뒤에 받침이 있는 글자가 나오기 시작합니다. 다양한 받침을 충분히 연습하지 않은 채 겹받침으로 넘어가는 경우가 많습니다. 한글을 전혀 모르는 아이는 입학해서 국어책을 통해 한글을 처음 배웁니다. 그리고 선생님이 주신 받아쓰기 급수 표를 받아들고 받아쓰기 공부를 합니다. 하지만 충분한 연습을 할 시간이 필요한데도 급수 표의 수준이 갑자기 높아지기 때문에 처음 한글을 배우는 아이는 좌절할 수밖에 없습니다.

제가 중학생이었을 때는 한자를 1학년 때부터 3년 동안 배웠습니다. 그때 한자 교과서에 1단원은 하늘 천(天), 나무 목(木), 뫼 산(山)과 같은 쉬운 단어가 나옵니다. 그리고 4단원쯤 가면 하산(下山), 등산(登山)과 같은 단어가 나옵니다. 한자를 한 번도 배우지 못했던 저는 복습을 꾸준히 해서 4단원까지 배우고, 중간고사에서는 90점 정도의 성적을 받았습니다. 하지만 5단원부터는 '부생아(父生我)하고 모육아(母育我)니라, 형애제(兄愛弟)하고 제경형(弟敬兄)이니라'와 같은 내용이 나옵니다. 논어와 맹자에 나오는 구절이 등장하기 시작합니다. 한자의 음과 뜻을 외우기에도 힘든데 문장 분석까지 필요로 하는 수준입니다. 한자를 시간을 내어서 공부해도 도저히 따라갈 수가 없었던 저는 1학년 1학기 기말고사 이후로 한자를 포기하게 되었습니다.

이처럼 갑자기 높아진 수준으로 만들어진 받아쓰기 급수 표는 한글을 처음 공부하는 아이가 따라갈 수 없습니다.

나. 잘하는 아이에게는 시간 낭비

요즘에는 이미 기본적인 한글을 집에서 다 배우고 온 아이들이 많습니다. 이런 현상이 바람직한지에 대한 문제는 차치해 두더라도 이런 아이들에게 받아쓰기 급수 표는 시간 낭비입니다. 이미 다 알고 있는 내용을 집에서 부모님과 함께 연습하고 학교에서 시험을 치는 데 또 시간을 소비합니다. 이런 아이들에게는 어차피 대부분이 아는 내용으로 구성이 되어있습니다. 이런 학생들은 그림책을 읽고 자신이 모르는 부분을 스스로 찾아서 공부하는 방식이 바람직합니다.

다. 급수표는 시험이라는 인식

받아쓰기 급수 표의 가장 큰 문제는 아이들은 급수 표를 시험으로 인식을 한다는 점입니다. 급수 표를 나누어주는 목적은 시험을 쳐서 아이들이 글자를 알게 함이기 때문에 시험을 칠 수밖에 없습니다. 하지만 아직 학교에 적응 중인 아이들은 시험 자체에 대한 불안이 있습니다. 그리고 결과를 중시하는 부모님을 둔 아이들은 시험에 더 예민할 수밖에 없습니다.

④ 왜 받아쓰기 시험점수가 나오지 않을까요?

"전날 공부하고 가는데 백 점 맞은 적이 없어요. 항상 80점, 오늘은 6개나 틀렸대요." 전날 받아쓰기 공부를 하고 가도 100점이 안 나오는 2학년 아이를 둔 어머님의 글입니다. 이 엄마는 참 답답하실 겁니다. 전날 열심히 공부했는데 실수로 몇 개 틀려오니 안타깝기도 하고 더 욕심이 나기도 합니다. 집에서 엄마와 연습하고 갔는데 왜 틀릴까요? 그 원인은 아래와 같습니다.

가. 긴장했기 때문에

아직 1학년, 2학년 아이들은 어리기 때문에 감정 조절을 잘하지 못합니다. 아무리 간단한 시험이라도 저학년 아이들은 긴장합니다.

그래서 아직 시험불안이 있는 저학년 아이들은 어제 집에서 엄마와 연습을 많이 했어도 실수를 하게 됩니다. 아직 어려서 "시험" 자체에 대한 불안이 있어서 그렇습니다. 이런 아이들은 엄마랑 공부하고 엄마가 시험문제를 내면 틀리는 문제가 한 개도 없는데 학교에서 시험을 치면 제 실력을 발휘 못 하는 예도 있습니다.

나. 쓰는 속도가 느리므로

글씨 쓰는 속도가 느린 아이들은 받아쓰기 시험을 치면 제 실력을 발휘하지 못하는 경우가 많습니다. 2학년인데도 글씨 쓰는 속도가 느린 아이들이 많습니다. 2학년도 이런 현실인데 1학년이면 오죽하겠습니까? 글씨 쓰는 속도가 느리므로 선생님이 불러주는 받아쓰기 시험 문장을 쓰는 데 시간이 오래 걸립니다. 그래서 아직 한 문장 받아쓰기를 다 쓰지 않았는데 선생님이 다음 문장을 불러줍니다. 그러면 이 학생은 지금 쓰고 있는 문장을 다 쓰고 다음 문장을 쓸지, 지금 쓰는 문장을 덜 쓴 채로 두고 다음 문장을 쓸지 선택을 해야 합니다. 어떤 선택을 하든지 이 학생은 받아쓰기 점수가 높을 수가 없습니다. 그래서 다 알고 있는 문장이 받아쓰기 시험에 나와도 점수가 낮은 것입니다. 이런 학생들은 글씨 쓰는 속도가 빨라지도록 연습을 하는 수밖에 없습니다.

다. 문장이 너무 길어서 기억을 못해서

1학년 2학기 후반으로 갈수록 받아쓰기 시험에 나오는 문장의 길이가 길어집니다. 받아쓰기 시험을 칠 때는 몇 번만 불러줍니다. 불러주는 횟수는 교사의 재량에 달려 있지만 대부분 2~3회 정도 불러줍니다. 문장이 긴 경우 한 문장을 중간에 잘라서 2회에 걸쳐 불러주기도 하고 한 번에 불러주기도 합니다. 총 2~3회 교사가 불러줄 때 그 내용을 다 기억하지 못하면 뒷부분의 내용은 쓸 수 없습니다. 그래서 내가 시험 범위의 내용에 적힌 받아쓰기 문장을 모두 알고 있어도 문장이 너무 긴 것을 적을 때는 선생님이 불러주는 문장을 모두 기억하지 못해서 틀리는 예도 있습니다. 글씨 쓰는 속도가 느린 학생들은 짧은 문장을 불러줘도 이런 경우가 많습니다.

라. 문장을 외웠기 때문에

시험 치기 전날 엄마와 받아쓰기 대비 공부를 할 때는 100점을 맞았는데 학교에서 시험 칠 때는 100점이 안 나오는 원인 중 한 개는 "문장을 외워서" 공부를 했기 때문입니다. 외워서 공부했기 때문에 막상 시험을 치면 기억이 잘 나지 않습니다.

똑같은 시험지를 1주일 2주일 후에 시험을 치면 처음 쳤을 때 보다 성적이 더 낮게 나오는 이유도 외워서 공부했기 때문입니다.[24]

마. 집중력 부족 때문에

집중력이 부족한 아이들은 받아쓰기 시험이 끝날 때까지 집중을

---

24. EBS 뉴스 <한글 교육 집중취재 10편> "외워 쓰는 시험? 받아쓰기 90점의 비밀", 2015.05.27

못 합니다. 그래서 10문제를 치면 1~5번까지는 잘하다가 6~10번 내용에서 많이 틀립니다. 특별히 6~10번 내용이 1~5번 내용에 비해 어렵지는 않은데 뒷번호에서 틀리게 되는 학생들이 많은 이유는 집중력이 부족하기 때문입니다.

바. 독서 부족 때문에

독서 부족은 어떻게 보면 받아쓰기 점수가 낮은 가장 큰 원인이기도 합니다. 받아쓰기 점수를 높일 수 있는 가장 효과적인 방법은 '독서'입니다. 독서를 많이 한 아이들은 선생님이 불러주는 문장을 듣고 어떤 문장인지 빨리 내용을 알아채고 받아쓰기를 합니다. 하지만 독서가 부족한 아이들은 글을 읽고 이해하는 능력이 부족합니다. 그리고 맥락을 이해하지 못합니다. 그래서 받아쓰기 시험으로 나온 한 문장 속에 나온 특정 단어가 낯설면 어려워합니다. 충분한 독서를 하지 않고 받아쓰기 시험에만 집중하는 대부분의 저학년 아이들을 보면 안타깝습니다.

받아쓰기 시험점수가 낮은 이유는 위에 제시한 6가지 이외에도 여러 가지가 있을 수 있지만 가장 대표적인 이유를 적어보았습니다. 받아쓰기 점수가 낮은 데에는 이렇게 다양한 원인이 있으므로 단기간에 해결할 수 없습니다. 시험 치기 전날 엄마랑 3시간 연습한다고 해서 50점 맞던 학생이 100점을 맞을 수 없습니다. 길게 보세요. 독서를 통해 충분한 이해력을 쌓고 꾸준한 한글학습을 해야 장기적으로 봤을 때 틀리는 글자를 점차 줄여나갈 수 있습니다.

⑤ 받아쓰기에 대한 아이들의 생각은 어떨까요?

가. 받아쓰기에 대한 부정적인 감정

'받아쓰기'라는 말을 들으면 어떤 생각이 드는지 제가 담임했던 2학년 학생 28명을 대상으로 조사를 해보았습니다.

학생들 대부분이 "긴장이 된다, 걱정된다, 떨린다, 싫어한다, 어렵겠다는 생각이 든다. 다리가 떨린다. 힘들다, 고치기 싫어서 분노가 폭발한다,"와 같은 부정적인 답을 썼습니다.

어떤 아이들이 받아쓰기에 대해 부정적인 생각을 많이 할까요? 평소 시험점수에 신경을 많이 쓰는 부모님을 둔 아이들, 평소 도서관에 자주 가지 않아서 독서 습관이 잡히지 않은 아이들이 위와 같은 반응을 보였습니다. 그리고 타고난 성격이 소심하고 조심성이 많고 걱정과 겁이 많은 아이들도 이런 반응을 보였습니다.

왜 학교에 입학한 지 2년밖에 안 된 아이들이 이런 생각하고 있을까요? 그것은 바로 받아쓰기와 관련한 부정적인 경험 때문입니다. 받아쓰기 결과로 과도한 숙제를 내는 교사와 받아쓰기 결과로 혼내는 교사, 받아쓰기 점수로 아이를 혼내는 엄마, 친구의 받아쓰기 점수와 비교하는 엄마에 대한 기억이 있으므로 받아쓰기에 대한 거부감이 있습니다.

받아쓰기 시험에 대한 거부감이 생긴 아이는 일반 시험에서도 거부감이 생기기 쉽습니다. 쉬운 문제인데도 잘못 읽어서 실수하고 평소에는 잘하는 것 같은데 시험만 치면 제 실력을 발휘하지 못하는 아이들은 이런 경우가 많습니다. 즉, 시험에 대한 거부감과 부담 때문에 자기의 실력을 제대로 발휘하지 못하고 있는 것입니다. 이런 아이들은 큰 시험에서 자신의 진짜 실력을 제대로 발휘하지 못할 확률이 높습니다.

나. 소수의 긍정적인 감정을 가진 아이들

받아쓰기에 자신감이 있는 아이들은 한 반에 10~20% 정도 되는데 이런 아이들은 두 가지 부류로 나뉩니다.

첫 번째 유형은 평소 도서관을 가까이하는 아이들입니다. 이런 아이들은 어릴 때부터 부모님이 도서관에 자주 데리고 다니고 책을 많이 읽어준 경우가 많습니다. 책을 통해서 자연스럽게 한글을 뗀 경우도 많이 볼 수 있습니다. 이런 아이들은 받아쓰기를 크게 힘들어하지 않습니다. 책 속에 있는 글자에 흥미를 보이기 때문에 자연스럽게 받아쓰기도 잘합니다. 그래서 받아쓰기 공부를 할 때 많은 시간을 들이지 않고 공부해도 받아쓰기 성적이 잘 나오고 받아쓰기 결과 그 자체에 대해서 별다른 의미부여를 하지 않습니다. 성적에 쿨한 아이들입니다.

두 번째 유형은 하고자 하는 의욕이 많은 아이입니다. 부모님이나 선생님에게 칭찬받기 좋아하는 아이들입니다. 시험점수를 높게 받는 것이 큰 목표이며, 한 개라도 틀리면 우는 유형입니다. 이런 아이들의 부모님은 시험의 결과에 관심이 많고 다른 친구의 점수에도 관심이 많습니다. 받아쓰기 시험 준비에 많은 시간을 쏟으나 독서에는 별다른 관심을 보이지 않는 경우가 많습니다. 이런 아이들은 겉으로 볼 때는 받아쓰기에 대한 거부감이 없는 것처럼 보이지만, 사실 '받아쓰기 시험' 자체에 대해 큰 의미부여를 하고 있으므로 스트레스도 많이 받습니다. 저학년 때는 받아쓰기 점수가 좋아서 별다른 문제가 없이 보이지만 독서를 충분히 하지 않은 상태에서 '시험 자체'에 대한 관심과 부담이 증가하기 때문에 학년이 올라갈수록 학업성취가 좋지 않습니다.

⑥ 받아쓰기와 관련하여 부모님이 자주 하는 실수는?

가. 여러 번 쓰기

받아쓰기 시험에서 틀린 글자를 몇 번 정도 적으면 적당할까요? 정답은 없겠지만 3번 정도면 충분하지 않을까요? 맘카페에 '받아쓰기'와 관련해서 엄마들은 어떤 고민을 하고 있는지 자료를 찾다가 깜짝 놀랄만한 사례를 보았습니다. 어떤 2학년 학생의 임시 담임선생님이 받아쓰기 틀린 것을 100번씩 써오라고 했다는 사실을 접하고 두 눈을 의심했습니다. 받아쓰기 틀린 것을 100번 쓴다고 이 학생이 알게 될까요? 1주일 정도 후에 100번 연습한 문장을 다른 문장 사이에 끼워 넣고 시험을 치면 이 학생이 이 문장을 맞힐 수 있을까요?

아닙니다. 받아쓰기 문제를 틀린 데에는 다양한 원인이 있으므로 단지 100번을 썼다고 맞힐 수 있는 것이 아닙니다. 설사 맞추더라도 100번씩 쓰면서 공부하는 것의 가장 큰 문제는 공부에 대해 거부감이 생긴다는 점입니다. 100번씩 쓰면서 재미있다고 생각하는 아이가 얼마나 되겠습니까? 100번씩 쓰는 행위는 생각하는 '학습'이 아니라 기계처럼 '일'을 하는 행위와 같습니다. 100번씩 쓰는 것은 단순한 한 사례에 불과하다고 생각하더라도 주위에 보면 틀린 문장을 10번씩 다시 써오라는 경우도 많이 보았습니다. 틀린 문장 속 틀린 단어를 3번 정도만 다시 써보는 것으로 충분합니다. 왜냐하면, 다른 그림책 속에서 또다시 그 단어가 등장하기 때문입니다. 지금 당장 10번 반복한다고 알게 되는 것은 아닙니다.

나. 남과 비교하기

받아쓰기 시험을 치면 엄마들이 다른 친구들과 비교를 합니다. 내 아이가 90점을 받아와도 "친구 철수는 몇 점이야?"라고 묻습니다. 친구는 100점을 받았습니다. 90점도 잘한 건데 나보다 더 잘한 친구와 비교를 하니 아이는 기가 죽습니다. 엄마는 말합니다. "다음에는 더 잘해~" 지금도 잘하고 있는데 충분한 칭찬을 받지 못한 아이는 갈수록 기가 죽습니다.

받아쓰기 점수를 60점 받아온 아이는 이미 자기 스스로 점수가 낮아서 기분이 안 좋은 상태로 집에 옵니다. 그런 아이에게 "민준이는 80점 받았다던데…"라는 식으로 남과 비교를 하는 말을 하면 아이는 더 작아집니다.

위 사진은 받아쓰기 70점 받은 2학년 학생의 일기장입니다. 점수는 조금 낮지만 제가 가르친 대로 연습을 한 아이기 때문에 그 부분에 대해 칭찬을 하니 사진과 같은 일기를 썼습니다. 남과 비교하면 절대 행복해지지 않습니다. 남보다 조금 늦더라도 비교하지 말고 아이들을 격려해주세요.

다. 혼내기, 막말하기

받아쓰기 공부를 하면서, 받아쓰기 시험점수를 보고 속상한 마음에 아이에게 막말하고 심하게 혼내는 부모님이 가끔 계십니다. 받아쓰기 점수가 낮거나 엄마와 연습을 많이 했는데도 틀린 문제가 많았을 경우 화가 나서 욱하는 마음에 아이에게 막말하는 때도 있습니다. 교사인 저도 틀리는 글자가 간혹 있습니다. 학부모님들이 보내는 카톡이나 문자에도 틀리는 글자가 있습니다. 어린아이들에게 너무 가혹할 정도로 완벽을 강요하면 아이들이 지치고 포기하게 됩니다. 중요한 것은 받아쓰기가 아니라 '자녀와의 관계'와 '정서 지능'과 '독서 습관'입니다. 아이가 점수를 낮게 받아왔을 때 점검해 보아야 할 것은 학습 습관, 생활 습관, 독서 습관입니다.

라. 보상하기

"받아쓰기 시험 100점 받아오면 유희왕 카드 사줄게"라는 엄마의 말에 아이는 받아쓰기 공부를 열심히 해서 100점을 받았습니다. 약속대로 유희왕 카드도 사줬습니다. 문제는 그 이후로 단원평가에서 100점을 맞거나 교내 대회에서 무슨 상이라도 받아오면 항상 유희왕 카드를 사달라고 하는 사례를 맘카페에서 보았습니다. 요즈음은 카드를 안 사주면 공부를 안 하겠다고 은근히 협박까지 한다는 사례였습니다.

받아쓰기 시험점수를 잘 받게 하려고 "유희왕" 카드를 선물로 사주었는데 그것이 오히려 아이의 공부를 방해한 경우입니다. 많은 집에서 보상으로 스티커 제도를 활용합니다. 편하기도 하고 즉각적인 효과가 있어 보이기도 해서 많은 분이 사용하고 있습니다. 하지만 위의 사례에서 알 수 있듯이 보상은 지속해서 동기를 자극할 수 없습니다.

마. 때리기

요즈음에는 받아쓰기 시험 결과로 아이들을 체벌하는 경우가 잘 없으나 옛날에는 많았습니다. 그리고 저학년 담임을 해보면 의외로 아직 받아쓰기 시험점수를 보고 꿀밤을 때리거나 등짝을 치거나 손바닥 체벌하는 가정이 있습니다. 어떤 이유에서든지 체벌은 정당하지 않습니다. 대부분 부모님이 홧김에 아이들을 때리는 경우가 있는데, 특히 시험점수로 아이들을 때리는 것은 절대 해서는 안 되는 행동입니다.

바. 옆집에 자랑하기

아이가 받아쓰기 시험에서 100점을 받아오면 물론 기분이 좋습니다. 옆집에 자랑도 하고 싶습니다. 처음에는 기분이 좋지만, 날이 갈수록 부담이 됩니다. "계속해서 100점을 받아와야 하는데…"라는 생각이 들고 2개 틀려서 80점이라도 받으면 아이를 혼내는 자신을 발견하게 됩니다. 내 자녀의 점수보다 자녀 친구의 점수가 더 궁금해지는 상황도 생깁니다. 자식의 받아쓰기 점수에 일희일비하고 주위의 부모님의 말에 스트레스를 받는 부모님들은 많습니다. 우리 주변에서 흔히 볼 수 있는 사례입니다. 초등학교 1, 2학년 때 받아쓰기 점수를 100점 받았다고 잘하고 있는 것일까요? 6개월 후에 똑같은 시험지를 가지고 시험을 쳐도 100점이 나올까요? 받아쓰기 점수에 신경 쓰지 않고 "독서교육"에 집중하는 것이 장기적으로 보면 아이와 엄마에게 더 좋습니다.

⑦ 받아쓰기 100점의 의미는 어떤 것일까요?

가. 1학년 때 100점 받던 민주

6학년 담임을 맡았을 때의 일이었습니다. 중간고사를 친 후 시험점수가 공개되는 날이었습니다. 시험에 관해 이야기하다가 받아쓰기에 관한 이야기가 나왔습니다. "선생님! 저는 1학년 때 받아쓰기 시험 칠 때마다 100점 받았어요. 1학년 때는 다른 과목도 올백이었어요. 지금은 못 하지만……."이라고 6학년 여학생 민주가 말했습니다.

사실 6학년이 된 민주는 성적이 좋지 않았습니다. 민주는 어릴 때부터 학원에 많이 다녔습니다. 집이 남들보다 다소 여유가 있었기 때문에 선행학습도 많이 하고 학원에 많이 의존했던 학생이었습니다. 당연히 학원에 많이 다니고 숙제도 많이 하니까 공부에 대한 스트레스가 많은 학생이었습니다. 하지만 독서는 어릴 때부터 하지 않았습니다. 왜냐하면, 학원 숙제하느라 바빴기 때문에 책을 읽을 시간이 없었다고 합니다. 민주와 상담을 해보니 민주 엄마는 민주에게 책을 읽어준 적이 거의 없었다고 합니다. 민주처럼 1학년 때 받아쓰기는 줄곧 100점을 받았지만, 독서 습관을 쌓지 않고 학원을 많이 다니고 문제집을 많이 푼 아이들은 내공이 쌓이지 않습니다. 내공이 쌓이지 않은 채, 공부에 대한 스트레스만 많이 쌓인 아이들은 고학년쯤 되면 성적도 낮아질 뿐 아니라 공부를 싫어하게 됩니다.

그렇다면 어떻게 민주는 받아쓰기 시험에서 매번 100점을 받을 수 있었을까요?

"받아쓰기 시험을 치기 전날 엄마랑 매일 1시간씩 연습했어요. 그 때는 진짜 싫었어요. 그런데 100점 받으니까 기분은 좋았어요."라고 민주는 말을 했습니다. 그렇습니다. 민주는 남에게 지기 싫어하는 성향의 아이였고, 받아쓰기 시험에서 1개라도 틀리면 우는 그런 애살 있는 아이였습니다. 그리고 엄마는 받아쓰기 점수를 중요하게 생각하는 엄마였습니다. 받아쓰기 연습을 엄마랑 하기 싫었지만 그래도 연습 후에는 100점의 성적을 받을 수 있으니 민주는 참고 받아쓰기를 연습했습니다. 그렇게 엄마와 미리 연습을 많이 한 결과 1학년 내내 받아쓰기 시험에서 100점을 받을 수 있었습니다.

민주와 엄마가 받아쓰기 100점을 중시하는 동안 놓친 것은 무엇일까요? 크게 보아 두 가지가 있는데 첫 번째는 '독서 습관'입니다. 어릴 때부터 독서 습관을 형성하기 위해서는 정말 큰 노력이 필요합니다. 저는 독서 습관을 만드는 데에는 최적의 시기가 존재한다고 믿습니다. 그것은 2학년을 절대 넘겨서는 안 된다고 생각합니다. 민주는 1학년 때 책을 충분히 읽지 않고 선생님이 프린트해준 받아쓰기 급수 표만 들고 공부를 했습니다. 이런 아이들이 은근히 많아서 안타깝습니다.

민주와 엄마가 놓친 두 번째는 '성격 이해'입니다. 민주와 같이 완벽주의 성향인 아이들, 결과를 중시하는 아이들은 '불안'이 있습니다. 왜냐하면, 시험 결과가 좋아야 하니까 시험을 준비하는 동안, 시험을 치는 동안에 불안이 항상 함께합니다. 그래서 이런 아이들은 시험 대비를 계속하는 것보다 틀려도 괜찮다는 사실을 끊임없이 알려줘야 하고, 실제로 부모님들이 시험 결과에 집착하지 않는 모습을 보여줘야 합니다. 시험을 100점 받아와도 크게 기뻐하지 않고 태연한 모습을 의도적으로 보여줄 필요가 있습니다. 매번 100점을 받아오다가 80점을 받아오면 그때 적극적으로 개입해서 아이들과 이야기를 나눌 필요가 있습니다. 아이의 성격이 이러하니 아이의 불안을 줄여줄 수 있도록 여러 가지 방법을 생각해야 합니다. 하지만 받아쓰기 시험에 집중한 나머지 아이의 불안은 더 커지고 책은 더 멀어지는 결과가 나왔습니다.

나. 독서를 꾸준히 한 정현이

옆에서 민주의 말을 들은 정현이는 "나는 1학년 때 받아쓰기 70점 정도밖에 못 받았는데"라고 말했습니다. 6학년인 정현이는 반에서 성적이 좋습니다. 학원도 피아노학원밖에 다니지 않습니다. 정현이와 상담을 해보니 정현이는 어릴 때부터 엄마가 책을 많이 읽어줬다고 합니다. 도서관에도 자주 가고 독서 습관이 자리 잡힌 아이였습니다. 1학년 때 받아쓰기 시험을 쳐도 70점~80점 사이를 맞았다고 합니다. 하지만 정현이 엄마는 정현이를 단 한 번도 혼낸 적이 없다고 합니다. 느긋한 정현이 성격 탓도 있겠지만 엄마가 혼내지 않으니 정현이도 받아쓰기로 큰 스트레스를 받지 않았다고 합니다.

민주와 정현이의 사례에서 알 수 있듯이 초등학교에서 중요한 것은 '독서 습관 형성'이지 '받아쓰기 100점 받기'가 아닙니다. 담임하면서 아이들과 상담하다 보면 많은 아이가 독서 습관을 형성하지 않은 채 학원에 다니고 문제집을 풀고 있습니다. 크고 길게 보아야 합니다. 지금 당장 성적보다 중요한 것은 '독서 습관형성'입니다.

⑧ 받아쓰기를 할 때 띄어쓰기는 어떻게 하나요?

받아쓰기 공부를 할 때 띄어쓰기는 어느 정도로 공부해야 할까요? 솔직히 말하면 교사인 저도 띄어쓰기가 어렵습니다. 그렇다면 1, 2학년 아이들은 얼마나 어려울까요? 하나하나의 낱말을 정확하게 적는 것도 힘이 드는데 띄어쓰기까지 정확하게 연습을 하려면 얼마나 많은 집중력과 노력이 필요할까요?

저는 띄어쓰기보다 낱말을 정확하게 쓰는 것이 더 중요하다고 생각합니다. 띄어쓰기를 다소 틀리더라도 글을 읽고 내용 파악하는 문해력, 맞춤법에 맞게 글을 쓰는 것이 더 중요하다고 생각합니다. 띄어쓰기는 그림책을 소리 내서 읽기 연습하면 도움이 됩니다.

띄어쓰기는 박규빈 작가의 『왜 띄어 써야 돼?』라는 책을 읽어주고 여유를 가지고 해주세요. 띄어쓰기보다 맞춤법이 더 중요하고 맞춤법보다 독서 습관을 잡는 것이 더 중요합니다. 띄어쓰기는 시간이 필요합니다. 1학년 때 집중적으로 연습을 한다고 2학년이 되기 전에 마스터 할 수 있는 성격의 일이 아닙니다.

⑨ 받아쓰기 급수 표를 받았을 때 공부하는 방법은?

많은 학교에서 받아쓰기 급수 표를 나누어 줍니다. 받아쓰기 급수 표에는 10개 문장씩 나누어져 있습니다. 이 급수표를 받았을 때 대부분 가정에서는 부모님이 불러주고 아이가 문장을 받아적습니다. 시험 결과 틀린 문장을 다시 받아적습니다. 이렇게 공부를 해서는 좋은 성적을 받을 수 없습니다. 부모님이 불러주고 시험을 한 번 번 후에 틀린 낱말을 급수 표에 빨간색으로 동그라미를 칩니다. 그 후에 내가 쓴 낱말과 빨간색으로 동그라미 친 낱말을 비교하고 어떤 부분에서 틀렸는지 확인합니다. 그리고 마지막으로 틀린 낱말만 3번 정도 집중해서 공책에 써 봅니다. 이런 방식으로 메타인지를 활용해서 받아쓰기 급수 표를 공부하면 내가 틀렸던 부분만을 반복해서 공부할 수 있고 시험 결과도 좋게 받을 수 있습니다.

2) 그림책으로 받아쓰기하기

① 이런 점이 좋아요

그림책 받아쓰기란 그림책을 한 권 읽고 내가 모르는 낱말을 찾아서 공책에 정리하는 받아쓰기 공부방법입니다. 이 방식으로 받아쓰기를 공부하면 어떤 점이 좋을까요?

가. 독서 습관을 잡을 수 있다

그림책 받아쓰기를 위해서는 그림책 한 권을 읽어야 합니다. 매일 한 권의 그림책을 읽고 받아쓰기 연습을 하므로 독서 습관을 형성할 수 있습니다.

나. 충분한 양의 연습이 가능하다

받아쓰기 급수 표는 대부분 1쪽에 9개의 급수로 이루어져 있습니다. 한 개의 급수에 10문제가 있으니 90개의 문장이 있습니다. 한 학기에 양면으로 된 종이 한 장씩 나누어 주니까 1년 동안 하면 180개의 문장을 연습할 수 있습니다.

그림책 받아쓰기는 매일 1개씩 연습하기 때문에 1년 동안 꾸준히 하면 365개의 문제를 연습할 수 있습니다. 학교에서 한 개, 집에서 한 개 이렇게 매일 2개씩 하면 730개를 연습할 수 있습니다. 매일 꾸준히만 한다면 받아쓰기 급수 표보다 훨씬 더 많은 양을 학습할 수 있습니다.

다. 시험에 대한 거부감을 줄여준다

그림책 받아쓰기는 매일 내가 문제를 만들고 복습하므로 시험에 대한 거부감이 없습니다. 매일 즐거운 마음으로 할 수 있습니다. 실제 아이들과 매년 진행해 보면 아이들이 스트레스를 받지 않고 열심히 합니다. 시험을 치기 위한 '대비용 공부'가 아니라 내가 모르는 부분을 '찾는 재미'가 있으므로 아이들이 잘 참여합니다. 꾸준히 할 수 있습니다.

라. 아이들 수준에 맞게 진행할 수 있다

그림책 받아쓰기는 아이의 수준에 맞게 진행할 수 있습니다. 아이마다 자주 틀리는 부분, 모르는 부분이 다릅니다. 매일 자신이 모르는 부분을 찾아서 공부하는 방식이기 때문에 학생의 수준에 맞게 진행을 할 수 있습니다. 다소 느린 아일지라도 자신이 모르는 글자부터 공부해나가기 때문에 꾸준히만 한다면 도움이 많이 됩니다.

마. 잠깐 배우는 교과서의 문제점을 해결할 수 있다

1학년 2학기 국어(가) 교과서에는 겹받침이 나옵니다. 문제는 이 내용을 잠깐 배우고 넘어간다는 점입니다. 한 단원은 10~12차시 정도로 구성이 되어있는데 2주 정도면 다 배웁니다. 그런데 그 2주 내내 겹받침을 배우는 것도 아니고 2시간 정도 겹받침을 배웁니다. 겹받침에 대해 하나도 몰랐던 아이가 겹받침을 완전히 배워서 익히기에는 2시간은 턱없이 부족합니다. 국어 교과서에는 문장부호 배우기, 바른 자세로 말하기, 알맞은 목소리로 읽기, 고운 말 쓰기, 상상해서 말하기, 띄어쓰기 등 말하기, 듣기, 읽기, 쓰기 등 배워야 할 내용이 많으므로 한 개의 주제를 충분히 연습할 시간이 없습니다.

교과서의 구성과 현실이 이러므로 교과서만으로는 충분한 연습이 불가능합니다. 교과서와 받아쓰기 급수 표와는 달리 그림책 받아쓰기는 국어 교과서와 상관없이 꾸준히 스스로 학습을 할 수 있고 충분한 양의 연습이 가능합니다.

② 국어책과 함께 그림책 받아쓰기하기

1학년과 2학년 책에서 한글을 배우는 순서는 아래와 같습니다. 자음, 모음부터 시작해서 받침이 있는 글자를 1학년 1학기 때 배운 후 2학기에는 쌍자음으로 시작하는 낱말, 쌍받침 글자를 배우고, 겹받침을 배웁니다. 2학년 때는 겹받침을 배우고 받침이 뒷말 첫소리가 되는 낱말 찾기를 배웁니다.

배우는 시기	배우는 내용	예시
1-1	자음	ㄱㄴㄷㄹㅁㅂㅅㅇㅈㅊㅋㅌㅍㅎ
	모음	ㅏㅑㅓㅕㅗㅛㅜㅠㅡㅣ
	여러 가지 모음	ㅐ, ㅔ, ㅚ, ㅟ, ㅘ, ㅝ, ㅙ, ㅢ, ㅖ, ㅞ, ㅒ
	받침이 있는 글자	
1-2	여러 가지 자음(쌍자음)	ㄲ, ㄸ, ㅃ, ㅆ, ㅉ
	쌍받침 글자	ㄲ, ㅆ
	겹받침	ㄱㅅ, ㄴㅈ, ㄴㅎ, ㄹㄱ, ㄹㅁ, ㄹㅂ, ㄹㅌ, ㄹㅍ, ㄹㅎ, ㅂㅅ
2-1	겹받침	ㄱㅅ, ㄴㅈ, ㄴㅎ, ㄹㄱ, ㄹㅁ, ㄹㅂ, ㄹㅌ, ㄹㅍ, ㄹㅎ, ㅂㅅ
	받침이 뒷말 첫소리가 되는 낱말찾기	예시) 바람이 ☞ [바라미], 밥을 ☞ [바블]

학교에서 위와 같은 과정으로 배우기 때문에 이에 맞추어서 그림책 받아쓰기를 하면 좋습니다. 아래 내용은 학교에서 배우는 교과서 진도에 맞추어 그림책 받아쓰기를 하는 방법에 대한 설명입니다.

국어책과 함께 그림책 받아쓰기하기는 크게 그림책 읽어주기, 오늘 공부할 낱말 찾기, 공책에 옮겨쓰기 이렇게 3가지 단계의 순서로 진행됩니다.

가. 그림책 읽어주기

그림책은 전래동화도 좋고 일반 그림책도 좋습니다. 읽어줄 그림책을 고르는 가장 좋은 방법은 아이와 함께 고르는 것입니다. 엄마가 몇 개의 재미있는 책을 골라놓고 그중에서 한 개를 아이가 고르게 하는 방법도 좋습니다. 학교에서 '봄'에 대해서 배우면 '민들레'에 대한 책이나 '황사'와 같이 봄과 관련한 책을 읽어줘도 좋습니다.

나. 오늘 공부할 낱말 찾기

학교에서 배우는 진도에 맞추어 그림책 속에서 'ㅇ'가 나오는 낱말 찾기'를 합니다. 오늘 학교에서 'ㅂ 받침'을 배웠다면 그림책 속에서 'ㅂ 받침'이 들어간 낱말을 찾습니다. 낱말을 찾았으면 연필이나 사인펜으로 해당 글자를 동그라미 칩니다. 연필보다는 사인펜으로 동그라미 치면 아이들이 좋아합니다. 연필이나 사인펜 없이 손가락으로 찾고 넘어가도 좋습니다. 책의 왼쪽 페이지는 엄마가, 오른쪽 페이지는 아이가 찾을 수 있도록 해주세요. 한 개를 찾으면

"우리 철수 잘 찾네? 이번에 오른쪽은 엄마가 찾아볼게. 엄마가 잘 찾는지 한 번 봐봐"

라고 말하면서 함께 찾아보세요. 엄마와 함께 찾는 활동은 아이가

받아쓰기 공부를 '공부'가 아니라 '놀이'로 인식하게 됩니다.

다. 공책에 옮겨쓰기

찾아서 동그라미 친 글자를 공책에 옮겨 적습니다. 찾은 글자 모두 다 공책에 적지 말고 3~5개 정도만 적도록 합니다. 처음 자음과 모음, 겹받침과 쌍받침을 배우는 단계에서는 책 속에 나오는 다양한 낱말을 찾는 것에 목적을 둡니다. 공책에 너무 많이 적지 않도록 해주세요.

아래는 『해와 달이 된 오누이』를 읽고 학교 진도에 맞추어서 그림책 받아쓰기를 하는 예시입니다.

─────── 1-1 자음 배울 때 ───────

☞ 자음을 배울 때에는 '자음 △이 들어간 낱말 찾기' 활동을 해보세요.

<자음 "ㅎ"이 들어간 낱말 찾아서 적기>
호랑이, 홀어머니, 하루, 하나, 열아홉, 어흥, 하얀, 상냥하게, 말했어요

─────── 1-1 모음 배울 때 ───────

☞ 모음을 배울 때도 같은 방식으로 하면 됩니다. 책 속에서 '△ 모

음이 들어간 낱말 찾기' 활동을 합니다.

<모음 "ㅏ"가 들어 있는 낱말 찾아서 적기>
산골, 엄마, 삼키고, 오빠, 감기, 우물가, 나무, 참기름, 동아줄

─────────── 1-1 여러 가지 모음 배울 때 ───────────

☞ 여러 가지 모음도 책 속에서 '△ 모음이 들어간 낱말 찾기' 활동을 합니다.

여러 가지 모음	ㅐ, ㅔ, ㅚ, ㅟ, ㅘ, ㅝ, ㅙ, ㅢ, ㅖ, ㅞ, ㅒ

<여러 가지 모음 "ㅟ"가 들어 있는 낱말 찾아서 적기>
쉬었단다, 위로, 뒤꼍,

─────────── 1-1 받침이 있는 글자 배울 때 ───────────

☞ 책 속에서 '*받침이 들어간 낱말 찾기' 활동을 합니다.

<받침이 있는 글자 중에서 "ㄴ"받침이 들어 있는 낱말 찾아서 적기>
지친, 조금만, 수건, 문틈, 손, 얼른, 방문, 썩은

☞ 책 속에서 '쌍자음이 있는 낱말 찾기' 활동을 합니다.

< 쌍자음이 있는 낱말 찾아서 적기>
떡, 글쎄, 떨면서, 꿀꺽, 깜짝, 똑똑, 오빠, 가까이, 뒤꼍, 꼬리, 쑤욱

1-2 쌍받침글자 배울 때

☞ 책 속에서 '쌍받침이 있는 낱말 찾기' 활동을 합니다.

< 쌍받침이 있는 낱말 찾아서 적기>
살았어요, 받았어요, 배고프겠네, 썼어요, 찾아갔어요, 삼켰어요

1-2, 2-1 겹받침글자 배울 때

☞ 책 속에서 '겹받침이 있는 낱말 찾기' 활동을 합니다.

겹받침	ㄱㅅ, ㄴㅈ, ㄴㅎ, ㄹㄱ, ㄹㅁ, ㄹㅂ, ㄹㅌ, ㄹㅍ, ㄹㅎ, ㅂㅅ

< 겹받침이 있는 낱말 찾아서 적기>
품삯, 어김없이, 않겠지?, 앉아있는, 않았단다, 틀림없었어요, 없었지요, 끊어져

☞ 책 속에서 '받침이 뒷말 첫소리가 되는 낱말을 찾아서 소리 나는 대로 쓰기' 활동을 합니다.

< 받침이 뒷말 첫소리가 되는 낱말 찾아서 소리 나는 대로 쓰기>
문을 ☞ [무늘], 떡을 ☞ [떠글], 참기름을 ☞ [참기르믈], 동아줄을 ☞ [동아주를]

③ 스스로 그림책으로 받아쓰기하기

'스스로 그림책으로 받아쓰기하기'는 그림책을 읽은 후 내가 모르는 낱말을 찾아 스스로 받아쓰기 연습을 하는 공부법을 말합니다. 자세한 공부 순서는 아래와 같습니다.

가. 그림책 읽고 제목 쓰기

그림책을 읽고 책 제목만 적도록 해주세요. 꾸준히 적다 보면 아이들이 50권 100권을 채울 때 뿌듯해합니다.

나. 그림책 속에서 내가 잘 모르는 낱말 찾기

그림책을 앞뒤로 넘겨 가면서 내가 모르는 낱말을 찾습니다. 예를 들어 『알사탕』이라는 책에서 내가 잘 모르는 부분 "속에 껌이 들었네"에서 "들었네" 부분을 찾습니다.

다. 모르는 낱말이 포함된 한 문장 쓰기

"들었네"만 적지 않고 내가 찾은 낱말이 들어간 문장 전체 "속에 껌이 들었네"를 적습니다. 문장 전체를 적으면 '들었네'라는 말의 의미를 더 정확하게 알 수 있기 때문입니다.

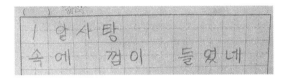

라. 문장 속에서 모르는 낱말 밑줄 치기

내가 모르는 문장을 적은 후에는 내가 모르는 낱말을 찾아서 밑줄을 칩니다. 밑줄을 치는 이유는 내가 쓴 문장 중에서 더 집중해서 봐야 할 부분이 어떤 부분인지 알기 위함입니다. 연필로 밑줄을 그으면 됩니다. "들었네" 부분에 밑줄을 칩니다.

마. 밑줄 친 낱말 중에서 모르는 부분 동그라미 치기

그 후에는 내가 모르는 부분을 찾아 동그라미를 칩니다. 동그라미는 한 글자에만 칩니다. "들었네" 부분에 밑줄을 그은 후에 내가 헷갈리는 부분인 "네" 글자에 동그라미를 칩니다. 이렇게 내가 쓴 문장 중에서 내가 모르는 부분에 밑줄을 치고 동그라미를 치는 방식은 메타인지를 활용한 공부방법입니다. 받아쓰기 지도를 해보면 아이들이 한 문장을 10

번씩 써도 틀리는 경우를 자주 봅니다. 공책에 한 문장을 10번이나 썼는데도 틀리는 이유는 생각 없이 공부했기 때문입니다. 내가 어느 부분을 알고 모르는지 고민을 하지 않고 기계처럼 썼기 때문입니다.

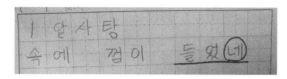

바. 일부러 틀리게 한번 쓰기

이 부분은 그림책 받아쓰기의 핵심입니다. 내가 헷갈리는 낱말 "들었네"를 고른 후에 일부러 "들었내"라고 적은 후 (X)표시를 합니다. 이 단계의 활동을 하는 이유는 내가 어떤 실수를 하는지 미리 경험해봄으로 인해 내가 어떤 부분에서 헷갈리는지 스스로 점검하면서 공부하기 위함입니다.

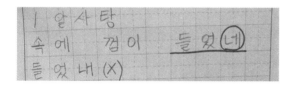

사. 아래 줄에 바르게 한번 쓰기

틀리게 한번 쓴 아래 줄에 바르게 "들었네"라고 쓰고 (O) 표시를 합니다. 한 번만 쓰도록 합니다. 받아쓰기 공부를 하면서 아이들이 가장 힘들어하는 부분은 같은 내용을 10번씩 쓰는 것입니다. 지금 당장 아이가 몰랐던 내용을 10번 쓴다고 알게 되지는 않습니다. 시간이 필요하고 복습을 효과적으로 해주어야 확실히 알게 됩니다.

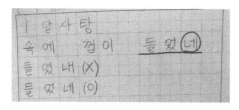

아. 1주일, 한 달, 석 달 후에 바르게 한번 쓰기

에빙하우스의 망각 곡선에 따르면 학습 내용의 기억을 장기적으로 하려면 시간 간격을 두고 반복해서 학습하는 것이 효과적이라고 합니다. 그래서 받아쓰기 내용을 지금 당장 10번 쓰는 것보다 시간 간격을 1주일, 한 달, 석 달처럼 두고 반복해서 학습하는 것이 더 오래 기억할 수 있다고 합니다. 오른쪽 빈칸에 한 달 지나서 복습할 때 한 번씩 더 써 봅니다.

④ 잊지 말아야 할 중요한 것

가. 받아쓰기보다 책이 더 중요해요

2학년을 5년 동안 담임을 해보면서 1학년 선생님들과도 많은 이야기를 나눌 기회가 있었습니다. 많은 저학년 선생님들이 공통으로 말씀하시는 것 중의 하나는 '부모님들이 받아쓰기만 신경을 쓴다.'라는 사실입니다. 사실 받아쓰기는 크게 중요한 것이 아닙니다. 책을 즐겨 읽는 아이는 자연스럽게 한글을 배우고 약간의 도움만 주면 스스로 한글을 익힙니다. 받침이 있는 몇 개의 글자에서 실수하지만 크게 문제 될 것은 아닙니다.

실제 받아쓰기 시험을 쳐보면 독서 습관이 안 잡히고 생활습관이 잘 형성되지 않은 아이는 받아쓰기 시험점수가 낮습니다.

받아쓰기보다 책을 가까이하는 것이 우선입니다.

나. 부담을 줄여주세요

항상 아이가 힘들어하지 않는지 살펴봐 주세요. 오늘 공부할 내용이 '비읍 받침이 들어간 글자 찾기'라서 책 속에서 비읍 받침이 들어간 낱말을 10개를 찾아도 공책에는 2개에서 3개 정도만 적도록 해주세요. 10개를 다 적게 해서 아이가 지겨워하는 마음을 갖게 하는 그것보다 10개를 찾았지만 3개만 적도록 해서 아이의 부담을 줄여주는 것이 더 좋습니다. 아이의 마음이 가벼워야 학습을 지속할 수 있습니다.

다. 꾸준히 하도록 해주세요

하루에 한 개씩 그림책 받아쓰기를 하는 것은 큰 노력 없이 할 수 있고 시간도 얼마 걸리지 않습니다. 꾸준하게만 한다면 1년에 300개 이상을 할 수 있고 하루에 2개씩 한다면 1년에 700개 이상을 할 수 있습니다. 부모의 욕심을 내려놓고 매일 꾸준하게 할 수 있도록 도와주세요.

라. 한 번씩 이벤트 해주세요

그림책 받아쓰기를 아이 스스로 할 수 있게 된 다음부터는 꾸준히 할 수 있도록 도와줄 필요가 있습니다. 스스로 할 수 있어도 부모님의 관심을 끊으면 안 됩니다. 한 번씩 잘하고 있나 봐주시고 가끔 이벤트를 해주세요.

오늘 『수박 수영장』 책을 읽었다면 "우리 수박 먹을까?", 『팥빙수의 전설』 책을 읽었다면 "우리 팥빙수 해 먹을까?"와 같이 책과 관련한 재미있는 활동을 해주세요.

그리고 50개 정도 그림책 받아쓰기를 했으면 한 번씩 맛있는 것을 사주거나 아이가 좋아하는 활동을 함께 해 주세요. 그리고 한 번씩 서점에 함께 가서 책도 사주세요.

⑤ 받침 공부할 때 충분한 연습이 필요한 부분

한글에서 받침은 자음 14가지, 쌍받침, 겹받침이 있습니다. 이 중에서도 아이들이 자주 실수하는 받침은 어떤 것들이 있을까요? 아이들이 자주 틀리는 부분은 총 5개로 나눌 수 있습니다.

가. ㅂ, ㅍ 받침

ㅂ과 ㅍ은 글자는 다르지만 받침에서 모두 /읍/소리가 납니다. 그래서 '덮다'와 '높다'처럼 피읖 받침을 '덥다', '높다'와 같이 비읍 받침으로 잘못 적는 학생들이 많습니다. '대답'을 '대닾'으로 적는 학생은

거의 없습니다. 피읖으로 적어야 할 받침을 비읍으로 적는 경우가 훨씬 더 많습니다. 그림책을 읽은 후 '피읖 받침 낱말 찾아서 읽고 공책에 쓰기' 활동을 많이 연습시켜 주세요.

ㅍ 받침 낱말
덮다, 늪, 엎어지다, 높임말, 갚다, 앞산, 높다, 옆자리

나. ㄱ, ㅋ, ㄲ 받침

ㄱ, ㅋ, ㄲ은 글자는 다르지만 받침에서 모두 /윽/소리가 납니다[25]. 그래서 '닭다'를 '닥다'로 '부엌'을 '부억'으로 적는 아이들이 많습니다. 그림책을 읽고 '받침이 ㄱ, ㅋ, ㄲ 받침 글자를 동시에 찾아서 비교해서 적어보는 활동'도 좋습니다.

ㄱ, ㅋ, ㄲ 받침 낱말
수박, 불국사, 악기, 걱정, 부엌, 해질녘, 밖, 꺾다, 묶다, 깎다, 섞다, 닦다

다. ㄷ, ㅅ, ㅆ, ㅈ, ㅊ, ㅌ, ㅎ 받침

ㄷ, ㅅ, ㅆ, ㅈ, ㅊ, ㅌ, ㅎ은 글자는 다르지만 받침에서 모두 /은/소리가 납니다. '숟가락'을 '숫가락'으로 '숨었어'를 '숨엇어'로, '젖병'을 '젓병'으로, '장미꽃'을 '장미꼿'으로, '채소밭'을 '채소밧'으로 '빨갛게'를 '빨갓게'로 적는 아이들이 있습니다. 위에서 예를 든 것처럼 알맞은 받침을 적어야 하는데 발음을 하면 모두 소리가 /은/으로 나기

---

25. 『찬찬한글』 155~160쪽 참조

때문에 받침을 '시옷'으로 잘못 적는 학생들이 아주 많습니다. 이 받침에서 아이들이 아주 힘들어합니다. 가장 많이 실수하는 부분이기 때문에 충분한 시간을 두고 꾸준히 연습해야 합니다.

ㄷ, ㅅ, ㅆ, ㅈ, ㅊ, ㅌ, ㅎ 받침
ㄷ 받침 ☞ 받다, 갇히다, 쏟아지다, 얻다, 받아쓰기, 숟가락, 묻다, 싣다, 듣다, 걷다
ㅅ 받침 ☞ 다섯, 햇볕, 밥맛, 낫다, 버릇, 맷돌, 씨앗, 바닷가, 잣, 젓가락, 웃음, 옷걸이
ㅆ 받침 ☞ 갔다, 했다, 담았다, 바빴다, 피었다, 숨었다, 닫았다, 말했다, 빠졌다, 외쳤다
ㅈ 받침 ☞ 찾다, 낮, 멎었다, 잊었다, 젖병, 짖었다, 갖고 싶다
ㅊ 받침 ☞ 빛, 꽃, 몇 명, 빛나다
ㅌ 받침 ☞ 팥죽, 끝났다, 맡기다, 같다, 겉모습, 옅은색, 낱말, 채소밭, 콩쥐팥쥐
ㅎ 받침 ☞ 낳다, 어떻게, 빨갛게, 쌓기나무, 빻다, 넣다, 땋다, 놓치다, 좋다

라. 겹받침

겹받침 받아쓰기를 해보면 '닭았다'를 '달았다'나 '달맛다'로 '짧다'를 '짤다'처럼 겹받침의 첫 자음만 적는 경우가 많습니다. 겹받침을 틀리지 않으려면 꾸준하게 그림책을 읽고 '그림책에서 겹받침을 찾아 적기' 활동을 하는 수밖에 없습니다.

겹받침
ㄱㅅ 받침 ☞ 품삯, 내 몫으로, 넋두리
ㄴㅈ 받침 ☞ 앉다, 얹다,
ㄴㅎ 받침 ☞ 많다, 끊다, 괜찮다, 하지 않다, 하찮다, 점잖다, 언짢다
ㄹㄱ 받침 ☞ 밝다, 맑다, 굵다, 닭, 긁다, 흙, 늙다, 산기슭
ㄹㅁ 받침 ☞ 삶다, 닮았다, 젊은이, 옮기다, 굶다, 삶
ㄹㅂ 받침 ☞ 넓다, 밟다, 짧다, 여덟, 얇다, 떫다
ㄹㅌ 받침 ☞ 핥고 있다, 책을 훑어보다
ㄹㅍ 받침 ☞ 시를 읊다
ㄹㅎ 받침 ☞ 싫다, 끓다, 뚫다, 잃어버리다, 닳았다
ㅂㅅ 받침 ☞ 없다, 값비싼
* 이 겹받침 표는 한희정 선생님의 아이디어를 참고했습니다.

마. 받침이 뒷말 첫소리가 되는 낱말

아이들에게 '거북이는'을 불러주고 받아쓰기를 해 보면 '거부기는'으로 쓰는 경우가 많습니다. 이것은 소리 나는 그대로 받아썼기 때문입니다. 이처럼 받침 뒤에 뒷말 첫소리가 '이응'이 오면 이응 자리에 앞글자의 받침이 오게 됩니다. 그래서 '거부기는'으로 쓰게 됩니다. 아이들에게 원리를 설명해주고 같은 현상이 생기는 낱말을 찾아서 써보는 활동을 반복해서 하다 보면 시간이 걸려도 자연스럽게 바른 맞춤법으로 적을 수 있습니다. 단지 시간이 오래 걸릴 뿐입니다. 그림책을 읽고 '받침이 뒷말 첫소리가 되는 낱말'을 찾아 공책에 적도록 해주세요. 한 개의 그림책을 읽고 여러 개를 찾은 후 3개 정도만 공책에 적을 수 있도록 도와주세요.

받침이 뒷말 첫소리가 되는 낱말
먹어 ☞ 머거, 집을 ☞ 지블, 초가집이 ☞ 초가지비, 밖으로 ☞ 바끄로, 작은 ☞ 자근

⑥ 그림책 받아쓰기 빙고

학급 아이들과 그림책 받아쓰기를 해보니 책도 꾸준히 읽을 수 있고 자신이 모르는 글자 공부를 스트레스 받지 않고 할 수 있어서 좋았습니다. 하지만 한 가지 문제점이 있었는데 바로, '놓치게 되는 부분'이 생긴다는 점이었습니다. 아이들이 '겹받침 종류가 10가지인데 지금까지 내가 6종류를 공부했으니 나머지 4종류의 겹받침을 찾아서 공부해야지'라고 생각하며 공부하지 않습니다. 그저 그림책을 펼쳐서 그날 기분에 따라 무작위로 선정해서 그림책 받아쓰기를 하고 있습니다. 물론 이것도 아이가 모르는 부분을 골라서 받아쓰기를 공부하는 방식이기 때문에 도움은 되지만, 일정 기간이 지났을 때 한 번도 학습하지 않는 겹받침 부분이 생겼습니다. 그래서 '그림책 받아쓰기 빙고' 학습지를 만들게 되었습니다.

이 학습지는 1학년 국어 교과서에 나오는 순서대로 만들었습니다. 자음 14개, 모음 10개, 여러 가지 모음, 받침이 있는 글자, 쌍자음, 쌍받침, 겹받침 순서로 만들었습니다.

1. 2쪽 복사해서 공책 맨 앞에 붙여주세요.

2. 매일 그림책 한 권을 읽어주세요.

3. 그림책 받아쓰기 빙고 학습지에서 오늘 공부할 부분(예를 들어 'ㄴ이 있는 낱말 찾기')을 한 개 고르세요.

4. 그림책에서 오늘 공부할 부분 'ㄴ이 있는 낱말 찾기' 활동을 합니다. 집에 있는 책이면 연필이나 사인펜으로 ㄴ이 있는 낱말에 동그라미를 쳐도 좋습니다. 공책에 이 중 3~4개 정도를 적습니다.

5. 그림책 받아쓰기 빙고 학습지에는 공책에 적은 낱말 중에서 가장 어려운 것 1개를 골라서 적고 동그라미를 칩니다.

⑦ 그림책 받아쓰기를 내 아이에게 맞게 바꾸기

위에서 그림책 받아쓰기를 하는 방법에 대한 기본적인 안내를 하였습니다. 그림책 받아쓰기는 독서를 놓치지 않고 한글 공부를 할 방법입니다. 실제 아이와 진행할 때는 위에 안내해드린 방식대로 하지 않아도 됩니다. 아이의 성향과 수준에 맞추어 변형시켜도 좋습니다. 아래는 변형할 수 있는 예시 학습 방법입니다.

단계	활동	활동 방법 설명
1	기본활동	가장 기본활동은 '그림책 한 권을 읽은 후 아이가 잘 모르는 낱말을 찾아서 적는 활동'입니다. 아래 예시는 '해와 달이 된 오누이' 전래동화책으로 설명을 하겠습니다.

2	목표 정하기	목표 정하기는 그림책 빙고에 적혀진 내용처럼 한 개의 학습 목표를 정하는 것을 말합니다. 예를 들어 '그림책 속에서 받침으로 ㅆ'이 들어간 낱말 찾기'와 같은 것이 목표 정하기입니다.
3	그림책에서 해당 글자 찾기	해와 달이 된 오누이 책에서 쌍받침 ㅆ이 들어간 글자를 찾습니다. 단순히 손으로 글자를 짚으면서 찾아도 되고 도서관에서 빌린 책이 아닐 때는 연필이나 사인펜으로 동그라미를 치면서 찾아도 좋습니다. **〈받침으로 ㅆ이 들어간 낱말 찾기〉** 살았어요, 갔어요, 있는데, 뛰어왔어요, 주었어요, 뒤쫓아왔어요, 물었어요, 말했어요, 버렸어요, 들었어요, 숨겼어요, 내려왔어요, 없었지요, 감추었어요, 아름다웠어요, 입었어요, 없어졌어요, 뒤졌지만, 못했어요, 울었어요, 갔어요, 했어요, 낳았어요, 행복했지요, 아팠어요, 꺼냈어요, 올라갔어요, 보았어요, 보냈어요, 기뻐했어요, 이야기했어요, 가져왔어요, 올라왔지요
4	그림책 받아쓰기 (기본)	해와 달이 된 오누이 • 참기름을 듬뿍 바르고 올라왔지요 - 올라왓지요(X), 올라왔지요(O)
5	그림책 받아쓰기 (변형1) 〈찾은 낱말 5개 적기〉	해와 달이 된 오누이 ① 올라왔지요 ② 살았어요 ③ 물었어요 ④ 버렸어요 ⑤ 숨겼어요
6	그림책 받아쓰기 (변형2) 〈제목 대신 목표 글자 적기1〉	1. 받침 ㅆ 낱말찾기 • 참기름을 듬뿍 바르고 올라왔지요 - 올라왓지요(X), 올라왔지요(O)
7	그림책 받아쓰기 (변형3) 〈제목 대신 목표 글자 적기1〉	1. 받침 ㅆ 낱말찾기 ① 올라왔지요 ② 살았어요 ③ 물었어요 ④ 버렸어요 ⑤ 숨겼어요

국어 실력을
키워요

EBS 당신의 문해력 팀에서 중학교 3학년 학생들을 대상으로 어휘력 진단평가를 했습니다. 그 결과 혼자서 교과서 내용 이해 가능한 비율이 9%, 전반적인 내용만 이해 80%, 교과서 내용 파악 불과 11%가 나왔습니다. 도움 없이 교과서 내용 이해를 못 하는 비율은 91%가 나왔습니다.[26]

이처럼 학생들의 독서 부족은 학생들의 어휘력 저하로 이어져서 교과서를 제대로 이해하지 못하는 결과를 낳습니다. 실제 교실에서 수업을 해보면 초등학생들도 이 실험 결과와 크게 다르지 않습니다. 독서를 하면 어휘력이 좋아집니다. 어휘력은 단기간에 어휘력 문제집을 푼다고 좋아지지 않습니다. 꾸준한 독서만이 답입니다.

---

26.   EBS 당신의 문해력 제작팀, 《EBS 당신의 문해력》 192쪽, EBS BOOKS, 2021

저는 국어 공부에서 가장 중요한 것은 어휘와 독해라고 생각합니다. 어휘와 독해 실력을 높일 방법은 무엇일까요? 답은 당연히 독서입니다. 서점에 가면 어휘와 독해 문제집이 수없이 많이 있습니다. 그런 문제집 한 권을 풀게 한다고 우리 아이의 어휘 실력과 독해 실력이 극적으로 나아질까요? 독서가 바탕이 되지 않으면 아무 소용이 없다고 생각합니다. 하지만 아직도 많은 아이가 꾸준히 독서를 하지 않고 단순히 학원에 다니면서 문제집 풀이만 하고 있습니다. 문제집은 독서가 바탕이 된 아이들이 '문제 풀이 연습을 위한 도구'로 활용할 때 효율적입니다. 책은 전혀 읽지 않고 하루에 몇 장씩 문제집을 푼다고 해서 국어 실력이 높아지지 않습니다.

1) 학습지나 문제집보다 책이 더 나아요

① 문제집은 부담 돼요

많은 부모님이 한글을 처음 가르칠 때 학습지를 선택합니다. 맘카페에 '한글 학습지 추천'이라고 검색하면 다양한 글들이 올라와 있습니다. 6살 5살은 물론 4살인데도 한글 학습지를 시키는 부모님들이 많습니다. 이렇게 학습지로 한글을 처음 접한 아이들은 한글을 잘 배울 수 있을까요? 아이마다 다르겠지만 대부분 처음에는 좋아합니다. 학습지가 컬러로 구성이 되어있고 스티커도 붙일 수 있게 구성이 되어있기 때문입니다. 하지만 어린아이들은 학습지를 '공부'라고 인식을 합니다. 그리고 매일 같은 시간에 꾸준하게 무엇인가를 하는 것이 어려운 나이이기 때문에 갈수록 지겨워합니다. 카페에 글을 검색해 보면 학습지를 지겨워하는 사례를 많이 볼 수 있습니다.

하루는 서점에 책 구경을 하러 갔습니다. 아내와 단둘이 서점에 갔기 때문에 느긋하게 여러 층을 다니면서 어떤 책들이 나왔나 보고 있는데 한 층의 한 벽면 전체가 문제집이었습니다. 첫째가 입학을 하는 해라서 유심히 관찰을 해봤습니다. 하루 한 장씩 읽고 문제를 푸는 독해문제집, 하루 한 장씩 푸는 어휘 문제집들이 주로 많이 보였습니다. 실제로 많은 부모님이 그런 종류의 문제집들을 입학 대비로 2~3권씩 사는 것을 보았습니다.

그렇게 산 문제집을 아이들이 잘 풀까요? 아마 1~2주 정도는 잘 풀 수도 있습니다. 알록달록 예쁘게 편집해 놓았기 때문이기도 하지만 새로운 문제집이니까 호기심에 처음에는 열심히 풀 수도 있습니다. 하지만 시간이 조금만 지나면 풀지 않습니다. 왜냐하면, 재미가 없고 '해야 하는 숙제'이기 때문입니다. 그때부터는 부모님과 아이의 싸움이 시작됩니다. 아이가 하기 싫어하는 것을 부모님은 억지로 시킵니다. 아이는 공부에 대한 거부감이 생기기 시작합니다.

많은 부모님은 '한 장 정도인데 이 정도는 매일 할 수 있겠지'라는 생각으로 문제집을 구매합니다. 하지만 초등학교 1, 2학년 아이들은 아직 어립니다. 매일 매일 정해진 시간에 학습하는 연습이 안 되어있습니다. 알림장을 스스로 보면서 준비물을 챙기는 것도 1학년 아이들은 힘들어합니다. 습관이 되려면 2~3개월의 연습이 필요합니다. 입학 전 아이들은 말할 필요도 없고 초등학교 저학년 학생들도 매일 정해진 시간에 집에서 따로 '문제 풀이' 하는 것을 힘들어합니다.

② 책을 읽는 것이 훨씬 좋다

학습지를 푸는 것보다 책 한 권을 읽는 것이 더 효과적입니다.

문제집에 나온 글들은 대부분 문제집 제작을 위해 새로 쓴 글들도 있겠지만 책의 내용에서 발췌한 부분도 있습니다. 글을 읽고 내용 확인을 하는 문제가 대부분입니다. 하루 한 장의 문제집에서 나오는 지문과 그림책 1권의 양을 비교해 보면 그림책의 글이 훨씬 많음을 알 수 있습니다. 학습지에는 한 개의 지문에 3~5개의 문제가 있습니다. 지문도 짧습니다. 하지만 책 한 권에는 문제집 10장 이상에 해당하는 지문보다 더 많은 양의 글들이 있습니다. 책 한 권을 읽는 것이 학습지보다 더 많은 낱말을 접할 수 있습니다. 그림책을 매일 매일 꾸준히만 읽어준다면 문제집 풀이보다 훨씬 많은 양의 글을 접하여 이해력을 높이는 데에 도움이 됩니다.

아이들은 초등학교에 입학하고 나면 많이 바빠집니다. 맞벌이 가정의 아이들은 전업주부가 있는 가정의 아이들보다 더 바빠집니다. 부모님이 오실 때까지 방과 후나 학원에서 시간을 보내야 하기 때문입니다. 학교 숙제, 학원 숙제도 있는데 문제집까지 푼다면 아이들의 마음은 어떨까요? 오늘 꼭 해야 할 문제집을 몇 장 풀고 나서 가볍고 즐거운 마음으로 책에 손이 가는 아이가 있을까요? 아이에게 문제집 풀이를 시켜보면 문제집을 다 풀고 난 후에 책을 읽으려고 하지 않습니다. 문제집을 푸는 것은 많은 집중을 필요로 하므로 책을 읽을 여유가 없어지기 때문입니다. 이것이야말로 소탐대실입니다. 문제집을 풀게 하는 것보다 책 읽어주기가 여러모로 훨씬 더 좋습니다.

2) 책으로 어휘력을 향상시켜요

그림책을 읽다 보면 자연스럽게 많은 단어를 접하게 됩니다. 책을 읽어주다가 아이가 어려워하거나 궁금해하는 단어의 뜻을 물어보면 부모가 바로 정답을 알려주지 않는 것이 좋습니다. 아이가 스스로 생각할 기회를 주고 자신만의 답을 말해보도록 합니다. 그리고 아이의 눈높이에 맞게 다른 상황을 예로 들어 단어 뜻을 설명해 줍니다.

이런 과정을 반복하고 다른 책을 읽다가 몰랐던 단어를 만나면 아이는 전에 본 단어라는 것을 기억합니다. 그렇게 3~4번 반복해서 그 단어를 접하게 되면 그 낱말이 사용되는 맥락을 자연스럽게 알게 되고 뜻까지 알게 됩니다.

EBS 다큐프라임 《정서 지능》편에는 준규네 가족이 책을 읽다가 '샘이 나다'는 부분을 설명해 주는 부분이 나옵니다.[27]

27.　EBS 다큐프라임, 《엄마도 모르는 우리 아이의 정서 지능》

엄마 : 심술쟁이 할아버지가 혹을 떼고 부자가 된 착한 영감님에게
샘이 나서 견딜 수가 없었습니다

엄마 : 준규는 언제 샘날 때 있었어?

준규 : 샘이 뭐야?

엄마 ; 질투, 부러운 거

엄마 : 인규야! 인규 친구가 멋진 장난감 로봇을 가지고 있지?

인규 : 응

엄마 : 인규는 없어. 그럼 인규 어떨 것 같아?

인규 : 슬퍼

엄마 : 슬퍼…. 갖고 싶지?

인규 : 응

엄마 : 그게 부러운 거야.

3) 책으로 생각의 폭을 넓혀요

아이에게 책을 읽어주고 책의 내용에 관해 대화를 많이 나누면 자연스럽게 생각을 확장할 수 있습니다. 아이들 사고의 가장 큰 특징은 자기중심성입니다. 이런 특징을 보이는 아이들이 여러 인물의 입장에서 생각해보고 다양한 생각을 들어보는 기회를 통해 여러 가지 시선을 배울 수 있습니다.

앤서니 브라운의『돼지 책』속 엄마의 가출 사건을 두고 '어떻게 엄마가 가출을 할 수 있지?'라고 생각하는 사람이 있는 반면 '오죽했

으면 엄마가 가출했겠어? 그동안 집안일을 전혀 하지 않은 아빠와 두 아들이 잘못이야'라고 생각하는 사람도 있습니다.

이처럼 책을 읽는 데 그치지 않고 대화와 질문을 나누면 책을 더 깊게 알 수 있고 사람에 대한 이해, 세계에 대한 이해의 폭을 넓힐 수 있습니다.

4) 책으로 중심 내용을 찾아요

① 자연 관찰 책으로 중심 문장 찾기

글을 읽고 내용을 파악하는 활동 중에서 가장 중요한 활동은 '글을 읽고 중심 문장 찾기'입니다. 자연 관찰 책은 중심 문장 찾기 연습을 할 수 있는 좋은 교재입니다. 예를 들어 '고래'를 주제로 한 자연 관찰 그림책 속에는 고래의 먹이, 고래의 종류, 고래의 크기 등과 같이 다양하게 중심 내용을 연습할 수 있는 소주제들이 있습니다.

이 학습을 위해서는 A4 용지를 세로로 두 번 접은 가림막이 필요합니다. 자연 관찰 책에 보면 소제목이 있습니다. 그 소제목을 가림막으로 가리고 아이에게 자연 관찰 책 2쪽을 읽어줍니다. 방금 읽어 준 내용의 제목을 '연어의 일생', '나비의 생김새', '꿀벌의 집짓기'와 같이 아이가 말하게 합니다. 소제목에 적힌 글자와 다르더라도 내용이 맞으면 인정해 줍니다. 가끔 소제목이 없는 자연 관찰 책들도 있는데 그런 경우에는 직접 소제목 쓰기 활동으로 바꿔도 됩니다.

해야만 하는 '숙제'가 아니라 '게임'처럼 진행을 하면 아이의 관심을 높일 수 있습니다. 한 번은 부모님이 아이에게 책을 읽어주고 아이가 제목 말하기를 하고 다음 장은 아이와 부모님이 역할을 바꾸어서 진행합니다. 할 때마다 아이에게 칭찬을 많이 해주세요. 한 번씩 부모님이 알고 있어도 잘 모르겠다고 아이에게 도와달라고 말을 해보세요. 아이가 참 좋아합니다.

실제 2학년 학생들과 함께 학급에서 진행을 해보면 "오, 맞췄다", "재미있어요"라고 아이들이 많이 말했습니다.

② 책을 읽고 각 챕터마다 제목 쓰기

책마다 앞을 보면 차례가 있습니다. 챕터마다 제목을 달아놓은 경우도 있고 없는 예도 있습니다. 『달콩이네 떡집』에는 챕터의 제목이 없었습니다. 아래 사진은 첫째가 『달콩이네 떡집』을 읽고 각 챕터별로 제목을 쓴 것입니다. 제목을 쓰기 위해서는 각 챕터의 중심 내용

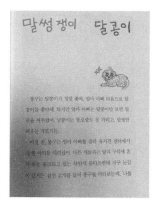
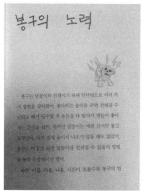

을 알아야 합니다. 그래서 글을 읽고 각 장의 제목을 쓰는 것은 중심 내용 파악하는 연습을 하는 것입니다. 각 장의 제목이 나와 있어도 내가 만들어 보는 활동을 자주 하면 중심 내용 파악하는 데 도움이 됩니다.

5) 속담을 공부해요

현재 초등학교에서 속담 교육은 조금밖에 하고 있지 않습니다. 속담이 나오지 않는 학년도 있고 6학년 1학기 국어에 '속담을 활용해요'라는 단원이 있습니다. 이 단원에 나오는 속담은 약 20개 정도 나옵니다. 속담에 대해 한 번도 접해보지 않고 6학년이 되어 교과서에서 속담을 처음 접하는 아이들도 있습니다. 교과서만으로는 부족합니다. 그래서 속담 책은 꼭 필요합니다. 한번 사면 초등학교 내내 볼 수 있으니까 한 권 정도는 사주세요.

속담은 어떤 식으로 접하는 것이 좋을까요?

① 속담은 생활 속에서

비 오는 주말이었습니다. 주중에 빨래를 접을 시간이 없어서 놔두었던 빨래를 아내와 함께 접고 있었습니다. 비가 와서 밖에 못 나간 아이들이 놀아달라고 하길래 빨래를 같이 접고 나서 놀아주겠다고 했습니다. 아이들은 수건, 양말과 같이 정리하기 쉬운 것들을 정리했습니다. 4명이 함께 정리하니 빨리 끝날 수 있었습니다. 그때 엄마가 말했습니다.

"백지장도 맞들면 낫다더니 우리가 같이하니 빨리 끝났네"

이처럼 생활 속에서 부모님이 속담을 먼저 말해보세요. 아이는 무슨 뜻인지 물어봅니다. 그렇게 생활 속에서 배운 속담은 오래 기억할 수 있습니다. 그리고 비슷한 상황에서 아이가 속담을 말하는 모습을 볼 수 있습니다.

② 속담은 그림책, 소설책 속에서

『만복이네 떡집』에는 '사실 초연이가 누구를 좋아하는지 정말 궁금했거든. 하지만 만복이가 바구니에서 떡을 꺼내자마자 쑥떡은 그댈 사라져 버렸어. 진짜 귀신이 곡할 노릇이었지'[28]라는 부분이 나옵니다. '귀신이 곡할 노릇'이라는 속담을 모르는 학생이라도 책 내용 속에서 이 속담의 뜻을 유추해낼 수 있습니다. 이렇게 그림책이나 소설책 속에서 자연스럽게 속담을 접한 아이는 속담을 오래 기억할 수 있고 속담이 사용되는 맥락을 정확하게 알 수 있습니다.

③ 꾸준하게

초등학교 6학년이 되어서 국어를 배울 때 한 주 동안 속담을 공부하는 것만으로는 부족합니다. 초등학교 내내 볼 수 있는 속담 책을 2

---

28. 『만복이네 떡집』 24쪽, 김리리, 비룡소, 2010

권 정도 사서 꾸준히 볼 수 있도록 하면 좋습니다. 왜냐하면, 속담 책을 한 번 보았다고 해서 그 책에 나오는 속담을 나의 것으로 바로 만들 수는 없기 때문입니다. 반복해서 봐야 하고 속담을 완전히 익히려면 시간이 필요합니다.

④ 재미있게

속담 공부만큼은 아주 재미있게 공부를 할 수 있습니다. 다양한 방법을 사용해서 스트레스받지 않고 즐겁게 공부할 수 있습니다. 하지만 속담에 관한 다양한 책을 사용하지 않고 학습지처럼 50개 100개 정리된 학습지로만 외우듯이 공부하면 아이들은 속담 공부에 흥미를 느낄 수 없습니다. 『노래로 배우는 똑똑 어휘 속담 송』같은 책으로 노래를 부르면서 속담을 공부할 수도 있고 속담에 해당하는 그림을 보고 맞추기 놀이를 하고 속담에 맞게 그림을 그리면서 공부할수도 있습니다. 스케치북을 이용한 속담 스피드퀴즈, 몸으로 속담 표현하기를 해도 좋습니다.

⑤ 유튜브로

유튜브에도 속담자료가 많이 있습니다. '속담이 야호', '박깨비의 속담 놀이'가 재미있는 속담 프로그램이었습니다. 아이와 함께 하루에 한 개씩 보세요.

⑥ 제대로 된 속담 책으로

도서관에 있는 다양한 속담 책을 빌려서 읽는 것은 좋으나 집에서 꾸준히 반복해서 볼 수 있는 속담 책을 2~3권 정도는 사주는 것이 좋습니다. 저학년 때 볼만한 제대로 된 속담 책 1권, 중, 고학년 때 볼만한 책 2권 이렇게 3권 정도 사주면 좋습니다. 초등학교를 졸업하기 전에 속담 책 3권 속에 나온 속담만 모두 다 알아도 대단한 것입니다.

학년	추천하는 속담 책과 관용구 책
저학년	· 예쁜 공주 첫 속담사전 · 너무 재치 있어서 말이 술술 나오는 저학년 속담
중학년	· 읽으면서 바로 써먹는 어린이 속담 · 읽으면서 바로 써먹는 어린이 속담 : 바이러스편 · 읽으면서 바로 써먹는 어린이 관용구 · 새콤달콤 관용어 사전
고학년	· 국어 교과서도 탐내는 맛있는 속담 · 속담이 백 개라도 꿰어야 국어왕 · 속담이 백 개라도 꿰어야 국어왕2 · 이해력이 쑥쑥 교과서 속담100 · 이해력이 쑥쑥 교과서 관용구100
전학년	· 노래로 배우는 똑똑어휘 속담송 (노래 CD 포함)

6) 국어사전을 사주세요

현재 우리나라는 초등학교 3학년 1학기 국어 교과서에서 국어사전 내용이 나옵니다. 사전이 어떻게 구성이 되어있고, 낱말의 기본형을 알아본 후, 기본형의 글자만 사전에 실린다는 것을 배우고 있습니다. 3학년에서 사전을 배운 후에는 따로 사전에 대한 학습이 교과서에 나오지는 않습니다. 아이들은 사전을 배우는 단원을 좋아합니다. 사전 속에서 낱말 찾기 게임을 하고, 책을 읽고 모르는 단어를 찾아 정리해보고 나만의 사전을 만들어 보는 활동을 흥미로워합니다.

① 사전보다 독서교육이 더 중요해요

'사범은 쏜살같이 밖으로 뛰쳐나갔어. 깜냥도 냉큼 따라갔지'[29]

『깜냥』 3권에 나오는 내용입니다. 위 문장에서 '냉큼'이라는 낱말을 모른다고 가정해 봅시다. 책을 읽다가 냉큼 이라는 낱말을 몰랐을 때 바로 사전을 찾으면 될까요? 물론 사전을 사용하는 습관은 좋지만 내가 먼저 생각하지 않고 사전을 바로 찾는 것은 추천하지 않습니다. 먼저 내가 모르는 낱말의 앞, 뒤 문장을 다시 읽고 대충 어떤 뜻인지 내가 먼저 짐작해보는 활동을 해야 합니다. 냉큼 이라는 뜻을 사전의 뜻만큼 정확하게는 설명을 못하더라도 "빨리" 정도의 느낌은 알 수 있어야 합니다. 이렇게 스스로 뜻을 생각한 후에 사전을 찾는 것이 중요합니다.

책을 읽으면서 앞뒤 문맥을 통해 단어의 뜻을 유추하는 경험이 중요합니다. 이것은 단순히 독해문제집을 푼다고 단기간에 길러지는 것이 아닙니다. 아이들에게 책을 읽어주다 보면 아이가 낱말의 뜻을

---

29. 『고양이 해결사 깜냥 3』 57쪽, 홍민정, 창비, 2021

물어보는 경우가 있습니다. 이럴 때도 부모님이 바로 뜻을 알려주지 않고 아이가 생각하는 낱말의 뜻을 물어보는 활동이 선행되어야 합니다.

사전을 가까이하지 않더라도 책을 많이 읽고 모르는 단어를 문맥 속에서 유추하는 경험을 많이 한 아이들은 자연스럽게 어휘력이 올라갑니다. 따로 독해문제집을 풀지 않아도 국어 실력이 좋은 경우를 많이 보았습니다.

② 전자사전 또는 핸드폰 사전 검색 VS 종이사전

초등학생에게 종이사전을 사주는 것이 더 좋을까요? 전자사전이나 핸드폰을 이용해서 사전을 이용하게 하는 것이 더 좋을까요?

전자사전 또는 핸드폰 사전 검색의 장점은 첫째, '빠르다'라는 점입니다. 내가 찾기를 원하는 글자 3글자만 입력하면 바로 뜻이 나옵니다. 그래서 시간을 절약할 수 있습니다. 둘째, '예시문이 많다'는 점입니다. 다양한 예시문이 있으므로 그 단어가 어떤 상황에서 쓰이는지 정확하게 알 수 있고 다양한 예시문을 통해 더 쉽게 이해할 수 있습니다. 셋째, '연관단어'가 많다는 점입니다. 속담이나 관용구, 유의어, 반대어까지 나와 있어서 더 많이 배울 수 있습니다. 넷째, 검색을 통해 관련 이미지나 동영상을 시청할 수 있습니다.

단점 첫 번째는 '초등학생이 사용하기에는 방해요소가 너무 많다'

는 점입니다. 초등학생은 집중시간이 짧고 자기관리가 안 되기 때문에 사전의 본래 목적인 '단어 뜻 찾기'에 집중하지 않고 유튜브를 시청하거나 연예 기사를 찾아보는 등의 활동을 이어가는 경우가 많습니다. 두 번째 단점은 '비싸다'는 점입니다. 전자사전의 가격은 10만 원이 넘습니다. 세 번째 단점은 '수준이 높다'라는 점입니다. 어떤 단어를 찾으면 포털 사이트의 사전에서는 초등학생의 수준에서 이해할만한 단어 설명이 아니라 어른이 볼 때 이해할 만한 수준의 뜻풀이해놓은 경우가 많습니다. 네 번째 단점은 전자기기가 가지고 있는 단점들 때문입니다. 비만, 발달지체, 수면 부족, 공격성 증가 등과 같은 단점들이 있다고 합니다.[30]

③ 종이 사전의 장단점

종이 사전의 장점은 '초등학생의 수준에 맞다'는 점입니다. 초등학생이 보는 사전은 초등학생의 수준에서 단어 설명을 해 놓았기 때문에 뜻을 이해하기가 쉽습니다. 단점은 예시문이 한 문장밖에 없고, 핸드폰이나 전자사전보다 찾는 데 시간이 오래 걸린다는 점입니다.

저는 초등학생들에게는 종이 사전을 사용하는 것이 더 좋다고 생각합니다. 자기관리가 어느 정도 되는 중, 고등학생이 되면 영어사전도 많이 사용하기 때문에 전자사전이나 핸드폰 사전을 이용하면 좋

---

30.   《12세 미만 아이에게 전자기기를 금지해야 하는 10가지 이유》, 허밍턴포스트, 2014.3.15

지만, 아직 어린 초등학생들은 자기관리가 안 되고 초등학생 수준에 맞는 종이사전이 더 좋다고 생각합니다.

④ 국어사전 고르는 방법

서점에 가면 참 많은 사전이 있습니다. 수많은 사전 가운데에 어떤 사전을 사줘야 할지 고민이 많으시다면 아래 설명을 읽어보시기 바랍니다. 제가 생각할 때 초등학생에게 좋은 사전이란 아래와 같은 조건을 가진 사전이라고 생각합니다.

- 초등학생이 이해할 만큼 쉬운 설명으로 된 사전
- 단어의 활용 문장이 많이 적힌 사전
- 글자의 크기가 너무 작지 않은 사전

위의 3가지 조건을 갖춘 사전은 어떻게 찾을 수 있을까요?

먼저, 같은 단어를 여러 사전에서 찾아봅니다. 그리고 쉬운 설명, 활용 문장, 글자의 크기, 글자의 간격을 비교해 봅니다.

다음의 표는 "앙칼지다"라는 단어를 여러 사전에서 찾아서 비교한 내용입니다.

사전	뜻	예시문장
동아 연세 초등국어사전	악이 나서 사나운 데가 있다.	내가 하도 앙칼지게 따지니까 수빈이는 듣고만 있었다.
교과서가 쉬어지는 초등국어사전	목소리가 날카롭고 사납다. 또는 행동이 사납고 공격적이다	승희는 장난을 거는 남자 아이에 게 앙칼지게 소리를 질렀다.
보리 국어사전	흔히 여자의 목소리나 행동이 날카롭고 모질다.	동생이 앙칼진 목소리로 대들었다.

이처럼 같은 단어를 여러 사전을 펴고 비교를 하면 사전마다 장단점을 알 수 있습니다. 어떤 사전이 더 활용 문장이 많은지, 설명을 더 쉽게 했는지, 글자의 크기와 가격은 적당한지 등에 관해 비교해가면서 선택을 합니다.

⑤ 중고 사전도 괜찮아요

초등학생용 국어사전을 새것으로 사주려면 3만 원에서 6만 원 정도 합니다. 가격이 부담스러울 때는 중고 사전도 괜찮습니다. 인터넷 서점에서 중고 온라인제품을 검색해 보세요. 만원 정도면 살 수 있고 상태도 비교적 괜찮습니다.

⑥ 초등학생용 사전을 사주세요

고등학생 이상 볼 수 있는 두꺼운 사전을 초등학교 때 사서 아이에게 주는 것은 바람직하지 않습니다. 우선 이런 사전은 초등학생이 사용하고 들고 다니기에는 너무 무겁습니다. 그리고 초등학생이 보기에 글자가 너무 작게 인쇄가 되어있습니다. 마지막으로 단어의 뜻풀이가 초등학생이 이해할 수 있을 정도로 쉽게 되어있지 않습니다. 초등학생에게는 초등학생용 사전을 사주세요.

⑦ 사전 학습이 진짜 필요한 시기

국어 교과서에서 사전을 배우는 시기는 3학년 1학기이지만 본격적으로 사전을 많이 활용하는 것은 3학년 2학기부터입니다. 3학년 2학기 사회에서는 우리나라의 역사에 관한 내용이 잠시 나옵니다. 그리고 이때부터 사회, 과학 내용에서 한자어가 들어간 부분이 많이 나오기 시작합니다. 한자를 따라 쓰지는 못해도 각 글자의 한자 뜻만 알아도 쉽게 이해할 수 있는 경우가 많습니다. 그래서 교과서를 보다가 모르는 낱말이 나오면 사전을 찾아 이해하고 넘어가는 방식으로 공부하면 좋습니다.

7) 서평을 써봐요

① 서평을 써보게 하세요

책을 읽은 후 많은 아이가 독후감을 씁니다. 독후감 쓰기는 아이들이 책과 멀어지는 지름길입니다. 6학년 아이들은 '독후감'이라는 말만 들어도 질색합니다. 1학년 때부터 매년 행사로 이루어지는 독후감 쓰기는 반에서 상을 받은 한 두 명을 제외한 모든 학생에게는 의미 없는 숙제가 된 지 오래입니다. 그만큼 독후감은 아이들에게 부담입니다. 저는 독후감 쓰기보다 서평 쓰기를 추천합니다. 서평 쓰기를 통해 책과 친숙해지고 책에 대한 이해가 넓어졌을 때, 그리고 진짜 쓸거리가 있을 때 독후감 쓰기를 해야 한다고 생각합니다.

독후감의 시작은 대부분 '숙제'입니다. 초등학교에서 이루어지는 각종 행사 진행을 위해 독후감을 씁니다. 그래도 요즘은 많이 없어지긴 했습니다만 대부분 학교에서 하는 행사 또는 숙제로 이루어지는 것이고 선생님에게 제출하는 것이기 때문에 항상 책을 읽고, 무엇인가를 강제로 느끼고 마음에 새기고 본받을 것을 찾아야 했습니다.

그래서 마음에도 없는 '나도 이 책의 주인공을 본받고 싶다'라는 식의 글로 마무리 짓게 됩니다. 독후감 쓰기에 비해 서평 쓰기는 아래와 같은 장점이 있습니다.

가. 서평은 짧게 써도 된다

독후감은 대부분 길게 써야 합니다. 몇 장 이상 써오는 것이 할당량처럼 정해져 있으므로 '내용 불리기'를 해야 합니다. 책 내용에 대해 내 생각을 몇 장 적을 수는 없으니 줄거리를 많이 적습니다. 그리고 마지막 3줄 정도 내 느낌을 씁니다. 대부분의 독후감이 많은 양의 줄거리와 단 몇 줄의 느낌으로 끝나는 이유입니다.

하지만 서평은 짧게 적어도 됩니다. 내가 적고 싶은 2~3가지 주제에 대해서만 서평을 해도 좋습니다. 그래서 아이들을 실제 지도해보면 독후감보다 서평 쓰기에 훨씬 부담을 덜 가집니다. 또 쓰고 싶다고 말하는 아이들이 많습니다.

나. 서평은 가이드가 있다

서평은 꼭 들어가야 할 필수적인 것들만 채워도 글이 됩니다. 작가를 소개할 때도 작가의 이름, 출생지, 대표작품을 쓰면 됩니다. 이처럼 써야 할 내용이 어느 정도 정해져 있어서 몇 번 연습해보면 처음 보는 책의 서평도 쓸 힘이 생깁니다. 다른 사람이 쓴 서평을 몇 개 읽어보고 그 틀에 맞추어 따라 써보는 연습을 해도 서평을 쓰기 쉽습니다.

다. 서평은 내가 평가자가 된다

서평을 쓸 때는 내가 '평가자'가 됩니다. 좋았던 부분, 아쉬운 부분을 내가 정할 수 있고 책에 대한 평점도 내가 매길 수 있습니다. 실제 아이들과 함께 서평 쓰기를 해보면 이 부분에서 아이들이 흥미를 보입니다. 내가 읽은 재미있는 책을 감히 내가 평가할 수 있다니. 특히 책의 평점을 매길 때 많이 좋아하는 모습을 보았습니다.

라. 서평은 독자가 있다

독후감의 예상 독자는 대부분 선생님입니다. 그래서 줄거리를 잔뜩 소개한 후 '~재미있었다.'라고 끝납니다. 하지만 서평은 예상 독자가 있습니다. 예를 들어 '친구 관계에 어려움을 겪는 친구'를 예상 독자로 생각하고 서평을 쓰면 책 내용 속에서 친구의 상황과 비슷한 부분을 찾고 친구가 공감할 수 있는 부분을 소개해주고, 해결책이 될 수도 있는 부분을 찾아줄 수 있습니다.

이처럼 예상 독자가 있으면 글이 잘 써지고 내가 소개해줄 독자를 위해 책을 더 꼼꼼하게 읽게 됩니다.

마. 서평은 책을 더 잘 이해할 수 있다

작가소개를 위해 작가 조사를 하고 글을 쓰면 작가를 더 잘 알게 됩니다. 책의 평점을 매기기 위해 책 속에서 좋았던 점, 부족한 점을 찾게 되니 책을 더 자세하게 보게 됩니다. 그 과정을 통해 내가 좋아하는 책의 스타일을 알게 됩니다.

② 서평 쓰기는 3학년부터 시작해 보세요

서평은 언제부터 쓰면 좋을까요? 제 생각에는 3학년쯤부터 시작하면 좋을 것 같습니다. 1학년, 2학년은 한글 공부에 집중해야 하고 책에 흥미를 느끼게끔 해주는 시기이고 3학년이나 2학년 2학기부터 한 개씩 써보는 연습을 해보면 어떨까 하고 생각합니다.

처음부터 욕심을 부리지 말고 한 개씩 시작하고 한 줄 쓰기부터 시작하면 학년이 올라갈수록 점점 서평의 내용이 늘어납니다.

아래에 나오는 서평 쓰기 방법 5가지를 배운 후에 한 달에 한 번씩 서평 쓰기 시작할 수 있도록 도와주세요. 한 달에 한 개씩만 써도

1년이면 10개 넘게 쓸 수 있습니다.

③ 서평은 이렇게 쓰는 거예요

진짜 행복이 무엇인지 알려준 『슈퍼거북』

- 3학년 김○○○

슈퍼거북을 쓴 유설화 작가는 인천에서 살고 있습니다. 유설화 작가는 『슈퍼거북』, 『슈퍼토끼』, 『용기를 내 비닐장갑!』, 『잘했어, 쌍둥이 장갑!』 등의 책을 썼습니다. 대표작품은 『슈퍼거북』이라고 생각합니다. 작가는 여러 해에 걸쳐 여러 분야 어린이 책에 그림을 그리면서 꾸준히 그림책 공부를 해왔습니다.

이 책의 내용은 느렸던 거북이가 사람들을 실망하게 하지 않으려고 빨라지고 토끼와 다시 경주해서 지고 집으로 돌아와 자기가 꿈꾸던 생활을 하는 것입니다. 제일 재미있었던 장면은 거북이가 마지막에 편안하게 지냈었던 장면입니다.

『슈퍼거북』 책 평점을 쓰자면 5점 만점에 4.5점입니다. 0.5점이 없는 이유는 그림이 많고 좀 복잡하기 때문입니다. 4.5점을 준 이유는 그림이 귀엽고 신기하기 때문입니다. 또 표지도 예쁘기 때문입니다.

저는 이 책을 뭐든지 다 다른 사람들의 뜻대로 살아가려는 사람들에게 추천하고 싶습니다. 왜냐하면, 이 책에는 토끼를 이긴 슈퍼 거북이가 실제로는 느린데 응원하는 사람들에게 느리다는 걸 들킬까 봐 빨라지려고 합니다. 들키면 사람들이 실망할까 봐 그런 거겠죠. 이 책을 읽고 자기만의 생각으로 살아갔으면 좋겠습니다.

연습하면 뭐든지 될 수 있다는 것을 알려준
『두발자전거 배우기』

- 3학년 김○○○

이 책을 쓴 고대영 작가는 길벗어린이 출판사에서 그림책 작가로 일을 했다. 지원이와 병관이 시리즈를 내어 많은 인기를 끌었다. 신나는 표현, 삐진 표현, 화난 표현 등을 잘하는 것 같다. 그림책 속에 싸우는 장면을 보면 "이것까지고 싸운다고." 라는 말이 나도 모르게 머릿속에 생각난다.

이 책은 병관이가 두 발 자전거를 배우면서 타는 내용의 책이다. 우리가 두 발 자전거를 배울 때랑 비슷해서 공감된다.

이 책의 평점을 매긴다면 5점 만점에 5점을 주고 싶다. 왜냐하면, 내가 예전에 두 발 자전거를 처음 탈 때랑 비슷해서 공감이 많이 되기 때문이다. 그런데 책 속에 앤서니 브라운 작가의 책에 많이 나오는 숨은그림이 없어서 아쉽다. 그리고 노력하는 모습도 있어서 5점을 줬다.

나는 이 책을 8~10살의 아이들에게 추천하고 싶다. 왜냐하면, 그때쯤 보통 두발자전거를 시작하기 때문이다. 이 책 속에는 두 발 자전거를 타는 과정이 있다. 자전거를 배울 때 이 책을 가끔 보면 자전거 타기가 쉬워질 것이다.

④ 서평 쓰기를 배워 볼까요? [31]

가. 제목 쓰기

아이들이 쓴 독후감을 보면 독후감의 제목을 대부분 아이가 '○ ○

---

31. 『서평 글쓰기 특강』 131쪽, 김민영, 황선애, 북바이북, 2015

책을 읽고'라고 씁니다. 이렇게 쓴 제목에는 책에 대한 내 생각이 전혀 담겨 있지 않습니다. 그래서 서평 쓰기를 할 때 처음으로 제목을 쓰는 방법을 배워야 합니다. 서평의 제목은 아래와 같이 크게 다섯 가지 유형으로 써볼 수 있습니다.

	유형	예시
1	'물음표?'로 끝나게 쓰기	남자와 여자가 하는 일이 따로 있을까? 『돼지 책』
2	내 생각 변화가 담기도록 쓰기	단점도 장점이 될 수 있다는 것을 알려준 『난 네가 부러워』
3	주인공에 대한 한 줄 소개 쓰기	이제 용기를 가지게 된 멋진 핼리벗 잭슨에 대한 이야기 『핼리벗잭슨』
4	책 내용에 대한 짧은 요약을 쓰기	기역부터 히읗까지 창의적으로 자음을 표현해놓은 책 『생각하는 ㄱㄴㄷ』
5	예상 독자를 선정해서 쓰기	동생을 싫어하는 친구를 위한 작품 『내 동생 싸게 팔아요』

나. 작가소개

작가를 소개하는 글을 적기 위해서는 작가를 조사하는 과정이 필요합니다. 조사는 크게 책과 인터넷으로 하면 편합니다. 책 속에 나와 있는 작가 설명 부분을 먼저 본 후 인터넷 서점에서 내가 읽은 책을 검색해서 작가소개 부분을 보고 1차 조사를 합니다. 조사할 것들은 작가의 이름, 태어난 곳, 성장배경, 작가의 성향, 대표작품, 수상 경력 등입니다.

1차 조사한 자료를 가지고 모르는 단어의 뜻을 조사한 후 필요한 자료만 모아서 작가 소개하는 글을 씁니다.

『슈퍼거북』 - 유설화 작가소개

『슈퍼거북』을 쓴 유설화 작가는 인천에서 살고 있습니다. 이 작가는 슈퍼거북, 슈퍼토끼, 용기를 내 비닐장갑, 잘해서 쌍둥이 장갑 등의 책을 썼습니다. 대표작품은 슈퍼 거북이라고 생각합니다. 그리고 작가님은 여러 해에 걸쳐 여러 분야 어린이 책에 그림을 그리면서 꾸준히 그림책 공부를 해왔습니다.

『장수탕 선녀님』 - 백희나 작가소개

『장수탕 선녀님』을 쓴 백희나 작가는 서울에서 태어나 공부를 하고 2020년에 아스트리드 린드그렌 상을 받았습니다. 알사탕, 달 샤베트, 구름빵 등 다양한 그림책을 썼습니다. 이 작가님은 실제 모형을 만들어서 사진을 찍어 그림책을 만드는 작가님입니다. 표정 하나 동작 하나를 정말 잘 만들어서 마치 살아있는 사람과 동물 같습니다. 대표작품은 구름빵입니다.

다. 내용소개

내용소개는 길게 적지 않는 것이 핵심입니다. 책의 내용을 한 줄로 요약한 후 책에서 특별히 소개할 부분을 찾습니다. 그림이나 책의 내용, 구성 등 다양한 부분을 살펴보고 한 가지 이상의 내용을 찾아 소개합니다. 그리고 나와 관련지어 생각하는 내용을 씁니다.

그림책	한 줄 설명	특별히 소개할 부분	나와 관련짓기
『돼지 책』 / 앤서니 브라운	이 책은 엄마 혼자서 짊어지고 있는 가사노동의 문제를 다룬 작품입니다.	이 책에는 돼지의 숨은그림이 많습니다. 벽지의 꽃무늬, 주방용품 등이 돼지로 변신합니다. 숨어 있는 돼지를 찾는 재미가 있습니다.	우리 집도 맞벌이 가정인데 이 책을 읽으면서 엄마가 회사일, 집안일을 하느라 얼마나 힘든지 알게 되었습니다. 앞으로는 집안일을 도와드려야겠다고 생각했습니다.
『슈퍼 거북』 / 유설화	이 책은 토끼를 이긴 거북이의 뒷이야기입니다.	이 책에는 다른 동물들이 거북이를 응원하는데 너구리만 토끼를 계속 응원합니다. 숨겨진 너구리를 찾아보세요.	나도 거북이처럼 목표로 한 것을 위해 열심히 노력해야겠다고 생각했습니다.

라. 평점 매기기

평점은 5점 만점으로 매깁니다. 5점 아주 좋다, 3점 보통, 1점 별로이다. 이 기준으로 점수를 매깁니다. 평점을 매길 때는 책의 내용, 이야기의 전개 방식, 주제를 전달하는 방식, 나와 관련성, 몰입도, 편집상태, 글자의 크기, 글자의 간격, 주제의 신선함, 읽은 후 받은 감동, 재미, 표지디자인 등 다양한 요소를 고려하도록 지도하고 자신이 준 평점의 이유를 꼭 적도록 합니다.

> ### 『장수탕 선녀님』의 평점
>
> 이 책의 평점은 5점 만점에 5점입니다. 왜냐하면, 내용이 재미있고 책의 내용이 목욕탕에 가본 나의 경험과 같기 때문입니다. 그리고 그림책 속에 나오는 인형들을 아주 잘 만들었기 때문에 5점을 주고 싶습니다.
>
> ### 『윌리는 어디로 갔을까?』의 평점
>
> 이 책의 평점은 5점 만점에 4.8점입니다. 0.2점을 깎은 이유는 뒷이야기가 뻔해서입니다. 표지디자인과 그림책 속의 그림이 재미있고 예뻐서 높은 평점을 줬습니다.

마. 추천하기

추천하기 글을 쓸 때는 추천하는 대상이 누구이고 추천하는 이유는 무엇인지 쓰도록 합니다. 간혹 이유를 쓰지 않는 아이들이 있는데 이유를 써야 완전히 이 책을 이해하고 있다고 볼 수 있습니다.

> ### 『내 동생 싸게 팔아요』 추천하기
>
> 저는 이 책을 동생이 있는 학생에게 추천해주고 싶습니다. 이 책 속에는 동생이 귀찮고 미울 때 동생을 팔려고 했지만 결국에는 사랑하는 내 동생의 소중함을 느끼는 누나가 나옵니다. 동생이 있는 학생이라면 누구라도 한 번쯤은 경험할만한 일들이 있어서 동생이 있는 학생들이 이 책을 읽으면 공감을 많이 할 것 같습니다.

한국사를 배워요

1) 한국사 교육의 현실은 이래요

① 단기간에 많은 양을 배워요

현재 초등학교에서 한국사 교육은 3학년과 5학년 두 번에 걸쳐서 배웁니다. 3학년 2학기 사회책에서는 구석기부터 철기시대까지의 내용(교과서로 5~6장 정도)을 잠깐 배우고 고조선부터 대한민국 정부 수립까지 내용은 5학년 2학기 사회에서 배웁니다. 5학년 2학기 사회 책은 모두 한국사에 관한 내용입니다. 옛날에는 6학년 1년 동안 한국사를 배웠었는데 지금은 3학년 2학기에 잠깐 배우고 5학년 2학기에 몰아서 배우니까 당연히 아이들이 배워야 하는 양은 늘어납니다. 아이들에게는 부담이 될 수밖에 없습니다.

② 교과서는 요약본이에요

예전에는 1년 동안 배운 내용을 지금은 한 학기에 다 배우려니 내용은 많아지고 요약 형식으로 교과서를 만들 수밖에 없습니다. 교과서에 모든 내용을 담아서 백과사전처럼 두껍게 만들 수는 없으니까요. 우스갯소리로 수능 시험을 코앞에 두고 초등학교 5학년 2학기 사회책을 보면 한국사 시험점수를 잘 받을 수 있다는 말도 있습니다. 그만큼 5학년 2학기 사회 교과서의 내용은 요약이 심하다는 말입니다. 다시 말하면 많은 내용을 압축해서 교과서에 실어 놓았기 때문에 평소 한국사에 관한 지식이 없는 아이들은 교과서 내용만 봐서는 맥락을 이해할 수 없습니다.

③ 활동 위주로 수업을 해요

한국사 수업을 할 때 초등학교에서는 아이들이 재미있게 활동을 할 수 있는 다양한 방법들이 있습니다. 빗살무늬토기를 찰흙으로 만들기, 삼국시대 전쟁을 놀이로 하기, 삼국시대 유물 소개 팸플릿 만들기, 삼국 통일의 과정 노래로 만들기와 같이 아이들이 직접 몸으로 활동할 수 있는 주제로 수업을 구성할 수 있습니다. 활동 위주 수업의 장점은 아이들의 참여가 높다는 점이지만 시간이 오래 걸리고 자칫 활동은 했으나 배움이 없는 경우가 생기기도 합니다.

④ 독서 부족으로 인해 토론이 어려워요

예전에 소위 말하는 학군이 좋은 학교에서 근무한 적이 있습니다.

그때 의욕적으로 한국사 토론 수업을 한 적이 있습니다. 학부모님들께 한국사 관련 책을 한 세트(5~6권 정도)씩 자녀들에게 사 달라고 부탁의 편지를 드렸습니다. 그때 학부모님들께서 적극적으로 협조해 주셔서 대부분 학생이 책을 준비할 수 있었습니다. 책이 없는 학생은 학급문고를 통해 1인 1책 이상은 확보한 상태에서 역사 토론 수업을 진행할 수 있었습니다.

그렇게 준비가 잘 되었음에도 운영을 하는 데는 참 어려움이 많았습니다. 가장 큰 어려움은 토론을 위해서는 미리 책을 읽고 질문한 것들을 적어오는 활동이 필수적인데 책을 읽어오지 않았습니다. 그 이유는 학원 숙제 때문이었습니다. 그 학교 아이들은 선행학습을 많이 하고 있었는데 영어단어를 1주일에 150개 이상씩 시험을 치니 아이들이 매일 영어단어를 외운다고 힘들어했습니다. 그리고 중학교 수학을 선행학습하고 있는 아이들이 많았기 때문에 수학학원의 숙제도 힘들어했습니다.

그래서 많은 아이가 책을 읽어오지 않아서 역사 토론 수업은 뒤로 갈수록 흐지부지되었습니다.

그 이후에 근무했던 학교들은 대부분 상황이 그 학교보다 안 좋았습니다. 도서관 상태도 안 좋았고 도서 도우미 운영도 잘 안되는 학교가 많았습니다. 학생들의 독서 습관이 형성되어 있지 않음은 더 심했습니다.

학생들이 오늘 배운 내용을 진짜 자기 것으로 만들기 위해서는 스스로 설명을 할 수 있어야 합니다. 단순한 사실에 대한 내용을 넘어서서 어떤 맥락 속에서 그 사건이 발생했고 역사적으로 어떤 의미가 있는지까지 설명할 수 있어야 완전히 이해를 했다고 볼 수 있습니다. 하지만 이렇게 설명을 할 수 있는 학생은 거의 없습니다. 설명을 잘 하려면 맥락을 알아야 하고 최소한의 독서가 바탕이 되어야 하는데 독서가 안 되는 아이들은 책을 통한 기본적인 사실의 학습도 어려워합니다.

⑤ 한자를 배우지 않아 어려워해요

현재 초등학교에서는 한자를 배우지 않습니다. 학교마다 창의적 체험활동으로 한자를 배우는 경우도 간혹 있지만, 체계적으로 배우지 않을 뿐 아니라 배우는 시간 자체가 적어 (1년에 4시간 정도) 연속성 있는 학습이 되지 않습니다. 그래서 대부분 아이는 한자 학습지를 하거나 한자 방과 후를 통해 한자 급수 시험을 준비하면서 한자를 배웁니다. 한자를 따로 배우지 않은 아이들은 5학년 2학기 사회책을 보면 어려움을 겪습니다. 역사 부분에서는 한자어가 많이 나오기 때문입니다. 한자를 공부하면 쉽게 단어의 뜻을 이해할 수 있는 부분도 한자를 모르기 때문에 많은 낱말을 외우는 방식으로 공부하고 있습니다.

⑥ 독서 부족으로 교과서뿐 아니라 역사책을 못 읽어요

갈수록 독서 하지 않는 아이가 많아지는 것을 수업하면서 많이 느낍니다. 5학년 2학기에는 사회 전체가 역사입니다. 책을 읽는 것이 습관이 되지 않은 아이들은 이 사회시간을 무척 힘들어하며, 교과서 한 장 읽는 것조차 어려워합니다. 왜냐하면, 평소에 글을 읽고 이해하는 연습이 되어있지 않았기 때문입니다. 그리고 다른 책들을 읽지 않아서 태어나서 처음 보는 낱말들이 교과서에 많이 나오기 때문에 교과서를 읽는 것을 무척 괴로워합니다.

거짓말 같은 이야기이지만 '흥선대원군'이라는 낱말을 태어나서 처음 5학년 2학기 교과서에서 보는 아이도 있습니다. 그래서 교과서 한 장에 처음 보는 낱말, 모르는 낱말이 5개 이상 나와서 이해를 못하는 아이도 있습니다.

역사 관련 도서 중에 유명한 책으로 『한국사 편지』라는 책이 있습니다. 이 책은 박은봉 작가님이 쓰신 책인데 무척 잘 만들어진 책입니다. 총 5권으로 이루어져 있습니다. 제가 역사 부분을 가르칠 때이 책을 많이 활용하였었는데 아이들에게 이 책을 읽고 요약 정리하는 것을 지도한 적이 있습니다. 아이들은 교과서와 이 책을 읽고 요약, 정리를 잘하지 못합니다. 왜냐하면, 일단 독서를 하지 않아서 두꺼운 책을 읽어낼 힘이 부족하고 문제집 풀이만 하는 공부 방식으로 지내왔기 때문입니다. 문제집에는 형광펜, 빨간펜을 이용해서 중요한 부분이 밑줄, 동그라미까지 다 쳐져 있으므로 내가 따로 요약정리 할 기회를 주지 않습니다. 단지 문제만 풀이하면 되는 것입니다. 책을 읽고 자기 스스로 밑줄과 동그라미를 치면서 공책 정리를 해야 지식의 구조화가 일어납니다. 그리고 메타인지를 활용해서 공책 정리를 하면 내가 알고 있는 부분과 모르는 부분이 정리되면서 더 효율적인 공부를 할 수 있습니다.

2) 동영상을 통해 한국사를 알아보아요

한국사를 공부하는 첫 번째 방법은 사극이나 역사영화, 역사 관련 다큐멘터리를 함께 보는 것입니다. 사극이나 역사 관련 영화는 아이가 역사에 흥미를 느끼게 하는 좋은 도구입니다. 요즈음은 내가 원하는 때에 TV에서 방영했던 프로그램을 다시 보기를 통해 볼 수 있습니다. 역사영화의 경우 아이의 나이를 고려해서 적절하게 함께 시청해 보세요. 아이들이 역사에 흥미를 느낄 수 있게 도와줍니다.

고학년을 담임하면서 역사 부분을 수업해보면 아이들을 세 가지 부류(유형)로 나눌 수 있습니다.

첫 번째 유형은 역사에 관심이 많아서 역사책도 많이 읽고 사극이나 역사 관련 영화도 많이 봐서 역사에 대한 배경 지식이 아주 많은 아이입니다. 이런 아이들은 한 반에 한 명 정도 있습니다. 선생님도 모르는 왕의 이름을 알고 있고, 자세한 역사의 이야기를 친구들에게 해줄 수 있습니다. 특별히 시험 대비 공부를 많이 하지 않아도 역사 시험점수가 높은 아이들입니다. 이런 아이들은 중, 고등학교에 가서도 계속 좋은 결과를 냅니다.

두 번째 유형의 아이들은 역사 배경 지식은 없이 '시험점수만 높은 아이들'입니다. 이런 아이들은 대부분 성실하므로 '교과서 내용만'을 잘 알고 있습니다. 역사에 관심이 없고 단지 역사 시험점수를 높게 받기 위해 공부를 하는 아이들이기 때문에 역사 관련 책을 읽거나 사극을 보거나 하는 식의 활동을 하지 않습니다.

2007년부터 2008년까지 MBC에서 방영한 역사 드라마《이산》이 있습니다. 이 역사 드라마는 18세기 후반 조선 제22대 임금 정조 이산의 인생을 담은 드라마입니다.[32] 이 사극을 보거나 정조에 대한 자세한 설명이 나온 책을 읽은 학생은 정조에 대해 자연스럽게 이해할 수 있습니다.

두 번째 유형의 아이들은 '수원화성을 건설한 왕은? 정답: (정조)'와 같은 문제는 잘 맞힙니다. 하지만 영조의 손자가 정조이고 영조의 아버지가 누구이고 왜 왕이 되지 못했는지에 대하여 설명을 하지는 못합니다.

이런 아이들은 시험 대비 공부를 하고 나서 얼마의 시간이 지나서 '수원화성을 건설한 왕은?'이라고 물어보면 영조인가? 정조인가? 헷갈려요. 라고 말합니다. 시험 대비를 위해 공부를 했을 때는 내용에 대한 이해 없이 무작정 '정조'라고 외워서 시험을 쳤는데, 시험을 친 후에는 그 내용을 잊어버리기 때문입니다. 이런 아이들은 중학교 고등학교로 올라갈수록 성적이 떨어질 수밖에 없습니다. 소위 말하는 '내공'이 없기 때문입니다.

---

32.   드라마《이산》설명, MBC 드라마 이산 홈페이지, 네이버 드라마 설명

세 번째 유형의 아이들은 역사 자체에 흥미가 없는 아이들입니다. 독서가 습관이 되어있지 않아 사회 수업시간에 따라가지도 못하고 사회 교과서를 읽어내지 못하는 아이들입니다. 이런 아이들은 초등 학교에서부터 수업에 힘들어합니다.

영화를 이용해서 한국사를 공부할 수 있는 자료 한 가지를 소개해 드립니다. '에듀씨네'는 2017년에 결성된 초등영화교육연구회입니다. 에듀씨네에서는 매달 추천영화를 선정하고 영화를 이용한 수업을 연구하고 수업자료를 개발하고 있습니다.

에듀씨네에서 만든 '영화로 들여다보는 역사흐름'이라는 파일에는 31개의 영화가 시대순으로 정리되어 있습니다. 구글에서 '영화로 들여다보는 역사흐름'이라고 검색해 보세요.

3) 역사책 읽기로 배경 지식을 넓혀요

한국사를 공부하는 두 번째 방법은 '역사책 읽기를 통한 배경지식 넓히기'입니다. 현재 초등학교 5학년 2학기 사회책에는 '수원화성'에 대한 내용이 딱 한쪽 나옵니다. 위에서 이야기했듯이 사회 교과서는 요약본에 가깝습니다. 생각해 보면 많은 내용을 다 담으면 교과서의 두께가 너무 두꺼워지거나 5~6권으로 늘어나기 때문에 그렇게 만들지 못하는 것도 이해는 갑니다. 그래서 교과서 이외의 다른 책을 읽는 것이 중요합니다.

주니어 김영사에서 나온 신나는 교과 체험학습 시리즈 중에 '수원화성'이라는 책은 72쪽에 걸쳐서 수원화성의 내용을 담고 있습니다. 교과서에 나오는 모든 장소를 가볼 수는 없으므로 이런 책을 읽는 것이 중요합니다. 72쪽이나 되는 내용 전체가 수원화성에 관한 내용을 담고 있으므로 이 책을 읽은 아이와 수원화성에 관한 내용이 한 쪽이 실린 교과서를 읽은 아이의 이해도 차이는 매우 큽니다. 그러므로 다양한 역사 관련 책을 읽는 것이 중요합니다. 역사책을 읽는 방법도 다양합니다. 아래에서는 대표적인 방법 4가지를 소개합니다.

① 키워드 검색해서 책을 찾아 읽어요

역사 관련 책을 읽는 첫 번째 방법은 '키워드 검색으로 읽기'입니다. 교과서는 거의 요약본에 가까우므로 교과서만 본다면 단편적인 내용밖에 알 수 없습니다. 만약 이번 주에 역사 수업 시간에 불국사와 석굴암에 대해서 배우고 있으면 도서관 도서 검색창에 '석굴암'과 '불국사'를 검색합니다. '어린이 자료실'로 체크한 후 검색하면 더 빨리 원하는 책을 찾을 수 있습니다. 검색해서 나온 책 중에서 나의 수준에 맞는 책을 2~3권 빌려서 읽습니다. 이 방법의 좋은 점은 따로 독서목록이 필요하지 않다는 점입니다. 내가 배우는 내용의 낱말을 검색어에 넣고 책을 찾는 방법입니다. 키워드를 바꾸어가면서 검색하다 보면 검색실력도 늘어납니다.

〈교과서는 요약본〉

5학년 2학기 사회책에 서민문화에 대해 배우는 부분이 있습니다. 풍속화에 대한 부분은 단 1쪽만 나오는데 '풍속화는 당시 사람들의 생활 모습을 담고 있는 그림이다. 김홍도와 신윤복은 조선 후기 대표적 풍속 화가로 다양한 사람들의 생활 모습을 실감 나게 표현했다.'라는 내용과 신윤복의 단오풍정, 김홍도의 서당도 그림 1개씩 나오는 것이 전부입니다. 단 두 문장만으로 대표적 풍속 화가를 설명해놓았기 때문에 다른 책을 검색해서 읽어야 합니다.

우리 집 옆의 시립도서관 홈페이지에서 검색해 본 결과 김홍도에 관한 책 중에 어린이 자료실에 있는 책이 15권이 나왔습니다. 이 중에서 내 수준에 맞는 책을 골라서 읽은 아이와 교과서에 나와 있는 단 두 줄의 내용과 사진 2개만으로 공부한 아이의 실력은 비교가 안됩니다. 지금 당장 시험에서 '위 그림은 서당도입니다. 이 그림은 당시 사람들의 생활 모습을 잘 담고 있습니다. 이 그림을 그린 사람은 누구인지 쓰세요.' '정답 : 김홍도' 이런 문제를 맞혀서 100점을 받더라도 다른 책을 충분히 읽지 않은 아이는 중, 고등학교로 올라갈수록 좋은 결과를 내기 어렵습니다. 초등학교에서는 문제집을 사서 문제풀이를 하는 시간보다 역사에 흥미를 느끼게 하고 배경지식을 넓힐 수 있도록 책을 함께 골라서 읽어주세요.

실제 한 반에서 25명이 있다고 가정하면 이런 방식으로 스스로 책을 검색해서 찾아 읽는 아이는 거의 없습니다. 이런 방법을 알려주고 숙제로 내봐도 스스로 책을 읽는 습관이 되지 않는 아이는 숙제도 해오지 않습니다. 그래서 지금 당장 아이의 성적보다 아이가 책을 좋아하고 내공을 쌓을 수 있도록 도와줄 필요가 있습니다.

② 위인전을 읽어요

역사란 과거에 살았던 사람들의 이야기이기 때문에 '인물'이 중요합니다. 일반 사람들의 생활 모습도 중요하지만, 중요 인물이 누구인지 어떤 일을 했는지 아는 것도 중요하지요. 그래서 위인전은 역사교육의 좋은 교재입니다. 위인전도 도서관에서 키워드 검색을 통해 읽으면 됩니다. 때로는 위인전을 전집 대여 사이트에서 대여를 통해 읽어도 좋습니다. 다만, 독서교육을 위인전으로 바로 시작하는 것은 추천하지 않습니다. 왜냐하면, 위인전은 대부분 '본받을 점'이 있는 교훈적인 부분이 많으므로 아이들의 호기심을 자극하지는 않기 때문입니다. 본격적으로 역사 공부를 하는 5학년 전에는 위인전을 읽어야 한다고 생각합니다.

〈한국을 빛낸 100명의 위인〉

위인전을 접할 때 〈한국을 빛낸 100명의 위인들〉 노래를 바탕으로 접근해도 좋습니다. 〈한국을 빛낸 100명의 위인〉 노래를 아이와 함께 부르면서 위인전에 흥미를 느끼도록 합니다. 인터넷 서점 검색창에 '한국을 빛낸 100명의 위인들'이라고 검색해 보면 사운드 북,

보드게임, 플랩북, 놀이북 등이 다양하게 나와 있습니다. 그중에서도 쉽게 인물에 대해 접근하기 좋은 책을 소개합니다.

	책 제목	저자	출판사	특징
1	한국을 빛낸 100명의 위인들	오주영	다락원	스티커를 붙이고 종이를 오리고 붙여서 플랩북으로 만들 수 있고 색칠도 할 수 있도록 만들어진 책! 한국을 빛낸 100명의 위인들 책 중 한 권만 추천하라고 한다면 1순위로 추천하고 싶은 책!
2	한국을 빛낸 100명의 위인들	양은환	엠앤키즈	한 인물당 2쪽씩 간단하게 설명되어 있어서 부담스럽지 않은 책, 중간중간 정리해둔 부분이 좋고 그림퍼즐도 있어서 흥미있게 볼 수 있음.
3	한국을 빛낸 100명의 위인들	이희순	길벗스쿨	인물에 대한 설명이 2쪽씩 되어 있고 설명이 간단해서 이해하기 좋은 책
4	설민석 쌤과 함께 부르는 한국을 빛낸 100명의 위인들	설민석	아이휴먼	사운드북
5	한국을 빛낸 100명의 위인들	애플비 북스 편집부	애플비	사운드북

③ 통사 책을 읽어요

'통사(痛史)'란 시대를 한정하지 아니하고 전 시대와 전 지역에 걸쳐 역사적 줄거리를 서술하는 역사 기술의 양식, 또는 그렇게 쓴 역사[33] 라고 합니다. 한마디로 통사 책은 구석기부터 시작해서 현대까지 쭉 설명해 놓은 책을 말합니다. 이런 책의 장점은 시대의 특징을 잘 이해할 수 있게 해줍니다. 그리고 어떤 사건이 왜 발생할 수밖에 없었고 어떻게 진행되었으며 어떤 영향을 미쳤는지 설명을 잘해놓았기 때문에 역사적인 맥락을 잘 이해할 수 있습니다.

〈통사 책 읽을 때 주의할 점〉

대표적인 통사 책은 『한국사 편지』입니다. 요즘에는 대부분 역사 책이 이런 형식으로 나오고 있습니다. 이런 책들은 역사를 처음 접하는 아이들이 읽기에 좋고 시대의 흐름을 잘 이해할 수 있는 등 많은 장점이 있음에도 불구하고 부족한 점도 있습니다. 사실 책을 읽지 않는 아이들이 많으므로 이런 책이라도 읽었으면 하는 바람이 있지만 이런 통사 책만 읽은 아이들은 깊이가 없습니다. 예를 들어, 통사 책을 읽고 대동여지도를 만든 사람이 김정호라는 사실은 알게 되었어도 김정호라는 사람이 어떻게 성장해왔고 대동여지도가 어떤 과정을 거쳐서 만들어지게 되었는지, 어떤 어려움이 있었는지는 설명하지 못합니다. 따라서 통사 책으로 시대의 흐름을 잘 이해하였다면 책

33.　통사의 뜻, 네이버 국어사전

속에 나오는 인물이 나오는 위인전과 수원화성, 불국사, 석굴암과 같이 역사적 장소에 대한 설명이 자세하게 나온 체험학습 시리즈와 같은 책과 동학농민운동, 6.25와 같은 역사적 사실을 자세하게 다룬 책을 동시에 읽는 것이 중요합니다.

〈통사 책 소개〉

☞ 아래의 통사 책은 쉬운 책부터 소개해 놓았습니다.

	책 제목	저자	출판사	설명
1	호기심이 쿵쾅대는 한국사 아파트 (전5권)	윤희진	다락원	초등 저학년을 위한 역사책입니다. 각 층마다 주인공들이 각 아파트의 각 층에 살고 있다는 기발한 방식으로 간단히 보기에 좋습니다.
2	그림으로 보는 한국사세트 (전5권)	유재광	계림북스	초등학생 선생님들이 초등학교 저학년, 중학년을 위해 쉽게 쓴 역사책입니다. 그림과 글의 비율이 1:1이라서 부담없이 볼 수 있습니다.
3	재미있다! 한국사1~6세트 (전6권)	구완회	창비	초등학생 눈높이에 맞춘 다양한 사진들이 등장하고 캐릭터들의 말풍선으로 덜 지루합니다.
4	재미만만 한국사 세트 (전20권)	김기정	웅진주니어	캐릭터들이 나와서 설명을 하는 책입니다. 글밥이 적어서 아이들이 쉽게 역사에 접근할 수 있도록 도와주는 책입니다.
5	한국사 읽는 어린이 세트 (전5권)	임기환	책읽는곰	교대교수 3명이 지은 책으로 근대, 현대의 내용이 다른 책에 비해 풍부합니다. 각 장마다 만화 형식으로 정리해놓아서 눈에 쏙 들어옵니다.
6	나의 첫 역사책 (전20권)	이현	휴먼어린이	동화작가가 쓴 역사책입니다.
7	두근두근 한국사 (전2권)	김종엽	양철북	질문은 통해 역사적인 상상을 할 수 있도록 도와주는 책입니다.

8	한국사편지	박은봉	책과함께 어린이	통사 책에서 가장 유명한 책입니다. 엄마가 자녀에게 들려주는 편지형식으로 되어 있어서 읽기가 좋습니다. 내용도 풍부합니다.
9	한국사 편지 생각책 (전5권)	생각샘	책과함께 어린이	한국사편지의 워크북 책입니다. 생각보다 좋습니다. 강력추천합니다.
10	용선생의 시끌 벅적 한국사 세트 (전10권)	김진	사회평론	캐릭터들이 등장해서 이야기를 전개해나가서 읽기에 좋습니다.
11	전국 역사 교사 모임 선생님이 쓴 제대로 한국 사 (전 10권)	박선희	휴먼 어린이	전국에서 역사를 가르치는 교사들이 모여서 쓴 책입니다.
12	키워드 한국사 (전7권)	김성환	사계절	교과서에 뽑은 핵심 키워드 200개를 골라서 만든 책입니다.

④ 기본서를 바탕으로 확장해서 읽기

'기본서'는 '공부의 중심'이 되는 책을 말합니다. 역사 교과서는 많은 내용을 간략하게 설명하고 넘어가기 때문에 이해가 되지 않는 부분이 많습니다. 그래서 부족한 정보를 얻기 위해, 더 쉽고 자세한 설명이 적힌 참고할만한 책으로 공부하면 더 쉽게 공부할 수 있습니다.

초등 역사 공부의 기본서는 최소 5권 이상으로 구성된 시리즈로 된 책들이 좋습니다. 저는 『한국사 편지』를 추천해 드립니다. 위에 통사 책에서 예시로 소개해 드린 책 중에서 한 세트를 골라서 사주세요. 여러 번 봐야 하므로 꼭 한 세트는 가지고 있어야 합니다.

한국사 편지, 용 선생의 시끌벅적 한국사, 키워드 한국사와 같은 시리즈 책을 모두 사주려면 꽤 부담스럽습니다. 그래서 한 가지 종류의 시리즈 책만 다 사주고 나머지 시리즈 책은 도서관에서 빌려서 읽도록 안내해 주세요. 겹치는 내용이 많으므로 모두 사지 않아도 됩니다.

가. 교과서 내용 읽기

5학년 2학기 사회 98~102쪽 내용을 보면 세도정치, 흥선대원군의 등장, 흥선대원군이 한 일, 병인양요, 신미양요, 척화비, 강화도조약, 프랑스가 약탈했던 문화재에 관한 내용이 나옵니다. 이 부분을 한 번 읽어봅니다. 3번 읽으면 더 좋습니다.

나. 기본서 이외의 참고할 책을 도서관에서 빌리기

만약 『한국사 편지』 시리즈를 기본서로 정했으면 기본서 이외의 참고할 책을 도서관에서 빌립니다. 예를 들어 용선생, 키워드 한국사 이런 책들을 빌립니다.

다. 기본서에서 찾아서 읽기

위 교과서 내용에 나오는 부분을 기본서에서 찾아서 읽습니다. 기본서인 『한국사 편지』 4권 118쪽~143쪽 (25쪽)에 나옵니다. 이 책이 가장 기본서이므로 정독합니다.

라. 참고할만한 책에서 찾아서 읽기

기본서를 읽어서 기본적인 내용을 알게 된 후에 참고할만한 책에서 오늘 배운 내용이 나온 부분을 찾아서 읽습니다. 『키워드 한국사』 5권 200~215쪽 (15쪽), 『용선생의 시끌벅적 한국사』 8권 46~77쪽 (31쪽), 『역사신문』 4권 115쪽~124쪽 (9쪽)에 해당합니다. 내가 고른 참고할 만한 책이 1권에서 2권 정도면 좋습니다.

마. 다시 교과서 읽고 공책 정리하기

책을 다 읽은 후에는 교과서를 다시 읽고 공책에 내용 정리를 합니다.

⑤ 참고할 다른 책을 읽어야 하는 이유

기본서 이외에 2~3권의 참고할 책을 읽어야 하는 첫 번째 이유는 책마다 자세하게 설명해놓은 부분이 다르기 때문입니다.

기본서와 참고할 책에서 '흥선대원군'에 관한 부분만 찾아볼까요? 『한국사 편지』에서는 교과서 진도와 비슷한 부분에 흥선대원군에 관한 설명이 1장 있습니다. 『키워드 한국사』에는 1장, 『용선생의 시끌벅적 한국사』에는 4장, 『역사신문』에는 3부분이 있습니다.

'군포'에 대한 부분을 찾아볼까요? 모든 책이 1장 정도의 분량으로 실어 놓았습니다. 겹치는 내용이 많지만, 책마다 설명한 방식이 다르고 실어 놓은 내용이 조금씩 차이가 납니다.

그러므로 기본서를 읽고 난 후 참고할 만한 책을 2~3권 정도 더 읽어야 합니다.

두 번째 이유는 교과서 이해가 쉬워지기 때문입니다.

이렇게 기본서를 바탕으로 참고할 책을 확장해서 읽고 난 후 교과서를 보면 더 쉽게 이해할 수 있습니다. '서원'이라는 단어가 기본서와 참고할 책에서 여러 번 나왔기 때문에 이런 단어를 교과서에서 다시 보면 쉽게 느껴집니다. 그리고 기본서를 바탕으로 배경 지식을 많이 쌓았기 때문에 교과서 대부분 내용은 쉽게 이해할 수 있습니다.

⑥ '찾아보기'를 활용한 책 읽기

'찾아보기'를 활용한 책 읽기란 책의 맨 뒤에 '찾아보기' 또는 '찾아 읽기'라는 이름으로 핵심 단어들이 ㄱㄴㄷ 순으로 나와 있고 그 단어들이 나오는 쪽수와 함께 표시된 것을 활용해 책을 읽는 것을 말합니다.

예를 들어 교과서를 읽다가 '흥선대원군'에 대한 정보를 더 알고 싶으면 책의 맨 뒤쪽에 있는 '찾아 읽기' 부분을 펴고 흥선대원군에 대한 설명이 나온 부분을 찾아서 그 부분을 읽는 것입니다. 실제 『한국사 편지』 4권에서 '흥선대원군'에 대한 설명이 나온 부분을 찾아볼까요?

85~87쪽 대동여지도를 흥선대원군이 불태웠을까?

126쪽~128쪽 흥선대원군의 가계도, 병인양요, 신미양요, 경복궁 중건

137쪽 흥선대원군이 물러나게 된 이유

147 흥선대원군과 개화파

155쪽 흥선대원군과 임오군란

170쪽 흥선대원군과 명성황후

174쪽 흥선대원군과 을미사변

181쪽 흥선대원군과 고종과 명성황후

위의 내용처럼 흥선대원군에 대한 다른 주제의 글들을 한 번에 읽다 보면 관련이 없어 보이는 내용도 하나의 주제로 연결됨을 알 수 있고 큰 흐름을 볼 수 있습니다. 책의 맨 뒤에 있는 '찾아보기', '찾아 읽기' 부분을 자주 활용해서 읽으면 좋습니다.

⑦ 역사 지식 책 소개

	책 제목	저자	출판사	설명
1	역사를 바꾼 새로운 물건들	김은유	엔앤키즈	역사 속 신문물들을 흥미로운 이야기로 소개하고 있습니다.
2	어린이들의 한국사	역사교육 연구소	휴먼 어린이	선사 시대부터 최근까지 우리 역사 속 실존한 어린이들의 삶의 이야기를 사료를 바탕으로 재구성한 책입니다.
3	역사야, 나오너라!	이은홍	푸른숲 주니어	아버지가 아들에게 편하게 이야기하는 식으로 역사가 전개되는 책입니다.
4	뚝딱뚝딱 만들기 한국사	마리	길벗스쿨	다양한 스티커와 붙이기, 오리기를 통해 다양한 팝업을 만들 수 있는 역사활동북입니다. 강력추천합니다.

5	그게 몬데 지식 탐험대	김은하	웅진 주니어	캐릭터들이 나와서 우리 문화제에 대해 소개해주는 책입니다.
6	무한도전 낱말퍼즐 한국사	큰그림 편집부	도서출판 큰 그림	시대별로 낱말퍼즐을 할 수 있도록 만들어진 퍼즐 책이다. 강력추천합니다.
7	처음부터 제대로 배우는 한국사 그림책 (전19권)	책마다 다름	개암나무	한 개의 주제에 대해 깊이있게 알 수 있게 해주는 책입니다.
8	역사스페셜 작가들이 쓴 이야기 한국사	책마다 다름	한솔수북	역사 스페셜 작가들이 쓴 역사책입니다. 한 개의 주제에 대한 깊은 내용을 알 수 있는 책입니다.
9	Why 한국사 (전40권)	우덕환	예림당	만화로 되어 있어서 소개하고 싶지는 않지만 각각 아이들이 좋아하는 why 시리즈 한국사와 who 시리즈 인물 한국사입니다.
10	who 인물 한국사 (전40권)	다산북스 편집부	다산 어린이	

4) 교과서 내용으로 공책 정리를 해요

'풍요 속의 빈곤'이라는 말이 요즘 학생들의 학력을 이야기할 때 딱 맞는 말 같습니다. 서점에 가서 각 과목의 문제집을 보면 학습 내용이 정리가 잘 되어있습니다. 빨간펜으로 밑줄 친 부분은 기본이고 형광으로 중요 단어를 표시해 놓았으며 아이들이 어려워하는 단어의 뜻풀이도 해 놓았습니다. 심지어 표로 내용을 정리해놓은 문제집도 있습니다. 대부분 문제집은 왼쪽에는 내용 정리, 오른쪽에는 기본 문제, 뒷장에서는 단원평가에 나올법한 문제들을 실어 놓았습니다.

이렇게 정리를 잘해놓은 문제집을 푸는 아이들이 왜 갈수록 학력이 낮아질까요?

가장 큰 원인은 독서 부족에 있지만, 너무 정리를 잘해놓은 문제집 덕분에 아이들이 스스로 공책 정리를 하지 않은 것도 커다란 원인입니다.

공책 정리는 학습 내용을 나의 것으로 만들 수 있는 가장 좋은 학습수단입니다. 책을 읽고 중요한 부분을 동그라미, 네모 치고 밑줄을 칩니다. 그중에서 중요한 내용을 골라서 공책 정리를 해야 하는데 초등학생 중에서 사회 내용을 공책 정리하는 아이들은 거의 없습니다. 공책 정리를 하지 않은 채로 문제 풀이만 계속합니다. 밑 빠진 독에 물 붓기입니다.

① 공책 정리는 중요해요

공책 정리를 하다 보면 내가 잘 모르는 부분을 발견하게 됩니다. 뜻을 모르는 것인지, 뜻은 아는데 이들의 관계를 설명 못 하는 것인지, 알긴 아는데 잘 외워지지 않는 부분인지 스스로 알게 됩니다. 자기 스스로 자기가 알고 있는 부분과 모르는 부분을 구분해서 인식하는 것, 그것이 메타인지입니다. 메타인지를 활용해서 공부하지 않으면 자신이 부족한 부분을 모르기 때문에 과잉공부를 해서 시간 낭비를 하게 됩니다.

하지만 학교에서는 공책 정리를 체계적으로 가르쳐줄 시간이 없습니다. 기본적으로 가르쳐야 할 내용이 너무 많기 때문입니다. 그래서 공책 정리를 체계적으로 배우고 충분한 시간을 두고 연습할 시간이 부족하게 됩니다.

② 공책 정리는 이렇게 해요

공책 정리는 '코넬 노트 정리방법'이 유명합니다. 이 이외에도 여러 정리방법이 있지만 저는 가장 중요한 정리기술은 마인드맵, 표로 정리하기, 흐름도로 정리하기, 빨간펜 사용하기라고 생각합니다.

③ 공책 정리를 도와주는 책 소개

공책 정리를 하는 방법을 체계적으로 배우면서 연습할 수 있는 좋은 교재 2가지를 소개해 드리겠습니다.

첫 번째 책은 『초능력 비주얼씽킹 초등한국사』(참쌤스쿨)입니다.

이 책은 비주얼씽킹으로 정리하는 방법을 알려주고 연습할 수 있도록 도와줍니다. 특히 역사 부분을 정리할 때에는 화살표, 그림 등으로 정리하면 이해하기가 쉬운 부분이 많습니다. 그림으로 정리하는 다양한 방법을 알려주는 교재입니다.

두 번째 책은 『초등 자율의 힘』(윤지영)입니다. 이 책은 특이하게 부록이 있는데 부록이 그냥 책 한 권입니다. 부록으로 주는 책이 공책 정리하는 방법을 알려주는 책입니다. 공책 정리하는 방법을 유튜브로도 알려줍니다.(유튜브: 오뚝이샘의 초등부모수업)

6장

긴 책도 읽어보자

책과 함께하자

1) 아이와 대화하며 함께 책을 찾아요

① 반에서 재미있는 책을 보고 온 날

첫째 : "아빠!『꽝 없는 뽑기 기계』랑『변신 돼지』예약해주세요"

아빠 : "그 책 읽고 싶어?"

첫째 : 응

아빠 : "그 책 누가 읽고 있었어?"

첫째 : "반에서 친구들이 읽고 있었는데 재미있대"

아빠 : "응 알았어."

얼마 전 첫째와 나눈 대화입니다. 첫째의 부탁을 받고 도서관 홈페이지에서 책을 예약했는데, 아직 한글 타자를 배우지 않아서 제가 예약했습니다. 도서관에 읽고 싶은 책을 예약해두면 도서관에 책이 도착하면 문자가 옵니다. 아이와 함께 읽고 싶은 책을 기다리는 맛이 있습니다. 이렇게 기다렸다가 읽는 책은 아이가 더 좋아합니다. 독서와 관련한 부모의 역할은 아이가 하는 말을 흘려듣지 않고 관심 있게 집중해서 들어주는 것이면 충분하지 않을까요?

② 눈도장 찍기

어느 날 첫째 아이가 말했습니다.

"도서관에서 빌려온 재미있는 책 다 읽었어"

우리 집은 읽은 책은 거꾸로 두기 때문에 한눈에 읽은 책과 안 읽은 책이 구분됩니다. 아직 도서관 전용 책꽂이에는 읽지 않은 책이 몇 권 있었습니다. 그런데 왜 첫째 아이가 이런 말을 했을까요? 분명히 아빠가 고른 책은 많은 학생에게 인기가 많고 길이도 짧고 글도 적어서 읽기 편할 텐데 왜 읽으려고 하지 않는지 이해가 되지 않았습니다. 알고 보니 도서관에서 책을 고를 때 첫째와 상의하지 않고 아빠 혼자 고른 책은 읽으려고 하지 않았습니다.

아내가 이 말을 듣고 조언해주었습니다. 도서관에서 첫째에게 물어보고 책을 빌리라고 말했습니다. 다음 주에 도서관에 가서 아내의 조언대로 아빠가 미리 골랐지만, 첫째에게 눈도장을 찍고 몇 권은 선택에서 탈락했습니다. 그렇게 첫째의 눈을 거치고 빌린 책은 재미있게 잘 읽었습니다. 아빠가 골랐지만 내가 골랐다고 착각하고 책을 재미있게 읽는 것이었습니다.

2) 도서목록 확보보다 중요한 것

대부분 부모님은 추천 도서목록을 확보하는 순간 목록에 적힌 책들을 다 읽혀야 한다고 생각합니다. 아무리 유명한 독서전문가가 만든 추천 도서목록이라 할지라도 우리 아이의 관심과 맞지 않으면 무용지물입니다. 추천 도서목록은 참고용으로만 활용하면 좋습니다.

3) 책 고르기도 함께하기

① 도서관에서 함께 책 고르기

우리 가족은 주말 일찍 도서관에 가거나 평일 오후 늦게 도서관에 갑니다. 그때가 가장 사람이 적어서 이 시간에 도서관에 갑니다. 도서관에 가서 책을 고르는 데는 약 1시간 정도 걸립니다. 어릴 때는 그림책을 모아둔 그림 책방에서 한 시간의 대부분 시간을 보냈지만 1학년이 된 후로는 문고판 책을 함께 읽고 있으므로 30분씩 나누어서 책을 찾는 데 시간을 보냅니다.

책을 고르는 시간도 독서교육의 시간입니다. 책을 함께 고르다 보면 아이가 어떤 유형의 책을 좋아하고 싫어하는지 알게 됩니다. 그리고 아이들 사이에서 인기 있는 책의 종류도 아이와의 대화를 통해 알 수 있습니다. 함께 찾다가 없는 책은 그 자리에서 바로 핸드폰으로 예약합니다.

이처럼 도서목록을 보고 책을 고르는 그것보다 아이와 함께 도서관에서 시간을 보내면서 책을 함께 골라보세요. 확실히 이렇게 책을 함께 골라서 집에 오면 부모님이 일방적으로 빌려왔을 때 보다 책에 관한 관심이 훨씬 더 높습니다.

② 책 선택권을 아이에게

추천 도서목록에만 집착하면 부모 주도의 책 고르기가 될 확률이 높습니다. 여름방학이나 겨울방학의 첫 주가 되면 학교 도서관에서 한 손에 아이의 학교에서 나누어준 추천 도서목록이 적힌 종이를 든 부모님들을 볼 수 있습니다. 도서관에서 다른 사람들보다 먼저 그 책을 대출해야 하므로 부모님들은 바쁘게 뛰어다니면서 목록 속의 책 찾기에 분주합니다. 그 시간 아이들은 도서관에서 뛰어다닙니다.

저는 독서교육 업무와 도서관 업무를 많이 하면서 학교 도서관에 자주 갑니다. 도서 도우미 자원봉사를 해주시는 분들과 많은 대화를 나누기도 하였고 방과 후에 학교 도서관에서 책을 빌리는 부모님들을 많이 봐왔습니다. 학교 도서관에 아이와 함께 오는 부모님들이 많지는 않지만, 도서관에 오신 부모님들 중에 아이와 함께 책을 고르는 것을 본 적은 거의 없습니다.

책 고르기와 관련한 부모의 역할은 도움을 주는 존재가 아닐까요? 책을 선택할 때 아이가 주도적으로 참여하게끔 해야 합니다. 부모님이 아이에게 '제안'은 할 수 있습니다.

"이 책 어때? 재미있을 것 같다",

"이 작가님 알지? 전에 『만복이네 떡집』 우리 읽었었잖아. 그 책을 쓴 작가님이 이번에 새로 쓴 책이 나왔네. 『양순이네 떡집』 한번 읽어볼래?" 하는 정도의 제안이면 충분합니다.

학년별 독서 현실과 독서 목표

1) 영유아

① 독서 현실

요즈음은 책에 관심이 많은 부모님이 늘어나서 영유아 때부터 책을 읽어주는 가정이 많습니다. 그래서 중고시장에 영유아 책들이 많이 나오고 맘카페에서도 책에 대한 관심이 많은 글을 볼 수 있습니다. 하지만 책을 전집 위주로 사거나 도서관을 다니지 않고 책을 자녀에게 읽어주지 않는 가정 또한 많습니다.

② 독서 목표

이 시기는 '책을 좋아하게 만들기 가장 좋은 시기'입니다. 도서관에 2주에 한 번씩 주기적으로 다니면서 책으로 놀이하고 잠자리 독서부터 시작해서 책을 하루에 3권~5권 정도만 읽어줘도 충분합니다. 책으로 하는 다양한 놀이를 하고 독서 후에는 가끔 미술 놀이나 표현 놀이를 통한 연계 활동도 좋습니다. 읽어주는 활동을 외부 선생님에게 의존하지 마세요!

이 시기에는 그림책을 다양하게 읽어주시면 좋습니다. 6세나 7세부터는 자연 관찰 책에 관심도 가집니다. 전래동화도 시작하면 좋습니다.

2) 초등학교 저학년

① 독서 현실

입학 전에는 책을 잘 읽어주던 부모님도 아이가 입학하면서 한글을 깨치고부터는 책을 읽어주지 않는 가정이 많습니다. 또 입학하고 다니는 학원이 많아지면서 책 읽을 시간이 유치원 때 보다 나지 않습니다. 하지만 중학년 고학년과 비교해 보면 아직 학습 부담이 상대적으로 적기 때문에 이 시기의 시간을 잘 활용할 필요가 있습니다. 도서관에 주기적으로 다니지 않는 가정은 도서관에 다니는 것부터 다시 시작해야 합니다.

② 독서 목표

이 시기는 '책을 좋아하게 만들기 위한 마지막 시기'입니다. 이 시기를 놓치지 않도록 해주세요. 저학년은 교과서에서도 전래동화가 나오기 때문에 전래동화를 폭넓게 읽어주면 좋습니다. 그림책도 꾸준히 읽고 자연 관찰 책을 본격적으로 읽어주세요. 3학년부터 과학을 배우는 데 많은 도움이 됩니다. 또 '세계 여러 나라'에 대한 책을 한 세트 정도 도서관에서 빌려서 읽어주세요. 2학년 때 세계 여러 나라에 대해서 배우는데 교과서의 내용은 너무 간단하거든요. 그리고 저학년 때는 그림책에서 긴 책으로 읽기의 전환이 필요한 시기인데 천천히 옮겨갈 수 있도록 해주세요.

3) 초등학교 중학년

① 독서 현실

중학년이 되면 배우는 과목 수가 많아집니다. 그만큼 학원도 많이 다니고 학습지도 많이 하므로 책 읽을 시간이 저학년 때 보다 더 적어집니다. 특히 영어를 배우기 시작하면서 영어학원에서 내주는 숙제가 많으므로 책 읽을 시간이 많이 부족해집니다. 그리고 부모님들이 이젠 더 이상 책을 읽어주지 않는 가정이 많으므로 독서 습관을 점검하지 않거나 독서에 신경을 덜 쓰는 부모님이 많은 것이 현실입니다.

② 독서 목표

중학년 시기는 '학습만화에 빠지지 않고 다양한 책 읽기'의 시기입니다. 이 시기의 아이들은 학습만화에 많이 빠지게 됩니다. 3학년부터는 2학년에는 배우지 않던 여러 과목을 배우게 됩니다. 그래서 조금이라도 학습에 도움이 될까 싶어서 아이들이 학습만화를 읽어도 별다른 제지를 하지 않는 부모님들이 많습니다. 하지만 학습만화는 최대한 경계해야 할 것들입니다.

이 시기의 아이들은 책을 읽는 아이들은 계속 읽고, 안 읽는 아이들은 아예 책을 읽지 않습니다. 그리고 긴 글 읽기 연습을 해야 할 시기입니다. 150쪽 정도 되는 책들은 스스로 읽을 힘이 있어야 합니다. 사회, 과학 공부가 본격적으로 시작되기 때문에 이 부분의 도서들을 읽으면 좋습니다.

그리고 늦어도 4학년이 되기 전에는 한자 학습을 시작해야 합니다. 5학년 때 역사 부분이 나오기 때문입니다. 그리고 다른 과목의 학습에도 한자가 많이 나오기 시작하기 때문입니다. 소설책을 꾸준히 읽으면서 역사책도 미리 읽어놓으면 좋습니다.

4) 초등학교 고학년

① 독서 현실

자녀가 고학년이 되면 직장 다니는 부모님들이 많아집니다. 그래서 저학년, 중학년보다 상대적으로 자녀의 독서 습관에 대해 신경 쓰는 부모님들이 적습니다. 그리고 고학년이 되면 이미 독서 습관이 굳어질 대로 굳어져서 책을 가까이하는 학생과 그렇지 않은 학생이 분명하게 나뉩니다. 그리고 영어와 수학 과목의 중학교 선행학습을 하는 경우가 많으므로 책을 읽을 시간이 중학년 때 보다 더 생기지 않습니다. 또 고학년은 또래문화가 강하기 때문에 친구 관계에 시간을 보내거나 핸드폰을 보면서 시간을 보내는 경우가 많습니다.

② 독서 목표

고학년은 '한 권을 읽어도 자세히 읽어야 하는 시기'입니다. 소설을 읽어도 자신과 연관 지어 생각해 볼 줄 알아야 합니다. 이 시기에는 소설책을 많이 읽으면 좋습니다. 그리고 5학년 사회 교과서에는 우리나라 역사 부분의 공부가 나옵니다. 그래서 국사에 관한 책을 읽으면 좋습니다. 5학년 1년 내내 다양하게 우리나라 역사에 관한 책을 읽을 수 있도록 해주세요. 그리고 6학년에는 세계 여러 나라에 관한 내용이 나오는데 『먼나라 이웃나라』를 비롯해서 다양한 세계 여러 나라 책을 읽도록 해주세요.

그리고 이 시기에는 '철학'에 대한 책을 읽고 고민해보는 경험을 하면 좋습니다. 십진 분류표에서 100번대 책에서 찾아보세요. 또, 중학교에서 배우는 세계사에 관한 책을 미리 읽어놓으면 좋습니다.

그림책에서 긴 책 읽기로 넘어가기

1) 그림책을 읽어주는 것이 중요한 이유

그림책을 즐겨 읽지 않았던 학생이 저학년 문고판에 바로 관심을 가지는 경우는 거의 없습니다. 그림책을 자주 접하지 않았다는 말은 어릴 때부터 부모님이 그림책을 읽어주지 않았을 확률이 높고 동시에 도서관에 자주 다니지 않았을 가능성이 큽니다. 이런 경우 갑자기 저학년 문고판에 관심을 갖게 되는 경우는 거의 없습니다. 이런 학생들은 책에 관한 관심이 낮은 상태인 경우가 많습니다. 저학년 문고판 도서는 글이 그림책에 비해 많습니다. 그래서 그림책을 읽지 않고서 바로 문고판으로 독서를 시작하는 아이들은 어려움을 겪습니다. 글이 많으므로 '책을 읽어내는데' 많은 에너지를 쏟기 때문에 책의 즐거움을 알 수 없습니다. 책은 그저 어렵고 지루한 것이 되고 맙니다.

그래서 어릴 때부터 도서관에 자주 다니고 그림책을 많이 읽는 것이 중요합니다. 그림책을 충분히 많이 읽었던 아이들은 큰 어려움이 없이 저학년 문고판으로 읽기를 한 단계 높일 수 있습니다.

2) 그림책에서 문고판으로 넘어가면서 많이 하는 실수

1학년을 마칠 때가 되면 대부분 아이가 한글을 다 깨치게 됩니다. 받아쓰기할 때 어려운 것을 틀리기는 하지만 그림책 한 권 읽는 것을 어려워하는 아이는 몇 되지 않습니다. 이렇게 아이가 한글을 어느 정도 다 알게 되었을 때 가정에서는 독서와 관련해 어떤 일이 벌어질까요?

① 책을 더는 읽어주지 않기

가장 많이 볼 수 있는 것은 책을 더 읽어주지 않는 모습입니다. 이런 가정에서는 부모님들이 지금까지는 한글을 몰랐기 때문에 책을 읽어준 것이고 이제 한글을 다 배워서 스스로 책을 읽을 수 있으니 더는 책을 읽어주지 않아도 된다고 잘못 생각하고 계십니다. 실제로 2학년, 3학년을 담임할 때 부모 상담을 해보면 많은 분들이 "한글을 다 알고 스스로 읽을 수 있는데 읽어줘야 하나요?"라고 질문합니다. 하지만 들어서 이해하는 것과 읽어서 이해하는 것의 속도 차이가 나지 않는 것은 중학교 2학년이 되어서라고 합니다. 그래서 한글을 읽을 줄 알아도 계속해서 책을 읽어주는 것이 중요합니다.

② 함께 고르지 않기

그리고 책을 함께 고르지 않는 집이 많습니다. 저학년 학생들은 책을 고를 눈이 발달하지 않았습니다. 그렇게 교육받지도 않았습니다. 어린아이들이 자신의 수준에 맞는 재미있는 책을 찾는 것은 어려운 일입니다. 그래서 부모님들의 도움이 아직 필요합니다.

3) 그림책에서 문고판으로 책 읽기를 옮겨갈 때 어려운 점

그림책을 고를 때 어려움을 겪는 부모님들은 별로 없습니다. 도서관마다 따로 정리를 해두었기 때문에 어린이실 같은 그림책만 있는 별도 공간에 가면 많은 그림책이 있습니다. 거기서 그림책의 표지와 내용을 보고 고릅니다. 가끔 꼭 읽어주고 싶은 재미있는 책이 생기거나 아이가 좋아하는 작가의 책이 있으면 검색을 통해 책을 찾지만, 평소에 그림책을 찾을 때 모든 책을 검색을 통해서 찾지는 않습니다.

① 얇은 문고판 책을 찾기 어렵다

하지만 그림책에서 문고판으로 책 읽기를 옮겨갈 때 한 가지 문제가 생깁니다. 그것은 바로 초급 수준의(약 80쪽 정도) 저학년을 위한 문고판 책만 따로 정리되어 있지 않다는 점입니다. 도서관에는 저학년 문고판 책(얇은 책)이 그림책처럼 따로 정리되어 있지 않습니다. 십진 분류표에 따라서 800번 대에 소설책이 있지만, 저자의 성에 따라 기역부터 히읗까지 순서대로 있습니다. 얇은 책들이 두꺼운 책들과 함께 정리되어 있으므로 한눈에 얇은 문고판 책을 찾기가 어렵습니다. 그래서 어떤 책을 골라줘야 하는지 어려움이 생깁니다.

출판사에서 나온 읽기 수준별, 시리즈별로 책이 있으면 수준에 맞게 읽히기 좋은데 또 이런 식으로 책이 있으면 내가 원하는 책을 빨리 찾기 어려우므로 모든 도서관에서는 십진 분류표대로 책이 있습니다.

② 나의 수준과 흥미에 딱 맞는 책 찾기가 어렵다

그림책은 얇고 그림이 주된 역할을 담당합니다. 또, 글도 별로 없으므로 책 읽는 것에 별다른 부담을 느끼지 못합니다. 그리고 그림책을 열어서 몇 장만 봐도 대략의 내용을 짐작합니다. 예상했던 방향과 크게 벗어나지는 않지만 두꺼운 문고판 책은 그림책과는 다릅니다.

우선 나의 수준에 맞는 책을 찾기가 힘이 듭니다. 전체 쪽수는 얼마 되지 않지만, 글자의 크기가 작아서 글이 많은 책이 있는가 하면 전체 쪽수는 많지만 그림이 많고 글자가 커서 읽기에 부담 없는 책도 있습니다. 그리고 그림이 쪽마다 나오는 책들은 읽기가 편하지만 그림이 별로 없는 책도 있습니다. 또, 나의 흥미에 딱 맞는 책을 찾기가 어렵습니다.

4) 문고판 도서 읽기 시작할 때 팁

① 며칠에 걸쳐 한 권을 다 읽어주세요

홍민정 작가님의 『깜냥』 1권을 읽어줄 때는 하루에 한 챕터만 읽어줬습니다. 이때는 그림책에서 긴 책 읽기로 넘어가는 시기였는데 혹시나 긴 책 읽기를 지루해하지는 않을까?를 고민하는 시기였습니다. 그래서 아이에게 긴 책을 읽어줄 때 '아이의 흥미 유지'가 저에게 가장 중요한 관심사였습니다. 그래서 하루에 다 읽어주는 욕심을 부렸다가 아이가 긴 책 읽기에 흥미를 느끼지 않을까? 하는 걱정에 하루에 한 챕터만 읽어줬습니다. 한 챕터를 읽어주고 나니 첫째가 뒷부분도 읽어달라고 말했지만, 책에 관한 관심을 더 유지하고 싶어서 일부러 내일 읽어준다고 말을 했습니다. 아이는 뒤 내용을 무척 궁금해했습니다. 저녁을 먹고 나서도 두 번째 챕터를 읽어달라고 졸랐습니다. 지금 같으면 두 번째 챕터도 읽어주었겠지만, 이때는 긴 책을 처음 접하는 시기였기 때문에 아이의 흥미를 최대한 유지해서 책에 관한 관심을 높이고 싶었습니다. 이 책에는 다섯 개의 챕터가 있었기 때문에 1권을 읽어줄 때 5일이 걸렸습니다.

처음으로 문고판 읽기를 하는 아이들이 책을 펼쳐서 한 번에 끝까지 읽는 것은 어려운 일입니다. 그림책만 쭉 읽어오던 학생이 80쪽 정도 되는 책을 한 번에 읽는 것은 쉬운 일은 아닙니다. 책갈피를 활용해서 2~3번에 걸쳐 나누어 읽어주세요.

② 그림책과 문고판 책을 함께 읽어주세요

만약 오늘부터 문고판 책을 읽어준다고 가정해 봅시다. 도서관에서 어떤 방식으로 읽힐 책을 빌려오는 것이 좋을까요? 오늘부터 문고판 책을 읽으니까 이제부터는 그림책을 읽히지 않고 두꺼운 책만 빌릴까요? 아마 이렇게 책 선택을 구성하면 아이는 책과 멀어집니다. 10권의 책을 빌린다면 2권은 문고판 도서로 나머지 8권은 그림책 이렇게 구성을 합니다. 문고판 도서는 조금씩 늘려나가도 좋습니다.

그리고 한 출판사에서 나온 같은 시리즈의 책이라도 수준이 다릅니다. 쪽수는 비슷해도 글 밥이 차이가 나는 경우도 많습니다. 삽화의 양도 차이가 크게 납니다. 걸음마를 처음 하는 아이에게 무릎 보호대를 해주어야 하는 것처럼 처음으로 긴 책을 접하는 아이들에게는 작은 것까지도 배려해줄 필요가 있습니다.

③ 스스로 읽을 때에는 한 번에 책을 다 읽지 않아도 된다고 알려주세요

"아빠 무서워"

아빠가 읽어주지 않았던 긴 책을 첫째가 스스로 읽자마자 저에게 한 말입니다. 무슨 말인지 물어보니 긴 책을 끝까지 한 번에 다 읽으려고 하니까 마음에 부담이 된다는 말이었습니다. 어릴 때부터 그림책을 충분히 읽고 자란 첫째가 저런 말을 하니 처음에는 당황스러웠지만 첫째와의 대화를 통해 첫째의 마음을 알 수 있었습니다.

첫째는 완벽주의자입니다. 무엇이든지 깔끔하게 끝내는 것을 좋아하고 정리는 완벽하게 정리하기를 원합니다. 그런 성격이 책을 읽을 때도 반영이 된다는 사실을 이때까지는 몰랐습니다. 그래서 한 번에 끝까지 다 읽지 않아도 된다고 알려주고 책갈피를 사용해서 읽은 부분까지 표시해두면 된다고 알려줬습니다. 그 말을 들은 첫째는 기쁜 표정을 지으며 신나게 책을 읽고 책갈피를 이용해 책 읽기를 멈

쳤습니다.

첫째와 같이 그림책 읽기를 충분히 했음에도 긴 책 읽기를 시작할 때는 그런 마음이 들 수 있습니다. 그림책 읽기를 충분히 하지 않은 아이들은 긴 책을 보면 마음에 부담이 더 생길 수 있습니다. 그럴 때는 한 챕터씩만 읽어도 좋다고 알려주세요. 아이는 홀가분한 마음으로 책에 집중할 수 있습니다.

④ 읽어줬던 책을 스스로 읽을 수 있도록 해 주세요

그림책을 읽다가 처음으로 문고판 책 읽기로 넘어갈 때에는 부모님이 아이에게 읽어줬던 책을 아이가 스스로 다시 읽을 수 있도록 해주세요. 이 시기의 아이들은 처음 읽는 긴 책을 스스로 온전히 이해하면서 읽기에는 아직 힘이 들 수 있습니다. 부모님을 통해 한 번 읽은 책은 아이 스스로 읽을 때 부담이 없습니다. 그리고 이미 내용을 알기 때문에 스스로 읽어도 훨씬 내용 파악하기 쉽고 스스로 두꺼운 책을 읽을 수 있다는 자신감을 가질 수 있기 때문에 좋습니다.

5) 시행착오는 당연해요

도서관에서 책을 고를 때는 재미있을 것 같았는데 집에 와서 막상 읽어보니 재미가 없는 책도 있습니다. 대부분 학생은 도서관에서 책을 고를 때 책의 제목과 표지를 보고 책을 고릅니다. 책을 대충 넘겨보면서 책 안의 그림을 보고 마음에 드는 책을 빌려서 집에 옵니다.

하지만 도서관에서 빌려온 책이라도 재미가 없을 때는 읽지 않고 반납을 해도 됩니다. 책을 고를 때는 책의 표지뿐 아니라 글자의 크기, 글과 그림의 비율, 뒤표지에 적힌 책 소개, 첫 번째 쪽 읽어보기 등 다양한 방법을 활용해야 합니다. 이런 시행착오의 과정을 거쳐서 책을 고르는 눈이 생깁니다. 그래서 아직 어린 저학년 학생들은 책을 고를 때 부모님께서 함께 도와주셔야 합니다. 아직 책을 고르는 눈이 발달하지 못했기 때문입니다.

6) 긴 책도 읽게 만드는 우리 아이 독서 취향 찾기

추천 도서목록에만 집중하다 보면 우리 아이가 어떤 종류의 책을 좋아하는지 알 기회를 놓치게 됩니다. 왜냐하면, 책을 고를 때 아이의 반응을 보고 아이와 대화하는 과정이 가장 중요한데 추천 도서목록만 보다 보면 우리 아이에게 집중하지 못하기 때문입니다. 우리 아이가 동물이 주인공으로 나오는 책을 좋아하는지 학교 이야기나 친구 관계, 일상생활 속 이야기를 좋아하는지 판타지를 좋아하는지를 알아야 합니다. 또 어떤 작가를 좋아하는지 어떤 출판사의 시리즈를 좋아하는지 알면 좋습니다. 아이의 취향을 알기 위해서는 추천 도서목록보다는 아이를 관찰하고 아이와 대화해야 합니다.

저는 그림책에서 긴 책 읽기로 넘어오면서 많은 시행착오를 했습니다. 단순히 다른 사람들이 재미있다고 하는 책을 빌렸다가 아이의 반응이 없어서 그냥 반납한 적도 있습니다. 하지만 시간을 두고 관찰

하고 대화하는 과정을 거쳐서 우리 아이의 독서 취향을 파악하고 나서는 실패하는 일이 줄어들고 있습니다. 지금은 웬만하면 성공하고 있습니다.

〈그림이 많아야 해!〉

"엄마! 이 책이 딱 맞아. 중간중간 이 책처럼 그림이 있어야 안 지루해, 이 책에 있는 글자처럼 글자 크기도 좀 커야 해"

도서관에서 엄마와 함께 책을 고르던 첫째가 엄마에게 한 말입니다. 이제 긴 책 읽기를 처음 시작한 첫째에게는 그림이 많고 글자가 적은 책이 우선입니다.

〈내가 골라야 해!〉

긴 책 읽기를 처음 시작한 지 2주 정도 지났을 때의 일입니다. 도서관에 반납하러 가는 날에 아이들과 함께 도서관에 갈 여건이 되지 않아서 휴직 중인 아빠 혼자 도서관에 가서 책을 반납하고 문고판 책을 10권 빌려왔습니다. 저녁에 밥을 먹고 소파에 앉아서 책을 읽어줬습니다. 첫째는 제가 빌려온 책이 재미가 없다고 읽기 싫다고 말했습니다. 제가 책을 빌릴 때는 시간이 없어서 신경을 별로 못 쓰고 책을 빌렸습니다. 얇은 책을 위주로 빌리긴 했는데 쪽수는 작은데 글자 크기가 작고 그림이 적었습니다. 그래서 글 밥이 상대적으로 많았습니다. 이때는 첫째가 긴 책을 읽을 때 어떤 책을 좋아하는지 제가 잘 몰랐을 때이기도 했습니다. 부모님이 고른 책 10권보다 아이가 고른 3권의 책이 더 좋습니다. 그 3권을 바탕으로 더 많은 책에 흥미를 느끼면서 읽을 수 있습니다.

〈주인공이 동물인 책이 좋아!〉

"아빠 이 책 진짜 재미있다!"

『귀 큰 토끼의 고민 상담소』 책을 읽고 나서 첫째가 한 말입니다. 이 책을 읽어줄 때의 첫째 표정을 잊지 못합니다. 정말 집중해서 재미있게 책을 읽었습니다. 다 읽은 후에도 학교에 이 책을 들고 가서 아침 독서 시간에 읽고 자기 전에도 이 책을 읽는 모습을 보았습니다. 처음에는 몰랐는데 첫째는 『책 먹는 여우』, 『깜냥』, 『목 기린 씨 타세요!』와 같이 동물이 주인공으로 나오는 책을 좋아했습니다.

〈판타지 책이 좋아!〉

그리고 첫째는 『사라진 봄의 여신』, 『만복이네 떡집』, 『기묘한 마법 사탕』과 같은 판타지 책을 좋아합니다. 판타지 책에서는 생각지도 못한 이야기가 전개되기 때문에 좋아하는 것 같습니다.

이처럼 아이를 잘 관찰하다 보면 아이의 독서 취향을 알 수 있습니다.

추천 시리즈
도서목록

그림책에서 긴 책 읽기로 넘어갈 때 어떤 책부터 읽어주면 좋을까요? 우리 아이가 흠뻑 빠져들 수 있는 그런 재미있는 도서목록이 있으면 좋을 텐데 말입니다. 그런데 앞서 설명드린 바처럼 아이마다 좋아하는 포인트가 다르므로 모두를 만족시키는 도서목록은 존재하지 않습니다. 그렇다면 어떤 책을 아이에게 읽어주면 자연스럽게 긴 책 읽기로 넘어갈 수 있을까요? 그때는 출판사마다 나온 '시리즈 책'의 도움을 받으면 좋습니다.

시리즈 책이란 출판사마다 저학년, 중학년 고학년 학생들이 읽을 만한 책들을 특정 이름으로 출판한 것을 말합니다. 문학동네의 경우 저학년은 '초승달문고', 중학년은 '반달문고', 고학년은 '보름달문고'라는 이름의 시리즈로 구성이 되어 있습니다.

시리즈 책의 장점은 '비슷한 수준의 책들로 구성이 되어있다'라는 점입니다.

저학년, 중학년, 고학년 문고 이렇게 나누어진 시리즈 안에 있는 책은 비교적 쪽수도 비슷하고 글과 그림의 비율이 비슷합니다. 글자 크기도 비슷합니다. 그리고 책날개에서 다양한 책을 소개받을 수 있습니다.

도서관 홈페이지에서 위에서 예로든 '시리즈명'('초승달문고', '반달문고', '보름달문고')으로 도서 검색을 한 후 관심이 가는 책을 빌려서 아이들에게 읽어주세요. 읽어주시다 보면 아이가 특별히 좋아하는 출판사와 좋아하는 시리즈가 생깁니다.

시리즈별
읽기 방법

1) 책날개 소개 책 읽기

 책 한 권을 읽고 그 책이 재미있었다면 책날개를 봅니다. 책날개에는 같은 시리즈의 다른 책을 소개해두는 경우가 많습니다. 책날개에 적힌 책 제목을 보고 다음에 도서관에 가서 그 책들을 빌립니다. 몇 번 하다 보면 다른 책의 책날개에서 내가 읽은 책의 제목이 나옵니다. 아이들은 이렇게 안내만 잘해주면 자신들이 읽은 책의 제목을 잘 찾아냅니다.

2) 온라인 서점에서 '시리즈명' 클릭하기

 위에 적힌 '추천시리즈 도서목록'을 찾던 방법을 소개합니다. 『만복이네 떡집』을 온라인 서점에서 검색합니다. 검색결과는 '[국내도서] 만복이네 떡집 – 난 책 읽기가 좋아' 이렇게 나옵니다. 여기에서 책 제목의 오른쪽 글자 '난 책 읽기가 좋아'를 클릭을 합니다. 클릭하면 '난 책 읽기가 좋아:120권의 상품이 있습니다'라는 검색결과가 나오고 아래에는 120권의 책들이 나옵니다.

이와 같은 방법으로 온라인 서점에서 책 오른쪽 글자(시리즈명)를 클릭을 하고 아이와 함께 읽고 싶은 책을 이야기하면서 골라봅니다.

3) 카테고리 타고 들어가기

온라인 서점에서 분류해놓은 카테고리를 타고 들어가서 읽고 싶은 책을 찾는 방법도 있습니다. 온라인 서점 '알라딘'에서 1~2학년을 위한 소설책 찾기 하는 방법 예시입니다. '분야 찾기/어린이/초등 1~2학년/동화/명작/고전'을 클릭을 합니다. 이런 방식은 내가 책에 대한 지식이 없어도 판매량, 평점 순, 검토 순으로 책을 찾아주기 때문에 새로운 책을 찾을 때 유용합니다.

4) 도서관 홈페이지에서 검색하기

내가 읽고 싶은 책을 모두 다 살 수는 없으므로 도서관 홈페이지에서 검색하는 방법을 잘 알아둘 필요가 있습니다. 도서관 홈페이지에서 시리즈 책을 찾는 방법은 특정한 단어를 검색어로 넣어야 하는

데 '2) 온라인 서점에서 책 오른쪽 글자 클릭하기'에 나왔던 단어를 검색하면 됩니다. 우리 집 주위의 도서관 검색창에서 '난 책 읽기가 좋아'라고 검색을 하면 많은 책이 나옵니다. 그렇다면 어떤 검색어를 넣어야 할까요? 온라인 서점을 이용해서 책 제목 오른쪽 글자를 입력하면 됩니다.

5) 블로그, 카페 검색을 통해 읽기

블로그나 카페 검색을 통해 읽고 싶은 책을 찾아도 됩니다. 검색어를 다양하게 바꿔가면서 검색을 하면 다양한 참고할만한 자료들을 찾을 수 있습니다.

독서 교육 관련
질문들

아래 내용은 독서 교육에 관해 부모님들에게 그리고 자신에게 던지는 질문이기도 합니다. 평소에 독서교육에 대해 고민을 하면서 생각이 날 때마다 한 문장씩 적어놓았던 내용입니다. 아래 내용을 읽어보면서 한번 생각해 보세요.

〈부모님 독서에 대하여〉

1. 나는 평소에 책을 얼마나 읽나요?

2. 한 달에 몇 권 정도 책을 읽나요?

3. 혹시 어린이들이 읽는 책을 주기적으로 읽나요?

4. 나는 아이에게 책을 읽는 모습을 얼마나 많이 보여줬나요?

5. TV 드라마를 보는 모습과 책 읽는 모습 중에 어떤 모습을 더 많이 보여줬나요?

6. 나는 하루에 '10분 이상'씩 '매일' 독서를 하나요?

7. 독서 하기로 마음을 먹었다면 가장 좋은 시간은 언제인가요?

8. 독서로 인해 내 생각이나 생활이 긍정적으로 변한 적은 있나요?

9. 내가 초·중·고등학교에 다닐 때 '나의 독서'는 어땠나요?

10. 학창시절에는 문학 소년(소녀)이었는데 지금은 책을 멀리하고 있다면 그 원인은 무엇일까요?

11. 다시 책을 가까이 하려면 내 상황에서 어떤 조건이 필요할까요?

12. 독서 모임에 참여한 적이 있나요?

13. 독서 모임이 있다면 참여하기 어려운 점이 무엇인가요?

14. 주변 친구 중에 책을 좋아하는 친구가 있나요?

〈독서습관 만들어 주기〉

1. 맞벌이 가정의 경우 방과 후에 학교도서관 (또는 지역도서관)에서 아이 혼자 도서관에서 시간을 보내게 하려면 적절한 활동은 무엇이 있을까요?

2. 독서 학원을 보내지 않고 도서관에서 시간을 보내고 집에서 할 수 있는 활동들은 없을까요?

3. 저녁밥 먹고 이를 닦고 아이들과 놀아준 후에 가족 모두 함께 책을 읽는 시간을 만든다면 몇 시부터 몇 시까지가 적당할까요?

4. 우리 아이는 '책'이라는 말을 들으면 어떤 느낌이 있을까요?

5. 지금 우리 아이가 책을 좋아한다면 그 원인은 어디에서 찾을 수 있을까요?

6. 우리 아이가 책을 좋아한다면 언제까지 유지될까요? 왜 그렇게 생각하나요?

7. 계속 책을 사랑하는 아이로 자라게 하려면 부모님이 어떤 노력을 더 해야 할까요?

8. 계속 책을 사랑하는 아이로 자라게 하려면 부모님이 하지 않아야 할 것들은 어떤 것들이 있을까요?

9. 지금 우리 아이가 책을 좋아하지 않는다면 그 원인은 어디에서 찾을 수 있을까요?

10. 방학 때는 독서계획을 어떻게 짜면 좋을까요?

〈독서하는 가족문화 만들기〉

1. 우리 집만의 독서 문화가 있나요?

2. 독서관련 이벤트를 한 적이 있나요?

3. 카페에 아이들과 갈 때 책을 가져가서 읽어준 적이 있나요?

4. 캠핑하러 갈 때 책을 가져가서 읽어준 적이 있나요?

5. 아이와 함께 책을 사본 적이 있나요?

6. 얼마나 자주 사나요?

〈책 읽어주기〉

1. 아이에게 책을 읽어주나요?

2. "책 읽어라"라는 말과 "책 읽어줄게"라는 말 중에서 어떤 말을 더 자주 하나요?

3. 엄마와 아빠 중에서 누가 더 아이에게 책을 많이 읽어주나요?

4. 아이에게 책을 읽어주는 것이 부담스럽나요?

5. 책을 읽어주는 것이 자연스러운가요? 아직 습관이 되지 않았나요?

6. 밤에 자기 전에 아이에게 책을 읽어주시나요?

7. 읽을 책을 누가 결정을 하나요? 그 책을 아이가 가져오나요? 부모가 가져오나요?

8. 책을 읽어줄 때 책장은 누가 넘기나요?

9. 책을 읽어줄 때 아이의 경험과 관련한 다른 이야기도 같이하나요?

10. 책을 읽어줄 때 작가, 표지, 속표지의 의미에 대해서도 함께 이야기 하나요?

11. 그림책을 한 권 읽어줄 때 보통 몇 분이 걸리나요?

〈도서관 다니기〉

1. 사서 선생님이 우리 가족을 알고 있는가요?

2. 사서 선생님이 내 아이의 이름을 알고 있는가요?

3. 사서 선생님이 내 아이의 이름을 안다는 것의 의미는 어떤 것일까요?

4. 도서관에서 책을 보는 것 이외에 다른 활동을 해본 적이 있나요?

5. 도서관에서 우리 가족만이 하는 특별한 이벤트가 있나요?

6. 도서관에 아이와 함께 가는 것이 어떤가요? 즐겁나요? 의무감
   으로 가나요?

7. 2주에 한 번 씩 도서관에 가나요?

8. 지역도서관에 희망도서를 신청해본 적이 있나요?

9. 도서관에 가서 책을 읽어주고 책을 대출한 다음 빵집에 가거나
   하는 우리 가족만의 문화가 있나요?

10. 우리 아이는 '도서관'이라는 말을 들으면 어떤 느낌이 있을까
    요?

〈책을 읽고나서〉

1. 책을 읽은 후 아이가 어떤 생각을 많이 해야 할까요?

2. 독후활동을 꼭 해야 할까요?

3. 꼭 해야하는 독후활동은 어떤 것이 있을까요?

4. 독서기록장을 쓸까요? 말까요?

5. 독서기록장에는 어떤 내용만 적으면 좋을까요?

6. 독후감을 꼭 써야 할까요?

7. 어떤 종류의 책을 아이가 많이 읽어야 할까요?

8. 책을 읽은 후 기록하나요?

9. 공책에 번호와 책 제목만 기록하는 것은 어떨까요?

〈독서의 양〉

1. 하루에 몇 권 정도 읽는 것이 적당할까요?

2. 하루에 몇 분 정도 독서하는 것이 적당할까요?

3. 하루에 독서 시간 계획을 어떻게 짜면 좋을까요?

4. 하루에 10분씩만 책을 읽으려면 나는 언제 책을 읽으면 좋을까요?

5. 독서의 양과 관련해 아이의 의견을 얼마나 자주 반영해주나요?

6. 혹시 하루 할당량을 정해놓고 책을 읽게 하고 있나요?

<공부와 독서>

1. 시험 기간에 아이가 교과서 이외의 책을 읽고 있으면 어떤 말을 해주고 싶은가요?

2. 우리 아이는 학습만화를 어떤 수준으로 접하고 있을까요?

3. 혹시 학습만화만 보고 있다면 어떻게 개선할 수 있을까요?

4. 문제집 풀기와 독서하기 중에 더 중요한 것은 무엇일가요?

<거품 빼기>

1. 교육청에서 하는 일회성 행사가 정말 우리 아이가 책을 좋아하는 데 도움이 될까요?

2. 다독상을 평소에 어떻게 생각을 하나요?

3. 내 아이도 그렇게 생각을 할까요?

4. 혹시 친구 철수가 다독상을 받았다는 소식을 옆집 엄마에게서 들었을 때 내 기분은 어떨까요? 아이에게 어떤 말을 할 것 같나요? 앞으로 나의 행동에 변화가 있을 것 같나요?

5. 몇 권 정도 읽었다고 자랑하는 사람을 본 적이 있나요?

6. 책을 읽은 권수에 집착하지는 않나요?

7. 아이가 책을 많이 읽으면 칭찬하나요?

8. 아이가 다독상을 받았을 때 자랑하고 싶은 마음이 들었나요?

<독서습관 만들기의 어려움>

1. 책 읽기와 관련해 아이가 어떤 어려움이 있는지 알고 있나요?

2. 책을 좋아하던 아이가 학년이 올라가면서 책을 싫어하는 경우가 많은데 원인은 무엇일까요?

3. 부모님이 해줄 수 있는 부분은 어디까지일까요?

4. 왜 저학년(늦어도 2학년 전에) 때 독서습관을 잡아야 할까요?

5. 책 읽어주기와 도서관 다니기 중에 우리 가족이 더 어려운 것은 무엇인가요?

6. 부모님이 물려 줄 수 있는 것 중에 가장 소중하고 중요한 것은 무엇일까요?

7장

—

잊지 말자

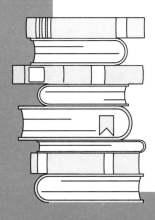

결과에
집착하지 마세요

16년 동안 아이들을 지도하면서 많은 부모님을 만났습니다. 해마다 새로운 부모님들을 만나면서 독서 지도에 있어서 같은 실수를 하시는 모습들을 많이 보았습니다. 아래는 한 해 한해 공책에 적어두었던 내용으로 부모님이 자녀 독서교육 할 때 자주 실수하는 부분들을 모아놓은 것들입니다. 한 번씩 점검해 보세요.

1) 다독상으로부터 자유로워지세요

많은 학교에서 다독상 시상을 합니다. 한 학기에 한번 또는 일 년에 한 번씩 방학을 앞두고 시상합니다. 고학년의 경우 전반적으로 독서에 관한 관심이 낮으므로 다독상을 누가 받는지 관심이 적지만 저학년의 경우에는 부모님들의 관심이 많습니다.

항상 과도한 관심은 문제가 생기기 마련입니다. 다독상과 관련해서 제가 겪은 거짓말 같은 이야기 두 가지를 말씀드리겠습니다.

① 반전의 1학기 독서왕!

2학년 담임을 맡았을 때의 일입니다. 독서교육 담당이라서 2학기 다독상 계획을 세우고 각 반의 담임 선생님들에게 '2학기 도서관 책 대출결과' 파일을 보내드렸습니다. 그 파일을 토대로 독서기록장과 다른 내용을 합해서 순위를 정해달라고 부탁드렸습니다. 연구실에서 반별로 명단을 받았는데 옆 반 선생님이 말씀하셨습니다.

"우리 반 철수는 2학기 대출 권수가 0이네. 1학기 다독상 받은 아이인데"

실제 있었던 일입니다. 철수는 1학기 때 자기 반에서 최다 도서 대출자로 다독상을 받은 아이였습니다.

② 가짜 독서왕

어느 날 사서 선생님이 저에게 오셔서 말씀하셨습니다.

"선생님, 4학년에 영희가 책을 읽지도 않고 반납하고 또 빌리고 해요."

알아보니 이 학생은 책을 빌리면 너무 빨리 반납을 하고 또 같은 책을 빌리는 행동을 며칠에 걸쳐 자주 했답니다. 아침에 빌린 책을 오후에 반납하고 다음 날 또 그 책을 빌리고 반납하는 방식으로 도서 대출을 하고 있었습니다. 사서 선생님이 이상함을 느끼고 영희의 도서 대출기록을 프린트 해봤다고 합니다.

실제 대출결과 파일목록에는 6월 8일『헌 집 줄게 새 집다오』책 대출이 2번 있었습니다. 아침에 빌리고 쉬는 시간에 반납하고 오후에 또 빌려서 내일 반납했습니다.

『까치가 울던 날』도 6월 8일에 두 번의 대출이 있었습니다.

사서 선생님이 영희에게 왜 그랬냐고 물어봤습니다. 영희는 엄마가 올해는 꼭 다독상을 받아야 한다고 말하며 엄마에게 이 사실을 알리지 말아 달라면서 울었다고 합니다. 물론 이 학생은 다독상 후보에서 제외가 되었습니다.

③ 아이가 받은 다독상이 부모의 얼굴은 아니예요

철수 엄마는 1학기 내내 도서관에 아이를 데리고 다니면서 책을 대출했었다고 합니다. 1학기에 담임선생님이 '저 엄마는 독서에 관심이 많네…'라고 생각을 했다고 합니다. 하지만 1학기에 다독상을 받은 후 철수와 철수 엄마는 2학기에는 도서관에 한 번도 오지 않았다고 합니다.

영희 엄마도 '다독상 자체'를 중요하게 생각하는 엄마였습니다.

철수와 영희의 이런 행동의 배경에는 누가 있을까요? 과도한 욕심을 가진 부모가 있습니다. 철수와 영희 두 학생 엄마들의 공통점은 무엇일까요?

'과시하는 독서'를 하는 엄마라는 점이 두 분의 공통점입니다.

두 학생의 엄마는 책 읽는 행위를 '책 읽는 기쁨' 그 자체로 받아들이지 않고 '남에게 보이기 위한 독서'로 생각하고 행동했습니다.

아이는 나의 대리인이 아닙니다. 아이가 받은 다독상은 내 얼굴이 될 수도, 내 자랑거리일 수도 없습니다.

다독상을 받은 아이를 둔 부모님은 어깨가 으쓱합니다. 다독상을 받지 못한 아이를 둔 부모님은 다독상을 받은 아이를 부러워합니다.

이런 부모님의 태도는 자녀들에게 독서를 다른 것들을 위한 '수단'으로 받아들이는 잘못된 태도를 심어줍니다.

④ 한 달에 300권 기록해야 하는 유치원

'독서교육'으로 유명한 유치원이 있었습니다. 그 유치원에서는 7세 반에서 독서기록장 시스템을 운영하는데 한 달에 300권을 읽어야 상을 주었다고 합니다. 그 유치원에 다니는 자녀를 둔 부모님들은 독서를 많이 하는 것은 좋지만 한 달에 300권을 읽어야 하니 부담이 많이 되었다고 합니다.

한 달이 30일인 경우 하루에 10권을 읽어야 300권을 채울 수 있습니다. 아직 어린아이들이 읽는 그림책이 얇지만, 하루에 10권을 제대로 읽는 것은 참 어려운 일입니다. 단순히 그림책 속의 글만 읽으면 5분도 안 되어서 한 권을 읽어줄 수 있지만, 아이와 천천히 대화하면서 아이의 반응을 읽고 그림책 속의 소재에 관한 이야기를 나누고 그림을 자세히 살펴보면서 읽어주면 20분 30분도 걸립니다.

하루에 10권씩 의무적으로 책을 읽어야 했던 그 유치원의 아이들은 책 읽는 기쁨을 알게 되었을까요? 아마 책은 대충 읽고 매일 10권씩 책의 제목을 독서기록장에 채우기 바빴을 겁니다. 그리고 책에 관한 관심보다 다독상을 받는 데에만 관심을 두었을 겁니다.

⑤ 다독상을 어떤 눈으로 봐야 할까요?

우리가 책 읽는 목적이 무엇일까요? 아이에게 책을 읽어주는 이유는 무엇일까요?

책을 통해서 나와 남을 이해하고 나를 사랑할 수 있는 사람으로 자라게 하기 위해서라고 저는 생각합니다. 다독상을 받은 학생을 보고 부러워해야 할 것은 다독상을 받은 그 자체가 아니라 그 학생이 그동안 가족과 함께 보낸 시간, 책과 함께한 시간이라고 생각합니다. 그래서 우리 가족의 독서 습관을 되돌아보는 계기로 삼아야 합니다.

아이와 함께 도서관에 가서 책을 함께 고르는 과정, 집에 와서 책을 읽어주고 이야기를 나누는 과정, 그 속에서 부모님과 자식 사이에 오고 간 수많은 대화와 웃음들을 중요시해야 합니다.

첫 번째 예시에 나온 철수처럼 다독상은 받았지만, 그 이후로 책을 멀리하는 학생과 비록 다독상은 못 받았지만, 책을 고르고 함께 읽고 가족과 같이 맛있는 것도 먹는 것과 같이 책과 관련한 행복한 경험을 많이 한 학생 중에 누가 더 책을 사랑하는 아이로 자랄까요?

이제 더 이상 다독상에 집착하지 마세요!

2) 스티커 제도 사용은 안 좋아요

많은 학교나 학급에서 독서 오름길, 독서 마라톤을 합니다. 책을 한 권 읽을 때마다 스티커를 붙이게 하는 학교도 있습니다. 아이들에게 책을 한 권이라도 더 읽히고 싶은 마음에서 많은 부모님이나 교사들이 스티커 제도를 사용하고 있습니다. 이런 스티커 제도를 사용하면 아이들이 책에 빠져들게 만들 수 있을까요? 단기적으로는 눈에 띄는 성과를 낼지 몰라도 장기적으로 봤을 때 스티커 제도를 사용하는 것은 책과 멀어지는 지름길이라고 생각합니다.

① 칭찬의 역효과[34]

EBS 다큐프라임 《학교란 무엇인가》 시리즈 중 6편 '칭찬의 역효과'에는 다음과 같은 장면이 나옵니다. 선생님이 아이에게 책을 1권 읽으면 칭찬스티커를 1장 붙여준다고 말을 합니다. 아이들은 어떻게 책을 읽었을까요? 대부분 아이는 1분도 되지 않아서 책을 다 읽었다고 선생님에게 달려와서 칭찬스티커를 받아갑니다. 책을 고를 때도 어떤 책이 재미있을까? 고민하기보다는 시간에 쫓겨 책을 고르는 모습을 보입니다. 두꺼운 책보다는 얇은 책을 고르는 학생들이 많았습니다.

대부분 학생이 칭찬스티커를 얻기 위해 책을 대충 읽는 모습을 보

---

34.   EBS 학교란 무엇인가 제작팀, 『학교란 무엇인가』 60~65쪽, 중앙books, 2011

였습니다. 많은 학생과는 반대로 책 자체의 재미를 느끼며 책을 읽은 아이들도 있었습니다. 이 아이들의 엄마는 집에서 스티커 제도를 사용하지 않았다고 말을 합니다.

☞ 유튜브에서 '칭찬의 역효과'를 검색해보세요.(교육대기획 10부작 학교란 무엇인가 6부, 23분 08초~30분 06초) 부분에 이 내용이 나옵니다.

② 보상에 익숙한 아이들

아이의 행동 변화를 위해 스티커 제도로 대표되는 '보상'을 사용하는 부모님들이 많습니다. 스티커를 모으면 아이가 갖고 싶어 하는 선물 주기, 게임을 한 시간 동안 하게 해주기 등의 보상을 하는 가정이 많습니다.

한 카페에 글을 검색해 보면 시험 결과에 따라 아이에게 '보상'하는 경우를 많이 볼 수 있습니다. 한 과목 백 점 받으면 용돈 5,000원 주기, 백 점 받으면 핸드폰과 닌텐도 사주기, 90점 이상 받으면 인터넷게임 1시간 해주기 같은 보상을 주는 부모님들이 있습니다.

부모님들이 원하는 것(높은 성적)을 얻기 위해 이런 보상을 사용하는 것이 아이에게 어떤 영향을 미칠까요? 아이가 꾸준하게 부모님들이 원하는 행동을 할까요? 그래서 부모님들이 원하는 결과를 만들어 낼 수 있을까요?

2학년 담임 때의 일입니다. 저는 매달 '이달의 작가'를 선정해서 그 작가의 책을 집중적으로 읽는 활동을 합니다. 책을 안 읽는 학생들이 너무 많아서 이달의 작가 책 중에서 '선생님 표 추천도서'라고 5권을 선정했습니다. "다른 책은 안 읽어도 이 5권만은 읽었으면…" 하는 마음에서 만들었습니다. 그리고 스티커 제도를 평소에도 사용하지 않지만 다른 친구들을 통해 자극을 받고 책을 열심히 읽었으면 하는 마음에서 잠시 스티커 제도를 운영했습니다. 선생님 표 추천도서 중 1권을 읽으면 스티커를 자기 번호 옆에 붙이는 방식으로 운영을 했습니다.

아이들에게 선생님 표 추천도서에 관해 설명을 해주고 쉬는 시간이 되었습니다. 5분이 지나지 않아 창수가 와서 말했습니다.

"선생님! 저 5권 다 읽었는데 상품으로 뭐 줘요?"

거짓말 같지만, 실제 있었던 일입니다. 알고 보니 이 학생은 집에서 엄마가 평소에 스티커 제도를 통해 보상하고 있었습니다. 스티커를 다 붙여도 다른 보상이 없다는 사실을 알게 된 창수는 책을 가까이하지 않았습니다.

보상에 익숙한 아이들은 많습니다. 2학년이었던 하준이도 그런 아이 중의 한 명이었습니다. 저는 한 학기에 20권씩 1년에 총 40권 정도의 시집을 읽을 수 있게 학급문고로 마련해두고 함께 읽고 있습니다. 아이들이 어떤 책을 읽었나 확인도 하고 동기부여도 할 겸해서 다 읽은 책에 스티커를 붙일 수 있도록 하고 있는데, 3월 시작 3일 만에 그 많은 시집을 다 읽었다며 스티커 20개를 다 붙인 것입니다. 하준이는 시집을 읽고 시를 느낄 시간이 없었습니다. 남보다 빨리 다 읽어야 한다는 생각으로 책장 종이나 대충 넘기고 다 읽었다고 말했습니다. 나중에서야 알게 되었는데 하준이 엄마도 집에서 스티커 제도를 통해 아이가 원하는 '주말에 게임하기'를 보상으로 활용하고 있었습니다.

창수와 하준이 엄마가 아이의 성장을 위해서 사용했던 보상이 결국 아이의 독서 습관 형성에 부정적 영향을 미친 것입니다. 길게 봐야 합니다. 단시간에 우리 아이가 책에 빠져드는 마법 같은 방법은 없습니다. 그저 천천히 책의 재미를 붙일 수 있게 이런저런 방법을 써 보면 됩니다.

③ 외적 동기와 내적 동기

'어떤 일로 보상을 받으면 받을수록 사람은 보상받기 위해 하는 일에 흥미를 잃어버린다.'[35]

『자녀교육, 사랑을 이용하지 마라』의 저자 알피 콘의 말입니다. EBS 다큐프라임 '칭찬의 역효과'를 비롯한 많은 연구결과가 이 사실을 증명하고 있습니다.

아이가 독서를 했을 때 어떤 형태의 보상(스티커, 간식 등)을 하게 되면 아이는 독서를 지속할 힘을 '보상'에서 찾습니다. 그래서 더 보상하지 않으면 아이는 책을 계속해서 읽지 않습니다. 왜냐하면, 아이가 지금까지 독서를 해 온 이유는 '책 자체의 재미'(내적 동기)에 있지 않

---

35. 『자녀교육, 사랑을 이용하지 마라』 60쪽, 알피 콘, 김설아 역, 우리가, 2010

고 '보상'(외적 동기)에 있었기 때문입니다.

외적 동기(스티커를 모으면 상을 주니까 책을 읽어야지 하는 마음)를 자극하는 것은 단기간의 성과(독서량)를 낸다는 효과가 있을 수 있습니다. 하지만 독서교육은 단거리 달리기 경기에서 누가 빨리 결승점에 도달하느냐 하는 시합이 아닙니다. 외적 동기보다 내적 동기를 자극해주는 것이 장기적으로 봤을 때 더 효과적입니다. 여기서 말하는 내적 동기란 책을 읽는 재미를 느끼게 해주는 것, 책을 읽으면서 주인공과 등장인물들에 대해 감정 이입한 경험, 책이 나를 성장시켜 준다는 마음을 갖는 것, 책을 적게 읽더라도 책과 함께한 행복한 기억들이 많도록 해주는 것 등이 있을 수 있습니다.

④ 언 발에 오줌 누기

스티커 제도를 통해 아이의 행동 변화를 바라는 것은 '언 발에 오줌 누기'와 같습니다. 언 발을 녹이려고(책을 많이 읽히려고) 오줌을 누어 봤자(스티커 제도 사용) 효력이 오래가지 않고(책을 꾸준히 지속해서 읽지 않고) 결국에는 사태가 더 나빠짐(책을 대충 읽고 책을 읽는 재미를 못 느낀 채로 자라게 됨)을 이르는 말입니다.

스티커 제도를 사용하는 순간 내 자녀가 책과는 멀어진다는 사실을 알아야 합니다. 단기간에 구체적인 성과를 보여주는 스티커 제도 사용의 유혹에서 벗어날 줄 알아야 합니다.

3) 각종 대회 참가는 이제 그만!

독서 행사들이 참 많습니다. 행사를 주최하는 대상도 다양하고 행사의 내용도 많습니다.

대표적인 대회는 학교, 교육청, 시청, 지역도서관에서 주최하는 독서대회, 독후감 대회가 있습니다. 독서 인증제, e 독서 친구, 독서 마라톤, 가족 독서신문 등의 독서 행사도 많습니다.

이런 많은 독서 행사를 어떤 눈으로 바라봐야 할까요?

학교에서 모든 학생이 다 해야 하는 행사는 어쩔 수 없다고 해도 적어도 일부러 그런 대회를 찾아서 참가할 필요는 없습니다.

중요한 것은 우리 아이가 책을 좋아하는 아이로 자라게 하는 것이 독서교육의 목적이기 때문입니다.

부모가 상에 욕심을 가지면 그 누구보다 자녀가 가장 먼저 알아차리고 부모의 기대에 부응하기 위해 노력하게 됩니다. 초등학교 저학년 학생들은 아직 어리기 때문에 '착한아이 콤플렉스'가 있습니다. 착한아이 콤플렉스란 어떤 일을 할 때 칭찬받기 위해 특정 행동을 하는 경우를 뜻하는 말입니다.

상을 받으면 독서에 더 흥미를 느끼리라 생각해서 각종 대회에 참가하게끔 했는데 결국 상을 받지 못하면 독서를 하지 않는 자녀로 자라게 됩니다. 목적이 바뀌는 것이죠. 그래서 각종 독서대회와 독서 행사에 초연해지는 자세가 필요합니다.

이런 실수는
조심하세요

1) 전집 구매하기

　많은 부모님이 과정보다는 결과에 집착해서 독서교육을 하는 경향이 있습니다. 또 독서교육에 대한 정보의 부족으로 잘못된 선택을 하는 경우도 많습니다. '독서교육을 어떻게 해야 하나?' 하는 궁금증은 있는데 그 궁금증을 해결해줄 곳이 마땅히 없어서 독서교육업체나 카페 글에서 보는 댓글을 보고 결정을 하는 부모님도 많습니다. 주변에서 가장 많이 볼 수 있는 대표적인 실수는 '전집구매'입니다.

　아이가 있는 집이라면 전집을 사 본 경험이 한 번쯤은 있을 것입니다. 아이 친구 집에 놀러 가보면 책장에 전집이 한 세트 이상은 다 있습니다. 30권에서 50권 사이의 수준의 전집이 대부분을 차지하지만 100권이 넘는 전집도 볼 수 있습니다. 많은 사람이 왜 이렇게 책을 전집으로 살까요? 전집으로 책을 사는 것은 어떤 문제점이 있을까요? 대안은 없을까요?

① 전집은 왜 살까?

전집을 왜 살까요? 부모님들 대부분은 '유언비어'를 듣고 구매합니다. 친구의 추천으로, 블로그 광고, 카페 광고를 보고, 홈쇼핑 광고를 보고 '좋다고 하더라' 또는 '이 시기에 꼭 읽혀야 한다더라'라는 소문을 듣고 전집을 사야 한다고 믿는 부모님들이 많습니다.

한 권 한 권 고민을 하면서 사기에는 나의 노력과 시간이 오래 걸리고 딱히 그 분야에 대한 정보와 지식이 없으므로 그냥 '소문'에 의존해서 구매하게 됩니다.

② 전집을 사면 어떤 일이 벌어질까?

전집을 산 후로 엄마는 아이에게 하루에 몇 권씩 읽을 책을 할당해 줍니다. 아이는 처음에는 호기심을 보이며 책을 읽다가 날이 갈수록 지치고 책을 읽기 싫어하게 됩니다. 그러면 엄마와 아이의 싸움이 시작됩니다.

엄마는 아이에게 "다른 집은 책을 안 사주는데 이렇게 책을 사줘도 왜 안 읽니?"부터 시작해서 "이 책 돈이 얼만데… 책 좀 읽어라", "책 안 읽으면 ~~안 사준다", "책 잘 읽으면 ~사줄게" 등의 협박(?)과 회유가 시작됩니다.

이런 밀고 당김이 없으면 아이에게 짜증내고 아이와 싸우게 되는 것입니다.

잠시 생각해 봅시다!

책장을 가득 채운 전집은 아이가 사달라고 한 것이 아닙니다. 부모님의 일방적인 결정으로 구매한 책입니다. 아이로선 호기심이 떨어질 수밖에 없습니다. 따라서 책에 관한 관심이 지속하지 않습니다.

전집을 산 후에 처음부터 끝까지 아이가 다 본 적이 있나요?

아마 대부분의 가정이 없을 것입니다. 왜냐하면, 위에서도 말했듯이 전집은 '아이'가 아니라 '엄마'가 사 온 것이기 때문에 아이는 관심이 없습니다.

③ 전집은 어떤 문제점이 있을까?

소문에 의존해서 구매한 전집은 어떤 문제점이 있을까요?

먼저 전집은 비쌉니다. 요즈음은 말하는 펜을 전집 구성에 넣고 방문교사의 수업 프로그램을 함께 넣어서 전집을 판매하는 때도 있어서 비쌉니다. 비싼 만큼의 값을 하고 있는지는 의문입니다.

그다음으로 전집을 구성하는 모든 책이 아이를 만족시키기 어렵습니다.

전집은 대부분 일정한 이야기의 흐름이 있습니다. 전집 세트를 관통하는 하나의 이야기 흐름이 있습니다. 문제 발생 - 상황 해결의 흐름이 많습니다. '일어나보니 꿈이었다'든지 '마법사가 나와서 해결했다' 하는 방식으로 대부분 책에 문제 해결이 이루어집니다.

그리고 책마다 글 작가, 그림 작가가 모두 다른 전집이 많아졌음에도 불구하고 글을 쓰고 그림을 그리는 방식이 전 책에 걸쳐서 거의 비슷하게 표현되어 있습니다.

④ 한 권씩 사기가 정답!

저는 책을 살 때 전집을 사는 것보다 한 권씩 사기를 추천합니다. 책을 고를 때 아이와 함께 이야기해 보고 아이가 선호하는 책을 아이가 고르도록 도와줍니다.

한 권씩 사는 것이 전집을 사는 것보다 훨씬 더 시간이 오래 걸리고 노력도 많이 드는 것이 사실이지만 아이가 책을 좋아하게 된다면 그 정도의 노력은 필요하다고 생각합니다.

⑤ 똑똑한 전집 활용법 - 대여하기

전집이 진짜 필요한 시기는 3학년과 4학년 때 과학, 사회를 배울 때라고 생각합니다. 그 시기에는 굳이 구매하지 않고 대여하면 좋습니다. 우선 집 가까이 있는 도서관에 아이와 함께 가서 대여합니다. 도서관에 원하는 주제의 전집이 없으면 '개똥이네' 같은 전집대여 사이트를 이용합니다. 다양한 책을 저렴하게 대여할 수 있습니다.

한 권을 읽어도 내가 재미있어하는 책을 읽고, 아이 스스로 선택한 책을 읽게 해주어야 합니다. 아이와 함께 서점과 도서관에 자주 가서 아이와 함께 책을 골라야 합니다.

서점에 아이와 함께 가서 갈 때마다 아이가 원하는 책을 한 권씩 사줍니다. 10번 서점을 함께 방문해서 10권의 책을 구매하는 것입니다. 이렇게 구매한 책을 아이는 재미있게 읽습니다. 보고 또 봅니다. "엄마! 이 책은 우리 가족이 제주도에서 사 온 책이야." 이렇게 말하고 의미부여를 하면서 책을 읽게 됩니다. 서점이나 도서관에서 책을 선택하는 법을 가르쳐주고 시행착오를 통해 책 고르는 방법에 대한 지식을 가지게 해주는 것도 필요합니다.

이렇게 10권 읽게 하는 것이 전집 200권을 사서 50권 보는 것보다 훨씬 좋은 방법입니다.

2) 방문판매 책

옛날에는 방문판매 방식으로 책을 사는 집이 많았습니다. 방문판매를 통해 책을 사면 항상 따라오는 것이 '선물'이었습니다. 천체망원경을 비롯한 고가의 선물을 받는 예도 있었습니다. 요즘은 방문판매 방식으로 책을 파는 경우를 거의 볼 수 없습니다. 아파트 놀이터에서 판매 부스를 운영하는 형태로 많이 바뀌었습니다. 제가 교직경력 3년~4년 차 때는 각종 단체에서 책을 팔러 학교에 오는 경우가 많았습니다. 수업시간 중에 안내장을 들이미는 경우도 많았습니다. 학교장의 허락까지 받았다고 하니 안내장을 안 줄 수도 없었습니다. 물론 지금 같으면 학생들에게 주지 않겠지만 저 경력의 교사일 때는 무조건 학생들에게 안내해야 하는 줄 알았습니다. 그렇게 받은 안내장에는 대부분 전집의 목록이 적혀져 있었는데 한 번은 그 책들의 내용을 볼 기회가 있었습니다.

책을 펼쳐본 저는 깜짝 놀랐습니다. 정말 수준 이하의 내용으로 구성되었고 가격은 정가에서 80% 할인 가격이라고 하더라도 터무니없는 가격이었습니다.

그 안내장을 보고 한 세트를 산 부모님도 있었습니다. 지금 생각하면 정말 후회됩니다. 부모님들께 바른 정보를 드리지 못한 점, 그 안내장을 막지 못한 점이 부끄럽고 안타깝습니다.

좋은 물건에는 사람이 모입니다. 따로 광고하지 않아도 사람들이 서로 사 가려고 합니다. 길거리에 붙어있는 아파트 분양 광고를 잘 보세요. '회사 보유분 마감 임박'이라고 적힌 현수막을 가끔 길에서 볼 수 있습니다. 반면 사람들에게 인기 있는 아파트 견본 주택에 가본 적이 있나요? 사람이 터져 나갑니다. 입장하는데도 2시간 넘게 기다려야 합니다.

책도 마찬가지입니다. 물론 모든 인기 있는 책이 좋은 책은 아니지만, 사람들이 많이 찾는 책들은 이유가 있습니다. 요즘은 온라인 서점에서 판매지수를 볼 수도 있고 추천 글도 볼 수 있습니다. 블로그나 카페 글을 통해 책에 대한 리뷰도 마음껏 볼 수 있습니다.

시간과 노력을 들이면 재미있고 좋은 양질의 책들을 얼마든지 고를 수 있습니다.

이제는 방문판매 하는 책은 사지 마세요.

3) 독서 태블릿 PC

태블릿 PC로 독서를 시키는 가정이 많아지고 있습니다. 어떤 계기로 독서 태블릿 PC 업체에 대해 조사를 해봤는데 문제가 정말 심각했습니다.

① 화려한 상술

아이를 어린이집이나 유치원에서 하원시켜 놀이터에서 놀다 보면 자주 보는 광경이 있습니다. 바로 '독서 프로그램 업체들의 홍보부스'입니다. 저는 이런 홍보부스가 있으면 일부러 한 번씩 들어가서 상담을 받아봅니다. 도대체 어떤 식으로 광고를 하길래 부모님들이 홀딱 넘어가는지 너무 궁금했기 때문입니다. 이 사람들의 언변은 굉장합니다. 매뉴얼이 있나 하는 생각이 들 정도로 사람을 혹하게 합니다.

흔히 "무료로 아이의 발달단계를 검사해준다. 독서단계도 함께 점검해준다. 지금 결재하면 태블릿 PC를 무료로 준다" 등 아이에게는 풍선과 장난감을 선물해 주면서 달콤한 말로 엄마들을 유혹합니다. 또 지금 시작을 하지 않으면 너무 늦다는 식으로 부모님들의 불안감을 자극해 자신들의 독서 상품을 사도록 만듭니다.

또한, 관리를 체계적으로 해준다는 말을 합니다. 이 상품은 정말 우리 아이가 책을 사랑할 수 있게 되는 완벽한 프로그램일까요? 이 프로그램만 구매하면 우리 아이가 정말 책을 사랑하는 아이로 자랄 수 있을까요?

모든 부모님이 독서가 중요하다는 사실은 다 알고 있습니다. 하지만 어떤 식으로 아이에게 책을 가까이 해주어야 하는 방법을 모르는 부모님들도 많습니다. 그래서 많은 부모가 피해자가 됩니다.

② 비싼 월 회비와 위약금

이런 프로그램은 가격이 비쌉니다. 월 회비가 4만 원 정도부터 시작해서 13만 원 정도까지 하는 곳도 있습니다. 대부분 2년이나 3년 약정을 하게 만드는데 2년 동안의 비용을 계산하면 약 100만 원에서 300만 원, 3년 동안의 비용은 약 150만 원에서 450만 원에 이릅니다. 이 돈을 모아 제주도 가족 여행을 가던가 월급날에 맞추어 서점에 들러 한 달에 한 권씩 책을 사주고 가족끼리 외식하면 어떨까요?

다행스럽게도 2년이나 3년 동안 아이가 책을 정말 사랑하게 되었다면 이렇게 쏟은 돈이 아깝지는 않을 것입니다. 하지만 주위에 이런 프로그램을 통해 책을 좋아하게 되었다는 아이는 거의 없습니다. 저는 아직까지 보지 못했습니다. 엄마들이 많이 가는 카페에서 간혹 그런 사례가 있다는 글을 보긴 했지만, 업자인지 업자의 지인인지 진짜 효과를 봤는지 확인할 길은 없습니다.

또 이런 프로그램의 문제점은 위약금이 상당합니다. 한 번 생각해봅시다. 우리가 보험 계약을 할 때 우리가 받게 될 보상금에 관해 설명하는데 보험설계사는 더 많은 시간을 쏟습니다. 왜냐하면, 가입 예정자가 받게 될 혜택들에 대해서 자세히 설명해야 보험 계약을 성공

시킬 수 있고 자신은 그에 대한 수당을 받을 수 있기 때문입니다. 하지만 우리가 보험을 중도 해지했을 때 어느 정도 피해를 보는지 구체적인 숫자를 들어서 자세하게 설명해 주는 설계사는 별로 없습니다.

독서 프로그램 계약은 보험 계약과 비슷합니다. 처음 계약을 할 때 위약금 부분에 대해 고지는 했겠지만, 홍보 대부분 시간을 상품 설명에 많은 시간을 쏟습니다. 카페에 검색을 해보면 비싼 위약금 때문에 억울함을 호소하는 글들을 많이 찾아볼 수 있습니다.

③ 계약한 집에서는 어떤 일이?

하루는 미용실에 이발하러 갔는데 미용실 한쪽에서 초등학생 2학년쯤으로 보이는 원장님의 딸이 태블릿 PC로 책을 듣고 있었습니다. 그 학생은 태블릿 PC에서 기계가 들려주는 동화를 듣고 있었는데 원장님께서는 "저기 안에 2,000권이나 들어있어요"라고 저에게 말씀하셨습니다. 독서 태블릿 PC를 활용한 프로그램을 계약한 집에서는 2,000권을 끝까지 다 볼까요? 다 보지는 않더라도 효과적으로 잘 활용을 할까요?

이 문제에 대한 해답은 코로나 19로 인해 온라인 개학을 했을 때 집에서 아이의 모습을 기억해보면 알 수 있습니다. 아이들의 집중력은 짧습니다. 그리고 새로운 것에 대한 흥미도 빨리 사라집니다. 코로나 19로 인해 E학습터를 이용한 온라인 학습을 할 때 처음에는 호기심을 가지고 했지만 1주, 2주가 지날수록 호기심이 사라지고 지겨워하는 모습을 보았을 것입니다. 온라인 학습의 한계입니다. 태블릿

PC를 활용한 독서 프로그램도 같습니다.

먼저 계약하기 전에는 1주일 정도 체험 기간을 가질 수 있도록 해 줍니다. 이 기간에는 계약철회도 가능한 것으로 알고 있습니다. 처음 태블릿 PC가 집에 오면 아이가 신기해합니다. 화면 속에서 예쁘고 재미있는 화면들이 가득합니다. 성우가 예쁜 목소리로 책을 읽어줍니다. 아이가 흠뻑 빠지기에는 1주일의 시간은 너무 짧습니다. 그렇게 아이가 재미있어하는 것 같아서 계약하고 나면 문제가 생깁니다.

한 달 정도 지나면 아이가 지겨워합니다. 이제는 태블릿 PC 화면 속의 이야기에 빠져들지 않습니다. 더는 안 되겠다 싶어서 계약해지를 신청하면 어마어마한 위약금이 기다리고 있습니다. 위약금이 1~2만 원 하는 것이 아니라 100만 원이 넘어갑니다. 그래서 울며 겨자 먹기로 계약 기간이 끝날 때까지 회비를 낼 수밖에 없습니다. 아이가 태블릿 PC를 보지 않으니 엄마도 보기 싫어집니다. 태블릿 PC는 창고나 서랍 속으로 향합니다.

④ 댓글 작업
엄마들이 많이 가는 카페에 글을 검색해 보면 누구인지는 특정할 수 없지만, 댓글 작업으로 의심을 할 만한 부분들을 많이 볼 수 있습니다. 특정 주제에 대해서만 댓글을 많이 달고 있는 사실을 발견하였습니다. 독서 태블릿 PC를 활용한 독서 프로그램에 대해서 문의하는 글에는 좋다고 댓글을 답니다. 또 불만을 제기하는 글에는 반박 댓글을 달고 우리 아이는 이 프로그램으로 득을 크게 봤다는 내용으로 댓글을 씁니다. 실제 검색을 한 후에 글 쓴 사람이 어떤 글에 댓글을 달았는지 찾아보시길 권해드립니다.

⑤ 팝콘 브레인

팝콘 브레인은 팝콘이 터지듯 크고 강렬한 자극에만 우리의 뇌가 반응하는 현상을 말한다.[36]라고 미국 위싱턴대학교 데이빗 레비 교수가 말했다고 합니다.

실제 교실에서 팝콘 브레인 현상을 보이는 학생들을 많이 볼 수 있습니다. 유튜브 시청, 게임 시간 증가로 인해 더 큰 자극을 원하는 학생들이 많습니다. 이런 학생들은 장면 전환이 빠른 동영상을 수업 자료로 쓰지 않으면 집중하지 못합니다. 그림 자료가 없이 글로만 이루어진 학습 자료를 읽고 정리하는 활동을 하면 집중하지 못하고 흥미를 느끼지 않는 학생들이 해마다 늘고 있습니다. 태블릿 PC나 스마트폰, 컴퓨터 사용을 많이 할수록 이런 현상이 심해지는데, 독서 습관을 잡아주고자 선택했던 것이 오히려 아이의 발달을 저해하는 결과로 이어지는 것입니다.

⑥ 디지털 기기의 단점

태블릿 PC를 이용하여 책을 읽으면 어떤 문제점이 있을까요? 시

---

36. '10분이 멀다 하고 휴대폰 본다면... 설마 나도 팝콘 브레인?' 임동욱, 머니투데이, 2014.06.01

력 저하뿐만 아니라 독서 속도도 느려지고 게임을 했을 때와 비슷한 뇌 상태로 바뀐다고 합니다.[37] 그리고 초등학생들은 자기관리 능력이 떨어지기 때문에 태블릿 PC로 책만 보지 않습니다. 독서 프로그램을 학습하기 위해 태블릿 PC를 켰다가 조금만 지나면 유튜브나 게임으로 관심이 옮겨 갑니다. 손만 대면 바로 원하는 게임을 할 수 있고 내가 좋아하는 가수의 동영상을 유튜브에서 볼 수 있습니다. 아이들은 아직 어리기 때문에 그런 유혹을 스스로 물리치기는 어렵습니다. 태블릿 PC는 항상 아이들에게 그런 환경을 제공해주고 있으므로 태블릿 PC로 독서교육을 하는 것을 바람직하지 않다고 생각합니다.

⑦ 대안은?

대안은 무엇일까요? 아이와 함께 도서관을 매주 가는 것입니다. 일주일에 한 번은 아이와 함께 도서관에 가서 책을 읽어주고 함께 골라서 집으로 옵니다. 아이와 교감 없는 독서는 오래가지 못합니다. 아이와 함께할 때 의미가 있고 지속할 수 있습니다.

4) 독서 논술학원 보내기

요즈음은 맞벌이 가정이 많아서 가정에서 학생들의 학습을 도와주는 여건이 안되는 집이 많습니다. 그런데 독서는 시켜야겠고 내가

---

37.   전자책이냐 종이책이냐 어린이 뇌 영향은?, MBC 뉴스, 2013.5.13

도와줄 형편은 안되니 아이를 독서 논술학원에 보내는 부모님들이 많습니다. 독서 논술학원은 독서 습관을 잡아주기에 괜찮은 걸까요?

어릴 때부터 책을 많이 읽어 준 가정에서 자란 아이가 초등학교 3~4학년 이후로 독서 논술학원에 다니는 것은 괜찮을 것 같습니다. 이미 갖춰진 독서 습관을 바탕으로 꾸준히 책을 읽고 토론하고 정리하는 활동을 통해 한층 더 성장할 기회일 수 있습니다. 하지만 책을 가까이하지 않는 아이가 독서 논술학원에 간다고 해서 책을 좋아하게 되지는 않습니다. 그 아이에게는 독서 논술학원이 또 다른 하나의 학원에 지나지 않습니다.

독서 논술학원은 차선책이지 이것으로 독서교육을 대신 할 수는 없습니다.

5) 학습만화 읽히기

주중에 점심시간이나 하교 시간 때 학교 도서관에 한 번 가보시면 거의 모든 아이가 학습만화를 읽고 있는 모습을 볼 수 있습니다. 이런 현상은 공립도서관도 마찬가지입니다. 도서관 한쪽 벽면을 학습만화로 다 채운 곳도 많습니다.

① 학습만화는 왜 인기가 많을까?

아이들은 그림 없이 줄글로 이루어진 책보다 학습만화를 좋아합니다. 어려운 내용을 쉽게 풀이를 해 놓았고 시각적으로 만족하는 부분이 많기 때문입니다. 아이들은 학습만화가 '공부'에도 도움이 되고 학습만화 읽는 것을 부모님들이 혼내지도 않으니 학습만화를 좋아하는 것 같습니다.

부모님들은 '안 읽는 것보다는 낫다'라는 생각으로 학습 만화책을 사는 경우가 많은 것 같습니다. '그래도 공부에 도움이 되겠지…' 하는 생각을 하며 홈쇼핑이나 서점에서 세트로 구매하시는 분들도 많습니다. 그리고 학습 만화책을 사주면 아이들이 열심히 보기 때문에 흐뭇한 마음이 드는 것도 사실입니다. 하지만 더 크게 보면 학습만화의 장점도 분명 있지만, 단점이 더 크다고 생각합니다.

② 그림책이 학습만화보다 우선이에요

일반 그림책보다 만화로 독서를 시작하는 것은 바람직하지 않습니다. 원래 책을 좋아하지 않았던 아이는 교과서 읽기를 힘들어합니다. 독서 습관이 잡혀있지 않았기 때문에 이해력도 떨어집니다. 그래서 아이가 성적도 낮은데 공부에 도움도 된다고 하니 학습만화를 사줍니다. 평소 책을 읽지 않던 아이가 이 학습만화 책을 읽을까요?

몇 권 읽다가 읽지 않습니다. 물론 끝까지 읽는 학생이 있을 수는 있습니다. 하지만 단지 이런 책을 읽었다고 해서 엄마가 원하는 성적 향상으로 이루어지지는 않습니다.

가장 큰 문제는 아이가 학습만화에 흥미를 느꼈다 하더라도 학년이 갈수록 볼 수 있는 학습만화가 줄어든다는 사실입니다.

학습만화는 배우는 내용을 만화라는 형식을 통해 설명해놓아서 분명히 교과서보다 더 쉽게 내용을 알 수 있게 도와줍니다. 하지만 학년이 올라갈수록 학습만화로 된 책이 줄어듭니다. 배경 지식을 쌓기 위해서는 배우는 내용과 관련된 책을 꾸준히 폭넓게 읽어야 하는데 독서 습관이 잡혀있지 않은 채로 학습만화만 읽은 아이들은 학년이 올라갈수록 읽을 책이 적어집니다. 그리고 학년이 올라갈수록 그림보다는 글이 많아지는데, 처음부터 이런 학습만화를 접해온 아이는 글이 많아지면 책을 읽기 싫어하는 경우가 많습니다.

이렇게 학습만화로 독서를 시작하는 아이들은 결국 책과 멀어지게 됩니다. 원래 책을 좋아했던 아이들인 경우는 이야기가 조금 다를 수 있습니다. 이런 아이들은 학습만화를 읽는 것이 괜찮다고 생각합니다. 하지만 학습만화에 너무 빠지다 보면 학습만화만 읽으려고 할 수도 있습니다. 실제 책에 흥미를 느낀 학생들도 학습만화에 빠지는 순간 다른 책들을 읽지 않게 되는 경우를 여럿 보아 왔습니다.

학습만화는 안 읽는 것이 가장 좋지만, 독서 습관이 잘 갖춰진 아이들은 일반 책을 10권 정도 읽으면 학습만화를 1권 정도 읽도록 비율을 조절하면 좋겠습니다. 원래 독서 습관이 잘 잡혀있으므로 학습만화는 가끔 읽으면서 학습만화의 장점만을 내 것으로 가져올 수 있다고 생각합니다.

저희 집 아이들은 책을 항상 가까이합니다. 집에 만화 형식으로 된 속담 책이 있었는데 첫째가 무척 관심을 자주 보였습니다. 아침에 학교에서 독서 시간에 읽는다고 한 2주 정도 들고 다녔습니다. 속담에 대해 말하다가 관용어에 관한 이야기도 나와서 관용어책을 사줬습니다. 새 책이 온 날 첫째는 새 책을 보자마자 실망스럽다며 책을 거들떠보지도 않았습니다. 자신이 봐왔던 만화 형식으로 된 책을 기대했었는데 제가 만화 형식의 책을 사지 않았기 때문입니다. 그날 딸과 나눈 대화입니다.

아빠 : 만화 형식으로 된 관용구 책이 아니라서 실망했어?

첫째 : 네.

아빠 : 속담 책이 만화 형식으로 되어있어서 무척 재미있었어?

첫째 : 네.

아빠 : 그래서 관용구 책도 만화 형식의 책을 사주는 줄 알고 기대했었나 보네?

첫째 : 네. 맞아요.

아빠 : 그랬구나. 아빠 말 잘 들어봐.

윤아! 엄마 아빠는 학교에 많은 언니 오빠들을 가르쳐봤잖아? 그런데 언니 오빠 중에 책을 잘 읽다가도 학습 만화책을 읽기 시작하면서 다른 책들은 읽지 않는 경우를 많이 봤어. 그래서 아빠 엄마는 윤이가 지금처럼 모든 책을 가까이하면서 자랐으면 하는 마음이 있는데 윤이가 만화로 된 책만 보려고 해서 걱정이 돼. 엄마 아빠가 어떤 마음인 줄 알겠지?

첫째 : 네. 알겠어요.

아빠 : 이 책 열심히 잘 보면 나중에 크리스마스 때 만화 형식으로 된 관용어 책 한 번 생각해 볼게.

첫째 : 네. 고맙습니다.^^

우리 집 딸처럼 독서 습관이 잘 잡힌 아이들도 학습만화를 접한 순간 빠져들어서 헤어 나오기 어렵습니다. 독서 습관이 잘 갖추어지지 않은 아이들의 경우에는 학습만화에서 빠져나오기가 더 힘들 수 있습니다.

③ 학습만화를 읽으면 성적이 올라갈까요?

성적은 개인의 심리상태, 정서 지능, 공부 습관, 독서 습관, 끈기, 목표 지향성 등 다양한 요건에 의해 결정이 됩니다. 그리고 교과서를 읽고 중요한 부분 찾아내기, 내가 어디까지 정확하게 알고 있는지 스스로 파악하기, 내가 모르는 부분 알기, 중요 내용을 요약정리하기 등 다양한 학습전략을 사용할 수 있어야 하고, 매일 배운 내용을 복습할 수 있는 성실함 등이 다양한 조건이 충족되어야 성적향상이 가능합니다.

성적향상을 위해서는 이것 이외에도 여러 가지 요소들이 필요한데 이런 조건들이 갖추어지지 않은 상태에서 단지 학습만화 하나만으로 성적향상을 이루는 것은 불가능합니다.

만약 학습만화의 덕으로 성적이 높아졌다 하더라도 그 성적을 학습만화만으로 유지할 수는 없습니다.

6) 추천도서 책만 읽히기

'서울대 추천 ○○선 현대문학', '아이에게 꼭 읽혀야 할 △권' 이런 형식의 제목을 달고 나오는 추천도서가 많습니다. 서울대라는 학교 이름을 내세우는 예도 있고 유명 교수의 이름을 넣어서 판매하는 때도 있습니다. 또한, 출판사별로 '학년별 필독도서'라는 형태의 이름으로 도서목록을 제공하는 때도 있습니다. 문제는 이런 추천도서나 필독도서, 추천 도서목록, 필독도서목록을 보는 일반 부모들이 갖는 생각에 있습니다.

문제는 대부분 부모가 위에 제시한 형태의 책을 보고 '우리 아이가 저 책을 다 읽으면 서울대에 가까워지고 성적에도 도움이 되지 않을까?'라고 생각합니다. 이런 부모의 마음을 누구보다 잘 알고 있는 출판사의 상술에 넘어간 것입니다. 정말 서울대에 간 학생들이 모든 출판사에서 제시한 필독도서와 추천도서를 다 읽고 입학했을까요?

2학년 하준이 엄마는 결과를 중시하는 엄마였습니다. 반 학생들과 '좋아하는 책', '즐겨 읽는 책' 이야기를 하다가 하준이가 "우리 엄마는 추천도서 책만 빌리라고 해요"라고 말했습니다. 이유를 물어보니, 교육청에서 운영하는 독서 인증 프로그램 사이트에 올라온 추천도서만 읽으라고 말을 했다고 합니다. 그 사이트에서는 추천 도서목록에 있는 책으로 퀴즈를 내고 몇 개 이상 정답일 경우 책을 읽은 것으로 인증을 해줍니다. 그리고 한 달에 한 번씩 참여가 우수한 학생들에게 문화상품권을 주는 것으로 알고 있습니다. 그래서 하준이 엄마는 이 프로그램에 욕심을 내고 아이에게 목록에 있는 책만 읽으라고 말을 했던 것입니다.

① 추천도서, 필독도서의 신뢰도

추천도서와 필독도서는 출판사별로 다 제작을 합니다. 자기 출판사에서 나온 책을 효과적으로 홍보할 수 있는 수단이 추천도서와 필독도서목록 제작입니다. 나이별, 주제별, 학년별로 다양한 형태의 추천도서, 필독도서목록은 넘쳐납니다. 조금만 찾아봐도 많은 도서목록을 구할 수 있습니다. 추천도서와 필독도서를 맹신해서 소개된 책을 모두 다 사거나 모두 읽히려는 것은 아이가 책과 멀어지는 지름길입니다. 부모가 위와 같은 행동을 할수록 아이는 책을 싫어하게 됩니다. 공부를 위해 독서하는 것은 아닙니다.

② 추천도서, 필독도서목록 잘 활용하기

출판사의 추천 도서목록이나 필독도서목록은 '참고용'으로만 활용을 합니다. 예를 들어 '지진'에 관한 내용에 대한 추천 도서목록이 5개 있다고 가정을 한다면 각 출판사에서 나온 책을 한 권씩 찾아서 보고 가장 내용이 좋은 책 몇 권만 읽습니다. 이런 과정을 통해 책을 고르는 연습을 하면 책을 보는 안목이 넓어집니다.

이렇게 하면
좋아요

1) 사인만 해주지 않고 이야기 나누기

독서와 관련해서 부모님들이 많이 하는 실수 중 하나는 '사인만 해주는 사람'이 되는 것입니다. 한 달 동안 독서기록장을 꾸준히 쓰게 한 후에 선생님이 학생의 독서기록장에 도장을 찍어줬습니다. 선생님이 멘트도 하나 달아준 후 부모님의 사인을 받아오는 숙제를 냈습니다. 부모님의 사인을 받아온 아이들과 이야기를 해보면 가정에서 부모님과의 관계를 알 수 있습니다. 대부분 부모님은 아이와 대화 없이 사인만 해주었습니다. 한 달 동안 아이가 쓴 독서기록장을 한 장 한 장 넘기면서 어떤 책이 재미있었는지 엄마에게 이야기해달라고 하는 엄마도 있었습니다. 어제 읽은 책 내용에 대해서 간단하게 묻고 이번 주 주말에 도서관에 함께 가자고 말하거나 서점에 같이 가서 책 한 권을 사준다고 약속하는 아빠도 있었습니다.

그냥 사인만 해주지 않고 어떤 형태로든지 반응을 해준 부모님이 계신 경우 아이가 책을 좋아하는 정도가 컸습니다.

물론 바쁜 생활 속에 여러 숙제 중에 아이의 독서기록장에 관심을 못 주는 경우가 많습니다. 매일 매일은 못 하더라도 1주일에 한 번 정도는 아이의 독서기록장을 보면서 함께 이야기하는 시간을 가져 보면 책을 대하는 아이의 태도가 달라짐을 느낄 수 있습니다.

앤서니 브라운의 『돼지 책』은 가사노동 문제, 성 고정관념 문제를 다루고 있는 책입니다. 예를 들어 아이의 독서기록장에 『돼지 책』이 적혀져 있으면 책 내용을 물어봅니다. 우리 집 상황과 관련지어 아이와 함께 이야기하는 시간을 갖도록 합니다. 직장을 다니면서 집안일을 하는 것의 어려움을 아이와 함께 이야기하고 아이가 할 수 있는 집안일을 함께 생각해 보는 시간을 가집니다.

『짝꿍 바꿔주세요』라는 책은 짝꿍 때문에 괴로워하는 한 친구에 관한 내용입니다. 이 책이 독서기록장에 적혀져 있으면 아이의 짝꿍에 대해 함께 이야기합니다. 짝꿍의 좋은 점, 잘하는 것, 좋아하는 것 등에 관해 물어보고 아이의 친구들에 관해 물어봅니다.

한 달 동안 100권의 책을 읽은 것보다 한 달에 30권밖에 읽지 않았지만, 독서기록장을 보면서 부모와 대화하는 경험이 아이를 책과 함께 성장시킵니다.

2) 특별한 날에만 책 사주기

책을 사랑하는 아이는 책을 소중하게 여길 줄도 압니다. 학급에서 학생들에게 새로 산 그림책을 읽어주면 아이들은 대부분 호기심을 가지고 그림책에 빠져듭니다. 쉬는 시간에 서로 먼저 책을 읽겠다고 수업이 마치는 종이 치자마자 앞으로 달려옵니다.

① 과유불급

2학년인 소희는 아무리 재미있는 책을 읽어줘도 관심을 보이지 않는 아이였습니다. 쉬는 시간에 "소희야~ 이 책이 재미없었어?"라고 물어봤습니다. 소희는 "우리 엄마한테 사달라고 하면 사줘요"라고 대답했습니다. 소희 집에는 책이 많았습니다. 하지만 책을 즐겨서 읽지는 않았습니다. 소희 부모님은 소희가 원할 때마다 책을 바로바로 사주었습니다. 내가 원할 때 언제든 책을 살 수 있으니 책에 관한 관심이 줄어든 경우였습니다.

때로는 부족한 것이 더 좋을 때도 있습니다.

집을 도서관처럼 만드는 데는 한계가 있습니다. 우리 집에 아무리 책이 많아도 도서관보다 적습니다. 도서관에 가서 기존의 좋은 책, 새로 나온 좋은 책을 찾아볼 기회를 가지는 것이 더 중요합니다.

도서관에 가서 책을 뒤적이다 보면 좋은 책을 발견하게 됩니다. 그리고 도서관을 방문하는 횟수가 많을수록 책을 가까이하는 아이로 자라게 될 가능성이 큽니다.

② 특별한 날에 사주기

또 하나 조심할 것이 있습니다. 책에 관한 관심을 지속해서 가지게 하는 것이 중요한데 아이가 사고 싶어 하는 책을 계속 안 사주면 책에 관한 관심이 떨어질 수 있습니다. 그럴 때는 아이에게 기다림을 느끼게 하고 선물합니다. 생일이나 기념일에 사주거나 한 달에 한 번 사주는 날짜를 정하고 아이가 기다리게 만든 다음에 사줍니다. 그렇게 자신이 사고 싶었던 책을 기다리게 하고 사면 그 책은 아이에게 아주 소중한 것이 됩니다. 그렇게 기다렸다가 손에 넣은 책은 보고 또 보게 됩니다.

2학년 경수 엄마는 책을 바로바로 사주지 않는 엄마였습니다. 어느 날 제가 읽어준 그림책이 너무 재미있었던지 엄마에게 사달라고 했지만 엄마는 도서관에서 빌려서 읽자며 사주지 않았다고 합니다. 그렇게 도서관에서 빌려서 읽었는데도 너무 갖고 싶어서 계속 엄마를 졸랐다고 합니다. 한 달 정도 지나서 엄마는 그 책을 온라인 서점에서 주문했습니다. 배송이 3일이 걸렸는데 그 3일 동안 경수는 매일 저에게 말했습니다. "선생님 목요일에 책 온대요", "선생님 이제 1일 남았어요"

들뜬 표정으로 저에게 그런 말을 하던 경수의 모습을 잊을 수 없습니다. 경수는 1년 내내 책에 관한 관심을 놓지 않고 지냈습니다.

지연이는 책을 좋아하는 6학년 여자아이였습니다. 이 학생은 판타지 소설을 좋아하는 아이였는데 도서관에서 너무 판타지 소설만 많이 읽어서 엄마가 판타지 소설을 못 빌리게 했습니다. 그래서 한동안 판타지 소설을 못 읽었습니다. 지연이는 그토록 바라던 판타지 소설책을 엄마에게 크리스마스 선물로 받았습니다. 크리스마스 선물로 책을 사달라고 말하는 아이는 제 교직 생활 15년 동안 처음 보았습니다.

아이들을 책에 빠지게 하기 위해서는 그렇게 많은 책이 필요하지는 않습니다. 부모님의 관심과 도서관에 다니기만 해도 충분히 가능합니다.

3) 책 정리 강요하지 않기

책을 좋아하는 아이들을 둔 엄마들의 카톡 사진에는 공통된 점이 있습니다. 바로 정리되지 않은 책들이 거실에 많다는 점입니다. 책을 읽고 바로바로 칼같이 정리를 강요하면 아이는 책을 좋아하기 힘듭니다. 책을 어디서나 접할 수 있게 다양한 장소에 두고 때로는 정리가 되어있지 않아도 그냥 모른 척 넘어가면 어떨까요?

너무 정리하지 않아서 정도가 심하다면 아이와 함께 정리합니다. 한 번에 다 하려고 하지 말고 5권, 또는 10권 함께 정리하기 또는 간식 먹기 전에 놀이방에 있는 책 다 정리하기와 같이 임무를 주고 함께 정리하면 좋을 것 같습니다.

4) 아이와 함께 대출하기

학교 도서관에서 한 번씩 볼 수 있는 장면이 있습니다. 엄마 혼자 아이 책을 고르는 모습입니다. 아이는 어디에 가 있을까요? 아이는 그 시간에 학원에 가 있는 경우가 많습니다. 학원에 가는 시간이랑 맞지 않아서 엄마는 아이의 책을 대신 빌리고 있는 것입니다.

이런 행동들이 장기적으로 보면 아이에게 좋은 영향을 미칠까요?

부모가 고른 20권의 책보다 아이가 직접 고른 5권의 책이 더 좋습니다. 물론 아이가 고를 때 수준에 맞지 않거나 해서 시행착오를 거칠 수도 있습니다. 부모님이 고른 책은 아이가 '일'로 인식할 확률이 높습니다만 스스로 고른 책은 재미있게 읽을 수 있습니다.

아이가 책을 고를 때 옆에서 도와줄 수는 있습니다. 책을 골라주고 추천해줄 수는 있지만, 온전히 대신해서 골라주는 일은 지양했으면 합니다. 선택권을 아이에게 주시고, 부모님은 옆에서 도와주기만 하세요.

또, 아이와 함께 도서관에 왔지만, 책은 엄마 혼자 고르는 경우도 봅니다. 엄마가 책 고르는 동안 아이는 도서관을 뛰어다니면서 시간 보내는 모습을 많이 봤습니다. 아이와 함께 책을 고르면 시간이 오래 걸립니다. 의견을 물어봐야 하고, 어른처럼 빨리빨리 움직여주지도 않습니다. 하지만 아이와 함께 책을 고르는 그 시간도 독서교육의 시간입니다. 책장 앞에서 나눈 아이와의 대화도 소중합니다. 빨리 대출해서 책을 많이 읽히는 것이 중요한 것이 아닙니다. 아이가 고르고 싶은 만큼 고르게 하고 나머지 책은 부모님이 고르는 것도 한 방법입니다.

5) 책 읽기보다 더 중요한 것 알기

준호는 책을 좋아합니다. 학기마다 다독상을 받고 학업성적도 우수해서 엄마의 자랑거리였습니다. 준호는 아침에도 책을 읽습니다. 식탁에서 책을 읽고 있으면 준호 엄마는 준호에게 밥을 떠먹여 줍니다. 3학년인데도 엄마가 밥을 떠먹여 주는데 이것을 준호와 준호 엄마는 이상하게 생각하지 않습니다. 오히려 독서교육을 잘하고 있다는 예시로 담임선생님과의 상담 시간에 이야기했습니다. 하지만 준호 엄마가 놓친 부분이 있었습니다. 밥상머리 교육도 중요합니다.

준호가 시험 성적도 높고 책도 많이 읽어서 이해력도 좋은데 한 가지 문제점이 완벽주의가 있다는 점이었습니다. 자신이 문제를 틀리는 것을 인정하지 못했습니다. 수학 익힘책 풀이를 할 때 풀이 과정을 적지 않고 답만 바로 적어서 담임선생님이 다시 풀이 과정을 적어오라고 했을 때 준호는 답만 맞으면 되지 왜 다시 푸냐며 선생님에게 짜증을 냈다고 합니다.

결과보다는 과정이 더 중요합니다. 준호 엄마는 결과가 더 중요한 분이었습니다. 아이의 정서발달, 식탁에서의 아이와의 대화보다 도서 대출결과, 다독상, 높은 시험점수가 더 중요하다고 생각했습니다. 무엇이 더 중요한지 한 번쯤 생각해 볼 필요가 있습니다.

부모님 상담을 해보면 많은 분들이 독서의 중요성은 알지만, 막연히 다독만 시키거나 아이가 독서를 싫어해서 고민하는 경우가 많습니다. 그래서 제가 두 딸과 학급 아이들과 함께한 '스스로 독서'를 할 수 있게 만들어주는 방법을 나누고 싶었습니다. 부모님의 '작은 관심'과 '작은 노력'만 있으면 아이들이 책과 더 가까워지고 훨씬 행복해질 수 있다는 확신으로 이 책을 썼습니다.

부모님들께서 이 책을 읽었다고 해서 한순간에 모든 상황이 변화되지는 않을 것입니다. 하지만 아이를 품에 안고 책을 읽어주며 도서관에 함께 다니는 과정을 통해 아이는 분명히 성장합니다. 아이의 머릿속에 책에 대한 좋은 기억만 자리해도 성공입니다. 그것을 바탕으로 아이는 평생 책을 가까이하는 어른으로 자랄 준비가 충분히 되었으니까요.

이 책이 나오기까지 아낌없는 조언을 해준 아내와 학부모 독서 모임을 하면서 많은 아이디어를 주신 부모님들, 그리고 이 책이 세상에 나올 기회를 주신 출판사에 감사드립니다.

책을 읽어주세요! 도서관에 함께 가세요!
모두 함께 도서관 가족 할까요?

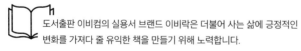

도서출판 이비컴의 실용서 브랜드 이비락은 더불어 사는 삶에 긍정적인 변화를 가져다 줄 유익한 책을 만들기 위해 노력합니다.

원고 및 기획안 bookbee@naver.com